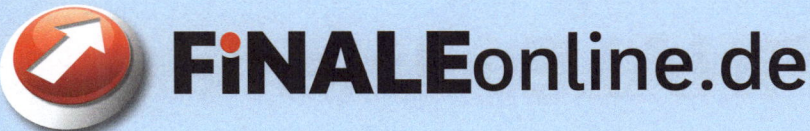 FiNALEonline.de

FiNALEonline ist die digitale Ergänzung zu deinem Abitur-band. Hier findest du eine Viel-zahl an Angeboten, die dich bei deiner Prüfungsvorbereitung zusätzlich unterstützen.

W0173377

Das Plus für deine Vorbereitung:

→ Original-Prüfungsaufgaben mit Lösungen (bitte Code von Seite 4 eingeben!)

→ EXTRA-Training Rechtschreibung
So kannst du einem möglichen Punktabzug bei deinen Abi-Klausuren vorbeugen.

→ Videos zur mündlichen Prüfung

→ Tipps zur stressfreien Prüfungsvorbereitung

→ Abi-Checklisten mit allen prüfungsrelevanten Themen

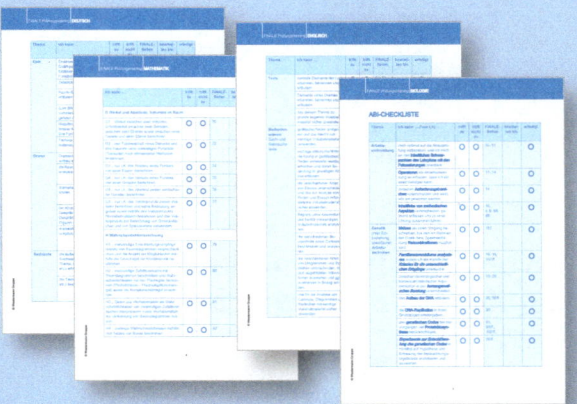

Abi-Checklisten
Sie helfen dir, den Überblick über den Prüfungsstoff zu behalten.

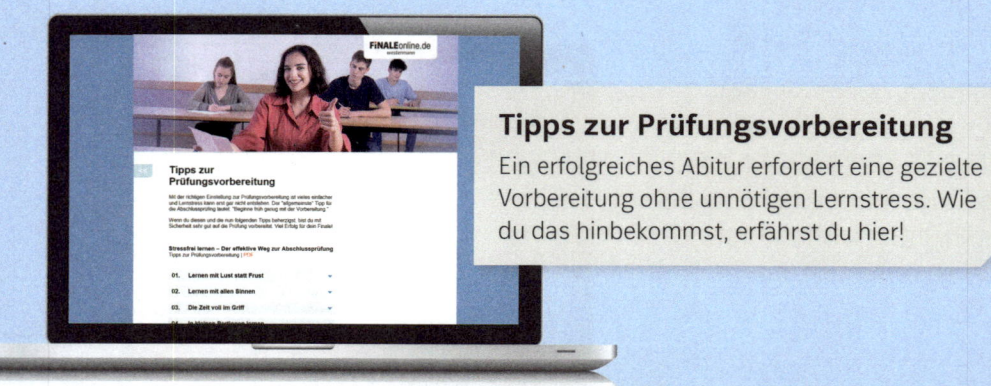

Tipps zur Prüfungsvorbereitung

Ein erfolgreiches Abitur erfordert eine gezielte Vorbereitung ohne unnötigen Lernstress. Wie du das hinbekommst, erfährst du hier!

Videos zur mündlichen Prüfung

Nur wenige Abiturienten wissen genau, wie sie abläuft, die „Mündliche". Die Videos geben dir Einblick in den Ablauf der Prüfung und Tipps für die richtige Vorbereitung.

Die Kombination aus FiNALE-Buch und FiNALEonline bietet dir die optimale Vorbereitung für deine Prüfung und begleitet dich sicher zu einem erfolgreichen Abitur 2024!

www.finaleonline.de

westermann

FiNALE
Prüfungstraining

Niedersachsen

Abitur 2024
Biologie

Elena Rey Martinez
Dr. Anne Schwedt

sowie
Anja Kristin Klein
Dieter Feldermann
Dr. Rüdiger Lutz Klein
Philipp Klein
Dr. Karl Pollmann
Dr. Heiner Schäfer
Dr. Ursula Wollring

FiNALEonline.de

Liebe Schülerin, lieber Schüler,

sobald die Original-Prüfungsaufgaben zur Veröffentlichung freigegeben sind, können sie unter **www.finaleonline.de** zusammen mit ausführlichen Lösungen kostenlos herunter- geladen werden. Gib dazu einfach diesen Code ein:

BI5T2U3

Einfach mal reinschauen: www.finaleonline.de

© 2023 Westermann Lernwelten GmbH, Georg-Westermann-Allee 66, 38104 Braunschweig
www.westermann.de

Druck A[1]/Jahr 2023
Alle Drucke der Serie A sind im Unterricht parallel verwendbar.

Redaktion: Sabine Klonk
Kontakt: finale@westermanngruppe.de
Layout: LIO Design GmbH, Braunschweig
Umschlaggestaltung: Gingco.Net, Braunschweig
Umschlagfoto: Peter Wirtz, Dormagen
Illustrationen: Karin Mall, Brigitte Karnath
Druck und Bindung: Westermann Druck GmbH, Georg-Westermann-Allee 66, 38104 Braunschweig

ISBN 978-3-07-**172439**-6

1 Arbeiten mit FiNALE

Liebe Abiturientin, lieber Abiturient 7
Die Kompetenzbereiche nach EPA 9
Umgang mit dem Selbstdiagnosebogen 11

Operatoren und Anforderungsbereiche

Die Operatoren laut EPA 13
Die Anforderungsbereiche 15

Inhaltliche Vorgaben zu den Unterrichtsvoraussetzungen

Inhaltlichen Vorgaben beachten 17
Pflichtthemen für die Abiturprüfung 17

2 Überprüfung der Methoden- und Kommunikationskompetenz

Umgang mit Diagrammen 22
Umgang mit Abbildungen 26
Umgang mit schematischen Abbildungen 27
Umgang mit Experimenten 28
Umgang mit Hypothesen 29
Umgang mit Modellen 31

3 Basiswissen

Einleitung 33

Genetische Grundlagen von Lebensprozessen

Molekulare Grundlagen der Vererbung und Entwicklungssteuerung 33
Angewandte Genetik 41

Ökologische Verflechtungen und nachhaltige Nutzung

Umweltfaktoren, ökologische Nische 43
Wechselbeziehungen, Populationsdynamik 47
Verflechtungen in Lebensgemeinschaften 50
Aquatische Ökosysteme: Salzwasser – Meere 53
Áquatische Ökosysteme: Süßwasser – Fließgewässer 53
Terrestrisches Ökosystem – Wald 57
Terrestrisches Ökosystem – Wiese 61
Terrestrisches Ökosystem – Moor 63
Methoden der Bestandsaufnahme 66
Nachhaltige Nutzung und Erhaltung von Ökosystemen 67

Steuerungs- und Regulationsmechanismen im Organismus

Neurobiologische Grundlagen 69
Hormone 74
Stress 78

Evolution der Vielfalt des Lebens in Struktur und Verhalten

Grundlagen evolutiver Veränderung 79
Verhalten, Fitness und Angepasstheit 79
Art und Artbildung 80
Evolutionshinweise und Evolutionstheorie 82
Transspezifische Evolution der Primaten 88
Biologische und kulturelle Evolution des modernen Menschen 90

Energiestoffwechsel

Zellatmung und Gärung: Energieumwandlung bei Pro- und Eukaryten 93
Fotosynthese: Energiegewinnung bei Pflanzen 96

4 Übungsaufgaben

Aufgabe 1: CODIS, das genetische Fingerabdrucksystem des FBI 101
Aufgabe 2: Glutarazidurie Typ I bei den Amish 106
Aufgabe 3: Neozoen in Kalifornien 112
Aufgabe 4: Der Nil – ein besonderes Flussökosystem 118
Aufgabe 5: Schmerzen 126
Aufgabe 6: Signaltransduktion beim Riechen und bei der Cholera –
ein Vergleich auf molekularer Ebene 133
Aufgabe 7: Die Bedeutung genetischer und epigenetischer Ereignisse
für die Evolution von Lebewesen 139
Aufgabe 8: Großbär oder Kleinbär? Einordnung des Großen Pandas
und des kleinen Pandas in den Stammbaum der Bären 149
Augfabe 9: Fett ist nicht gleich Fett 160

5 Original-Prüfungsaufgaben

Original-Prüfungsaufgaben: Kurse auf grundlegendem Anforderungsnivau

Thema A1: Assimilation 167
Thema A2: Dissimilation 172
Thema A3: Neurobiologie 176
Thema B2: Ökologie 182
Thema C2: Evolution 188

Original-Prüfungsaufgaben: Kurse auf erhöhtem Anforderungsnivau

Thema A1: Assimilation 192
Thema A2: Dissimilation 198
Thema A3: Neurobiologie 203
Thema B2: Ökologie 209
Thema C2: Evolution 214

6 Hinweise zum experimentellen Abitur

Einführung 219
Fachpraktische Anteile während der schriftlichen Abiturprüfung 219

Stichwortverzeichnis 224

1 Arbeiten mit FiNALE

Liebe Abiturientin, lieber Abiturient,

Vor dem Hintergrund der Erfahrungen aus den vorausgegangenen Jahren sowie unter Beachtung der offiziellen Vorgaben für die Abiturprüfungen des Jahres 2024 in Biologie wurde Finale passgenau für die Vorbereitung auf diese Prüfung entwickelt.

Zur gezielten Vorbereitung auf das Zentralabitur bietet Ihnen FiNALE Biologie:
- präzise und übersichtlich angeordnete Informationen zu den Vorgaben für das Abitur 2024 im Fach Biologie sowie zum Aufbau, zur Gestaltung und zu den Bewertungskriterien der schriftlichen Abiturprüfungsaufgaben;
- zahlreiche Aufgabenbeispiele mit vielfältigen, unterschiedlich gestalteten Materialien und Aufgabenformulierungen, die nur die Operatoren enthalten, die in den einheitlichen Prüfungsanforderungen für das Abitur definiert und vorgeschrieben sind, sowie die dazugehörigen ausformulierten Musterlösungen;
- Selbstdiagnosebögen am Ende jeder Übungsaufgabe, die Ihre individuellen Stärken und Schwächen aufdecken, sodass Sie eine direkte Hilfe zum passgenauen Lernen der biologischen Inhalte und Methoden erhalten und diese wiederholen und vertiefen können;
- Hinweise zum strukturierten Umgang mit den Abituraufgaben und ihren Materialien, sodass Sie zusätzliche Sicherheit beim Lösen der Aufgaben erwerben;
- übersichtliche Zusammenfassungen des Basiswissens, das für die Abiturprüfung besonders relevant ist;
- Original-Prüfungsaufgaben aus dem Jahr 2022 (im Buch) sowie 2023 auf **www. finaleonline.de** (siehe Hinweis S. 2) zu Kursen mit grundlegendem und erhöhtem Anforderungsniveau mit ausformulierten Lösungen und zusätzlichen Lösungstipps,
- eine Checkliste auf **www.finaleonline.de** zur eigenen Bearbeitung und Absicherung ihres Kenntnisstandes.

Finale ermöglicht eine individuelle Vorbereitung. Je nach persönlichen Stärken und Schwächen in den verschiedenen Kompetenzbereichen (z.B. Fachwissen/FW, Erkenntnisgewinn/EG, Kommunikation/K und Bewertung/BW), aber auch in Methoden wie Planung und Auswerten von Experimenten sowie Umgang mit Grafiken können einzelne Kapitel und Teilkapitel nachgeschlagen und gezielt durchgearbeitet werden. Zahlreiche Querverweise erleichtern dabei die Orientierung. Der systematische Aufbau und die komprimierte Form fördern eine zeitökonomische und effektive Abiturvorbereitung, auch in Ergänzung des Fachunterrichts.

Tipps zum Umgang mit FiNALE
Verschaffen Sie sich zunächst einen Überblick über die Inhalte der Abiturprüfung in Kapitel 1 und vergleichen Sie diese parallel dazu mit dem ausgewählten Basiswissen in Kapitel 3. Bei diesem Vorgehen können Sie leicht feststellen, in welchen inhaltlichen

Lernbereichen Sie noch Defizite aufweisen. Sodann suchen Sie sich passend zu diesem Lernbereich eine Übungsaufgabe heraus und bearbeiten diese. So arbeiten Sie inhaltliche Defizite auf und trainieren gleichzeitig die geforderten Kompetenzen.

Gemäß dem ausführlichen Lösungsschlüssel notieren Sie sich dann im Selbstdiagnosebogen, den Sie am Ende einer jeden Übungsaufgabe finden, die entsprechende Punktzahl zu den Teilaufgaben. Der Umgang mit dem Selbstdiagnosebogen wird Ihnen ausführlich im nächsten Abschnitt vorgestellt.

Beim Vergleich ihrer erreichten Punktzahl mit der Höchstpunktzahl ergeben sich möglicherweise größere Abweichungen. Dies kann verschiedene Ursachen haben. Danach richtet sich Ihr weiteres Vorgehen:

- Haben Sie die Teilaufgabe aufgrund des Operators (im Aufgabentext fett hervorgehoben) nicht verstanden, so schlagen Sie im Teilkapitel „Die Operatoren laut EPA" die Definition für den entsprechenden Operator nach, prägen sie sich ein und wenden sie an.
- Liegen Ihre Schwierigkeiten im methodischen oder inhaltlichen Bereich, so finden Sie in der Spalte Förderung im Selbstdiagnosebogen Stichworte und Verweise zu Kapitel 2 Methoden- und Kommunikationskompetenz oder Kapitel 3 Basiswissen. Dort arbeiten Sie dann die entsprechenden Abschnitte durch, um so Ihre Lücken zu füllen.

Nachdem Sie auf diese Weise möglichst ökonomisch gelernt haben, beschäftigen Sie sich nach Möglichkeit mit den Originalarbeiten 2023 (www.finaleonline.de) und den dazugehörenden Tipps. Vor allem das Kapitel 2 „Überprüfung der Methoden- und Kommunikationskompetenz" sollten Sie am Ende ganz durchgearbeitet haben, weil Sie hier wertvolle Informationen erhalten, um möglichst viele Punkte sammeln zu können.

Beschreibung der verschiedenen Kapitel

1 **Arbeiten mit Finale:** Hier erhalten Sie Tipps, wie Sie aufgrund Ihrer persönlichen Stärken und Schwächen möglichst ökonomisch mit dem Buch arbeiten können.
   In diesem Kapitel wird Ihnen auch der Selbstdiagnosebogen vorgestellt, der bei der Bearbeitung der Übungsaufgaben nicht nur Ihre Stärken und Schwächen diagnostiziert, sondern Ihnen auch gleichzeitig zielgenaue Hilfen für die Auswahl weiterer Teilkapitel und Abschnitte zur Verfügung stellt.
   Operatoren und Anforderungsbereiche: Die Bedeutung der Operatoren wird Ihnen in Erinnerung gerufen, damit keine Fehldeutungen der Aufgabenstellung unterlaufen und dadurch Punktverlust droht.
   Inhaltliche Vorgaben zu den Unterrichtsvoraussetzungen: An der strukturierten Übersicht der Schwerpunkte können Sie sich beim Wiederholen des Basiswissens orientieren.

2 **Basiswissen:** Hier finden Sie in einer Kurzfassung die im Biologieunterricht für das Abitur vermittelten Inhalte, z. T. mit Definitionen wichtiger Fachbegriffe. Die Inhalte werden miteinander vernetzt und sind durch dieses Ordnungsprinzip leichter zu lernen.

3 **Überprüfung der Methoden- und Kommunikationskompetenz:** Abituraufgaben enthalten unterschiedliche Materialien. Neben den Texten sind auch Abbildungen,

Diagramme, Schemata, Stammbäume und Experimente enthalten. In diesem Kapitel erhalten Sie Tipps, wie Sie möglichst schnell die Aussagen der Materialien erfassen und zu einer Lösung führen.

4 **Übungsaufgaben:** Die Übungsaufgaben mit ihren Musterlösungen ermöglichen Ihnen aufgrund der beigefügten Selbstdiagnosebögen die Einschätzung Ihrer Stärken und Schwächen und leiten Sie dazu an, mit den für Sie relevanten Aufgaben und Kapitelabschnitten weiterzuarbeiten. So lernen Sie individuell und zielgenau.

Die Kompetenzbereiche nach EPA

Die „einheitlichen Prüfungsanforderungen in der Abiturprüfung" (kurz: EPA) der Kultusministerkonferenz der Länder legen fest, welche Kompetenzen Schülerinnen und Schüler bis zum Abitur erlernt haben sollten. Die EPA sind die rechtliche Grundlage aller Zentralabiturprüfungen und sollten auch Grundlage aller durch Lehrkräfte gestellten Aufgaben in der Qualifikationsphase sein. Daher ist es sinnvoll, sich mit dem Anforderungskatalog der EPA auseinanderzusetzen, um sich bestmöglich auf die Abiturprüfung im Fach Biologie vorbereiten zu können.

Die EPA formulieren dazu Kompetenzen in verschiedenen Bereichen. Unter Kompetenz wird die Fähigkeit verstanden, Aufgaben und Probleme selbstständig zu lösen, unter Verwendung allgemeiner naturwissenschaftlicher und fachspezifisch biologischer Methoden und Arbeitstechniken. Das biologische Fachwissen ist dabei eine der Grundlagen für eine erfolgreiche Abiturprüfung. Ihr Fachwissen müssen Sie verknüpfen und in anderen Zusammenhängen als den gelernten einordnen. So werden Sie vermutlich nicht die Proteinbiosynthese in allen Einzelheiten beschreiben müssen, sondern eine Aufgabe lösen, in denen Ihr Fachwissen Ihnen hilft z. B. zu erklären, warum Antibiotika eine bestimmte Wirkung auf einen prokaryotischen Organismus haben; ohne Fachwissen ist diese Aufgabe nicht zu lösen, ohne Vernetzung ihrer Grundlagen, genaue Analyse der Materialien und gute Hypothesenbildung ebenfalls nicht. Finale bereitet Sie genau darauf vor: Komprimiertes Fachwissen wird verzahnt mit einem durchdachten Methodentraining im Hinblick auf die geforderten Kompetenzen.

In Niedersachsen wird von Ihnen erwartet, dass Sie in der Abiturprüfung sowohl **prozessbezogene** Kompetenzen wie auch **inhaltsbezogene** Kompetenzen nachweisen. Während sich die prozessbezogenen Kompetenzen auf die Bereiche Erkenntnisgewinn, Kommunikation und Bewertung beziehen, werden Sie beim Nachweis inhaltsbezogener Kompetenzen Fachkenntnisse zeigen, die nach den **Basiskonzepten** der Biologie als Fachwissenschaft gegliedert sind und die Sie mithilfe der prozessbezogenen Kompetenzen (Erkenntnisgewinn, Kommunikation und Bewertung) erworben haben.

In der Einführungsphase (Jg. 11) und teilweise in den Jahrgängen 7 – 10 haben Sie diese zwei Gruppen von Kompetenzen im Prinzip kennengelernt und angewandt.

A. Prozessbezogene Kompetenzen (Methoden):

Für den Erwerb des K**ompetenzbereichs Erkenntnisgewinn** haben Sie z. B.

–   verschiedene biologische Phänomene beobachtet, beschrieben und verglichen,
–   Experimente geplant, untersucht und ausgewertet sowie
–   mit Modellen und mit Quellen gearbeitet.

Für den Erwerb des **Kompetenzbereichs Kommunikation** haben Sie

–   die Beiträge anderer reflektiert und dazu Stellung genommen,
–   vieles in Gruppen organisiert und bearbeitet sowie
–   ihre Ergebnisse angemessen präsentiert.

Der **Kompetenzbereich Bewertung** wurde dadurch geübt, dass Sie

–   Werte, Normen und Fakten unterschieden haben,
–   die Standpunkte anderer erläutert sowie
–   Wertentscheidungen reflektiert haben.

Diese prozessbezogenen Kompetenzen haben Sie in der Qualifikationsstufe vertieft und erweitert. So haben Sie z. B.

–   biologische Präparate mikroskopiert und gezeichnet,
–   verschiedene Trennungsverfahren wie z. B. Chromatografie kennengelernt,
–   Hypothesen entwickelt, Experimente geplant und durchgeführt und die Ergebnisse hypothesengeleitet ausgewertet,
–   Kosten-Nutzen-Analysen im Bereich der Ökologie oder Evolution durchgeführt,
–   Prinzipien verschiedener biologischer Arbeitstechniken beschrieben,
–   zwischen proximaten und ultimaten Erklärungen zu unterscheiden gelernt,
–   angemessen recherchiert und
–   mögliche kurz- und langfristige Folgen eigenen und gesellschaftlichen Handelns bewertet.

B. Inhaltsbezogene Kompetenzen (Fachwissen):

Die inhaltsbezogenen Kompetenzen in Form von Fachwissen sind Ihnen ebenfalls bekannt, denn Sie haben an unterschiedlichsten Beispielen biologische Prinzipien, die sogenannten acht **Basiskonzepte** (vgl. S. 19), kennengelernt. Es handelt sich um die Konzepte:

1.   Struktur und Funktion
2.   Kompartimentierung
3.   Steuerung und Regelung
4.   Stoff- und Energieumwandlung
5.   Information und Kommunikation
6.   Reproduktion
7.   Variabilität und Angepasstheit
8.   Geschichte und Verwandtschaft

Im Unterricht (Angaben in Klammern: Zuordnung der Beispiele zu konkreten Anforderungen aus den EPA) haben Sie z. B.

–   Struktur- Funktionsbeziehungen bei Chloroplasten und Mitochondrien erläutert (FW 1.2),

- verschiedene Arten von Stofftransport zwischen Kompartimenten (durch die biologische Membran) erklärt (FW 2.1),
- Konkurrenz, Parasitismus und Symbiose als Wechselbeziehungen zwischen Organismen erläutert (FW 3.3),
- die Umwandlung von Lichtenergie in chemische Energie in der Fotosynthese erläutert (FW 4.2),
- das Prinzip der Signaltransduktion als Übertragung von extrazellulären Signalen in intrazelluläre Signale erläutert (FW 5.1) sowie
- Angepasstheit als Ergebnis von Evolution (aufgrund von Mutation, Selektion, Rekombination, Gendrift) erläutert (FW 7.5).

Das Hauptgewicht der Abiturprüfungen 2024 liegt auf der Überprüfung von an Inhalten gebundenen Kompetenzen gemäß EPA und des niedersächsischen Kerncurriculums. Diese Vorgaben finden Sie in Kapitel 1. Beachten Sie, dass zwar in allen niedersächsischen Schulen die Kerncurricula verbindlich sind, dass aber die konkreten Inhalte, an denen diese trainiert werden, je nach schuleigenem Lehrplan variieren können.
Neben dem Fachwissen als solider Grundlage ist das Einüben der verschiedenen fachwissenschaftlichen, methodischen und allgemeinen Kompetenzen ein wichtiger Baustein Ihrer Abiturvorbereitung. Kapitel 3 stellt Ihnen vor allem für die zentralen Bereiche der Methoden- und Kommunikationskompetenz Übungen zur Verfügung. Die Übungsaufgaben in Kapitel 4 erfordern verschiedene Kompetenzen, die im **Selbstdiagnosebogen** aufgegriffen werden.

Umgang mit dem Selbstdiagnosebogen

Am Ende jeder Übungsaufgabe im Kapitel 4 finden Sie einen Selbstdiagnosebogen. Dieser Bogen hilft Ihnen, Ihre ganz persönlichen Stärken und Schwächen zu identifizieren, um sich so zielgerichtet und effizient auf das Zentralabitur im Fach Biologie vorbereiten zu können. Neben dem Wissen, in welchen Bereichen Sie besonders stark sind, ist es wichtig herauszufinden, ob und warum Sie einzelne Aufgaben nur teilweise gelöst haben. Liegt es eher daran, dass Ihnen das Fachwissen fehlt, dann lesen Sie die entsprechenden Abschnitte in Kapitel 3 (Basiswissen) oder Ihrem Biologie-Buch nach. Vielleicht erkennen Sie aber auch, dass Sie bei der Lösung einer Aufgabe Schwierigkeiten im methodischen Bereich hatten. In diesem Fall hilft Ihnen das Kapitel 2 (Überprüfung der Methodenkompetenz), Ihre Fähigkeiten auszubauen. Wo auch immer Ihr Förderbedarf liegt, mit dem Selbstdiagnosebogen finden Sie es heraus. Die folgende Abbildung zeigt den Selbstdiagnosebogen einer Aufgabe zur Signaltransduktion (Übungsaufgabe 8):

Selbstdiagnosebogen (Ausschnitt)

Aufgabe Nr.	Kernkompetenzen	AFB	Punkte	erreicht	Förderung
1	Beschreibung der Signaltransduktion bei Riechsinneszellen unter Berücksichtigung der Fachsprache Hypothesenbildung über die Depolarisation der Riechsinneszelle	I II	10 5		Signalwirkketten und differenziertes Beschreiben von Schemata Erregungsbildung (S. 69 ff.) und Hypothesenbildung (S. 30)
2	differenzierte Beschreibung der Grafik M3	I	5		Methodenschwerpunkt: Beschreiben von Tabellen und Grafiken (S. 26 ff.)

Nachdem Sie die Übungsaufgaben in Kapitel 4 gelöst haben, vergleichen Sie oder Ihr Arbeitspartner Ihre Ausführungen mit der Musterlösung. Sie können direkt in die fünfte Spalte im Diagnosebogen Ihre erreichte Punktzahl eintragen. In der zweiten Spalte finden Sie die Kernkompetenz der entsprechenden Aufgabe. Die Aufgaben sind noch einmal in kleinere Bausteine zerlegt, sodass für Sie erkennbar ist, welche Kernkompetenzen zur Lösung der gesamten Aufgabe nachgewiesen werden müssen. Anhand der Kernkompetenzen können Sie auch nachvollziehen, ob die Aufgabe eher einen fachwissenschaftlichen oder methodischen Schwerpunkt hat. In der dritten Spalte des Diagnosebogens sehen Sie, welchem Anforderungsbereich die Lösung der Teilaufgaben zugeordnet werden kann; in der vierten Spalte finden Sie die maximale Punktzahl, die für die korrekte Lösung einer Teilaufgabe erreicht werden kann. Nachdem Sie die Punkte, die Sie in den verschiedenen Teilaufgaben gesammelt haben, in die fünfte Spalte des Diagnosebogens eingetragen haben, können Sie Ihre Stärken und Schwächen analysieren und damit beginnen, ausgehend von Ihren Stärken, die Lücken systematisch aufzuarbeiten.

Haben Sie zum Beispiel in der ersten Aufgabe der 8. Übungsaufgabe 10 Punkte für die Beschreibung der Signaltransduktion erhalten, so können Sie daraus folgendes in Bezug auf Fördermöglichkeiten ableiten: Sie beherrschen bereits die Kompetenz, einfache grafische Darstellungen zu beschreiben. Im zweiten Teil dieser Aufgabe wird im Bereich des Fachwissens gefordert, Kenntnisse über die Vorgänge der Depolarisation nachzuweisen. Falls Sie Schwierigkeiten mit dem zweiten Teil dieser Aufgabe hatten, sollten Sie zunächst für sich klären, ob Sie die Aufgabe mit dem nötigen Fachwissen hätten lösen können oder ob es noch methodische Schwierigkeiten bei der Verbindung der Beschreibung eines Schemas und Fachwissen (Vorgänge bei der Depolarisation) gibt. Um methodische Defizite gezielt aufzuarbeiten, empfiehlt es sich, Kapitel 3 (Methoden) dieses Buches durchzuarbeiten. Sind die Lücken eher auf der fachwissenschaftlichen Ebene zu finden, arbeiten Sie die entsprechenden Abschnitte in Kapitel 2 (Basiswissen) dieses Abi-Trainers oder Ihres Biologie-Buchs durch. Durch die Analyse Ihrer ganz persönlichen Stärken und Schwächen können Sie sich viel effizienter auf die Abiturprüfungen vorbereiten.

Operatoren und Anforderungsbereiche

Die Operatoren laut EPA

In den Klausuren der Oberstufe werden nach den einheitlichen Prüfungsanforderungen für das Abitur definierte Arbeitsvorschriften, sogenannte Operatoren, verwendet. Schon während der Qualifikationsphase werden Sie mit diesen Operatoren vertraut gemacht und somit auf das Abitur vorbereitet. Da diese schon im Unterricht in ihrer Bedeutung an verschiedenen Beispielen geübt werden, können Fehldeutungen von Aufgabenstellungen im Zentralabitur vermieden werden. So erfolgen Bewertung und Beurteilung Ihrer Abiturklausuren und ggf. mündlichen Prüfung möglichst objektiv, gerecht und landesweit vergleichbar. Bei der Formulierung der Arbeitsanweisungen von Prüfungsaufgaben werden im Wesentlichen nur die folgenden vom Kultusministerium festgelegten Operatoren benutzt, die Ihnen in dieser Übersicht in Erinnerung gerufen werden. Je nach Schwierigkeitsgrad der Aufgabe kann ein Operator verschiedenen Anforderungsbereichen zugeordnet sein. Dennoch wurden hier die Anforderungsbereiche (AFB I – III) grob zugeordnet und unter der Tabelle definiert.

Operator	AFB	Beschreibung der erwarteten Leistung	Beispiele
ableiten	II	auf der Grundlage wesentlicher Merkmale sachgerechte Schlüsse ziehen	Leiten Sie alle variablen STRs im DNA-Abschnitt D75280 für die amerikanische Bevölkerung ab.
analysieren	II	wichtige Bestandteile oder Eigenschaften auf eine bestimmte Fragestellung hin herausarbeiten	Analysieren Sie die Abbildung zur Cytoplasma-Hypothese.
anwenden	II–III	einen bekannten Sachverhalt oder eine bekannte Methode auf etwas Neues beziehen	Wenden Sie das Schema der Lichtreaktion auf den Energiestoffwechsel bei Halobium an.
aufstellen einer Hypothese	I–III	eine begründete Vermutung auf der Grundlage von Beobachtungen, Untersuchungen, Experimenten oder Aussagen formulieren	Formulieren Sie eine Hypothese, die die Beobachtung in M3 erklärt.
auswerten	II	Daten, Einzelergebnisse oder andere Elemente in einen Zusammenhang stellen und ggf. zu einer Gesamtaussage zusammenführen	Werten Sie die Befunde in M3 aus.
begründen	II–III	Sachverhalte auf Regeln und Gesetzmäßigkeiten bzw. kausale Beziehungen von Ursachen und Wirkung zurückführen	Begründen Sie sinnvolle Pflegemaßnahmen für den in M2 beschriebenen Gartenteich.
beschreiben	I–II	Strukturen, Sachverhalte oder Zusammenhänge strukturiert und fachsprachlich richtig mit eigenen Worten wiedergeben	Beschreiben Sie das Diagramm in M1.
beurteilen	II–III	zu einem Sachverhalt ein selbstständiges Urteil unter Verwendung von Fachwissen und Fachmethoden formulieren und begründen	Beurteilen Sie den Sachverhalt in M5.

Operator	AFB	Beschreibung der erwarteten Leistung	Beispiele
bewerten	II–III	einen Gegenstand an erkennbaren Wertkategorien oder an bekannten Beurteilungskriterien messen	Bewerten Sie die Entscheidung der Landschaftspfleger, den Golfplatz zu renaturieren.
darstellen	I–II	Sachverhalte, Zusammenhänge, Methoden etc. strukturiert und ggf. fachsprachlich wiedergeben	Stellen Sie den Einfluss der Fließgeschwindigkeit auf Lebewesen im Bach dar.
deuten	II	Sachverhalte in einen Erklärungszusammenhang bringen	Deuten Sie die Beobachtungen in M4.
entwickeln	I–III	Sachverhalte und Methoden zielgerichtet miteinander verknüpfen.	Entwickeln Sie ein Verfahren zur Auftrennung von Bodenbestandteilen.
erklären	II	einen Sachverhalt nachvollziehbar und verständlich zum Ausdruck bringen mit Bezug auf Regeln, Gesetzmäßigkeiten und Ursachen	Erklären Sie die Befunde in M5.
erläutern	I–II	einen Sachverhalt durch zusätzliche Informationen veranschaulichen und verständlich machen	Erläutern Sie das Stoffwechselschema in M4.
erörtern	II	Argumente, Sachverhalte und Beispiele zu einer Aussage oder These einander gegenüberstellen und abwägen	Erörtern Sie die Positionen DARWINS und LAMARCKS zur Evolution der Giraffen.
nennen	I	Elemente, Sachverhalte, Begriffe, Daten ohne Erläuterungen aufzählen	Nennen Sie drei Selektionsfaktoren.
skizzieren	I–II	Sachverhalte, Strukturen oder Ergebnisse auf das Wesentliche reduziert grafisch übersichtlich darstellen	Skizzieren Sie den Stickstoffkreislauf im Ökosystem Reisfeld.
Stellung nehmen	II	zu einem Gegenstand, der an sich nicht eindeutig ist, nach kritischer Prüfung und sorgfältiger Abwägung ein begründetes Urteil abgeben.	Nehmen Sie Stellung zur Aussage des Hobby-Forschers Meier in M5.
überprüfen / prüfen	II–III	Sachverhalte oder Aussagen an Fakten oder innerer Logik messen und eventuelle Widersprüche aufdecken	Prüfen Sie die von Ihnen formulierte Hypothese mithilfe der Angaben in M4.
vergleichen	II	Gemeinsamkeiten, Ähnlichkeiten und Unterschiede feststellen	Vergleichen Sie die Formen der Kohlenstofffixierung bei C_3- und C_4-Pflanzen.

TIPP

Das Verständnis von Operatoren ist nicht bei allen Lehrern gleich. Sprechen Sie daher mit Ihren Lehrern über die Bedeutung der Operatoren und vergewissern Sie sich, dass Sie unter einem Operator die gleiche Tätigkeit wie Ihr Lehrer verstehen. So ist z. B. das Gegenüberstellen eine spezielle Form des Beschreibens. Das Vergleichen dagegen findet auf einer höheren Abstraktionsstufe statt, da das Ergebnis dieser Tätigkeit in der Erkenntnis von Unterschieden und Gemeinsamkeiten besteht.

Die Anforderungsbereiche

Die Anforderungsbereiche werden in den Prüfungen des Zentralabiturs so gewichtet, dass das Schwergewicht der zu erbringenden Leistungen im Anforderungsbereich II liegt und daneben die Anforderungsbereiche I und III berücksichtigt werden, und zwar Anforderungsbereich I in höherem Maße als Anforderungsbereich III. Jede Aufgabe soll Anforderungen in allen drei Anforderungsbereichen umfassen:

AFB I 30 %, AFB II 50 %, AFB III 20 %.

Der **Anforderungsbereich I** umfasst:
- das Wiedergeben von Daten, Fakten, Regeln, Formeln, mathematischen Sätzen usw. aus einem begrenzten Gebiet im gelernten Zusammenhang
- das Beschreiben und Verwenden erlernter und eingeübter Arbeitstechniken und Verfahrensweisen in einem begrenzten Gebiet und in einem wiederholenden Zusammenhang.

Im Fach Biologie gehören dazu:
- die Wiedergabe von Basiswissen (Kenntnisse von Fakten, Zusammenhängen und Methoden)
- die Nutzung bekannter Methoden und Modellvorstellungen in vergleichbaren Beispielen
- das Entnehmen von Informationen aus Fachtexten und das Umsetzen der Informationen in einfache Schemata (z. B. Stammbäume, Flussdiagramme)
- die schriftliche Darstellung von Daten, Tabellen, Diagrammen, Abbildungen mithilfe der Fachsprache
- das Beschreiben und Wiedergeben makroskopischer und mikroskopischer Beobachtungen
- das Beschreiben und Protokollieren von Experimenten
- das Experimentieren nach Anleitung und die Erstellung mikroskopischer Präparate
- die sachgerechte Benutzung bekannter Software.

Der **Anforderungsbereich II** umfasst
- selbstständiges Auswählen, Anordnen, Verarbeiten und Darstellen bekannter Sachverhalte unter vorgegebenen Gesichtspunkten in einem durch Übung bekannten Zusammenhang
- selbstständiges Übertragen des Gelernten auf vergleichbare neuartige Fragestellungen, veränderte Sachzusammenhänge oder abgewandelte Verfahrensweisen.

Im Fach Biologie gehören dazu:
- das Anwenden der Basiskonzepte in neuartigen Zusammenhängen
- das Übertragen und Anpassen von Modellvorstellungen
- die sachgerechte, eigenständig strukturierte und Aufgaben bezogene Darstellung komplexer biologischer Abläufe im Zusammenhang einer Aufgabenstellung
- das Auswählen bekannter Daten, Fakten und Methoden zur Herstellung neuer Zusammenhänge

- die gezielte Entnahme von Informationen aus vielschichtigen Materialien oder einer wissenschaftlichen Veröffentlichung unter einem vorgegebenen Aspekt
- die abstrahierende Darstellung biologischer Phänomene wie die zeichnerische Darstellung und Interpretation eines nicht bekannten mikroskopischen Präparats
- das Anwenden bekannter Experimente und Untersuchungsmethoden in neuartigen Zusammenhängen
- das Auswerten von unbekannten Untersuchungsergebnissen unter bekannten Aspekten
- das Beurteilen und Bewerten eines bekannten biologischen Sachverhalts
- das Unterscheiden von Alltagsvorstellungen und wissenschaftlichen Erkenntnissen.

Der **Anforderungsbereich III** umfasst
- planmäßiges und kreatives Bearbeiten vielschichtiger Problemstellungen mit dem Ziel, selbstständig zu Lösungen, Deutungen, Wertungen und Folgerungen zu gelangen
- bewusstes und selbstständiges Auswählen und Anpassen geeigneter erlernter Methoden und Verfahren in neuartigen Situationen.
Im Fach Biologie gehören dazu
- die Entwicklung eines eigenständigen Zugangs zu einem biologischen Phänomen, z. B. die Planung eines geeigneten Experimentes oder Gedankenexperimentes
- die selbstständige, zusammenhängende Verarbeitung verschiedener Materialien unter einer selbstständig entwickelten Fragestellung
- die Entwicklung eines komplexen gedanklichen Modells bzw. eigenständige Modifizierung einer bestehenden Modellvorstellung
- die Entwicklung fundierter Hypothesen auf der Basis verschiedener Fakten, experimenteller Ergebnisse, Materialien und Modelle
- das Reflektieren biologischer Sachverhalte in Bezug auf das Menschenbild
- das materialbezogene und differenzierte Beurteilen und Bewerten biologischer Anwendungen
- das Argumentieren auf der Basis nicht eindeutiger Rohdaten: Aufbereiten der Daten, Fehleranalyse und das Herstellen von Zusammenhängen
- die kritische Reflexion biologischer Fachbegriffe vor dem Hintergrund komplexer und widersprüchlicher Informationen und Beobachtungen.

Inhaltliche Vorgaben zu den Unterrichtsvoraussetzungen

Inhaltliche Vorgaben beachten

Die Prüfungsaufgabe für die Abiturprüfung Biologie steht immer unter einem zusammenfassenden Thema und ist an Material gebunden. Experimente und Untersuchungsverfahren können Gegenstand einer Prüfungsaufgabe sein. Ebenso sind Basiskonzepte (s. Kap. 1, S. 8) Bestandteil der Prüfungsaufgaben.
Für den Erfolg Ihrer Prüfung ist es wichtig, dass Sie sich Folgendes klar machen: Nicht nur Ihre fachspezifischen Kenntnisse, auch die Art und Weise, wie Sie mit diesen Inhalten umgehen, wird bewertet. Das wird in den Kompetenzen über die Verknüpfung von Inhalt und Operator beschrieben.

Pflichtthemen für die Abiturprüfung Biologie 2023 in Niedersachsen lt. Hinweisen des Niedersächsichen Kultusministeriums (Kerncurriculum Biologie Niedersachsen 2023)

In Tab. 1 sind die Kompetenzbereiche „Erkenntnisgewinn" und „Fachwissen" und je ein Beispiel aus den Aufgaben angegeben. Diese Bereiche sind neben den hier nicht erwähnten Kompetenzbereichen „Kommunikation" und „Bewertung" im Kerncurriculum weiter differenziert und können im Internet unter „Kerncurriculum 2023 Niedersachsen" als pdf-Datei abgerufen werden. In Tab. 2 sind Stichworte zu den verpflichtenden Inhalten (Sp. 2) angegeben, ihre Zuordnung zu einem Kompetenzbereich (Sp. 1) und Fundort des Inhalts in Finale (Sp. 3).
Der Bereich Kommunikation wird im Methodenteil (Kap. 3) bearbeitet. Der Bereich Bewertung wird im Kapitel Basiswissen (Ökologie, angewandte Genetik) und in verschiedenen Übungsaufgaben bearbeitet, aber nicht tabellarisch dargestellt.

Tab. 1: Untergliederung der Kompetenzbereiche

Kompetenzbereich		Beispiel
EG1	Beobachten, beschreiben, vergleichen	EM-Fotos von Chloroplasten und Mitochondrien abzeichnen und Unterschiede und Ähnlichkeiten in ihrem Bau und ihrer Funktion feststellen
EG2	Experimentieren	Mit Lösungsmitteln die Löslichkeit von Blattfarbstoffen feststellen
EG3	Mit Modellen arbeiten	Verschiedene Synapsen-Modelle miteinander vergleichen
EG4	Fachgemäße Arbeitsweisen und Methoden	Eine Vegetationsaufnahme durchführen
FW1	Struktur und Funktion	Aufbau und Funktion des Blattes eines Laubbaums beschreiben und erläutern
FW2	Kompartimentierung	Den biologischen Sinn von biologischen Membranen an Beispielen erläutern
FW3	Steuerung und Regelung	Die Regulation der Aktivität bei Bakterien beschreiben
FW4	Stoff- und Energieumwandlung	Den Energiestoffwechsel eines Fuchses beschreiben
FW5	Information und Kommunikation	Neurophysiologische Abläufe bei der Jagd eines Uhus auf Mäuse beschreiben
FW6	Reproduktion	Die Bildung von Keimzellen bei einem Dachs erläutern
FW7	Variabilität und Angepasstheit	Die Bildung eines Nadelblattes evolutionsbiologisch erläutern
FW8	Geschichte und Verwandtschaft	Einen Stammbaum der Säugetiere konstruieren und erläutern

Tab. 2: Stichworte zu den verpflichtenden Fähigkeiten im Bereich Erkenntnisgewinn und im Bereich Fachwissen für das Zentralabitur Biologie Niedersachsen 2024 (*Kursiv*: nur EAN):

Kompetenzbereich	Stichwort zum Inhalt	Fundort in FiNALE (Startseite)
EG 1.1	Beschreiben und erklären durch Beobachtung und Vergleich	20, 101, 106
EG 1.2	Mikroskopieren und skizzieren	26
EG 1.3	Bau von Organellen vergleichen	94
EG 1.4	Durchführung und Auswertung einer Dünnschichtchromatografie	28
EG 1.5	Freilanduntersuchungen durchführen und auswerten	66
EG 2.1	Hypothesen entwickeln; Experimente planen, durchführen, auswerten	30, 198

Kompetenz-bereich	Stichwort zum Inhalt	Fundort in FiNALE (Start-seite)
EG 2.2	Fehlerquellenanalyse: fehlender Kontrollansatz	22
EG 3.1	Sachverhalte mit Modellen erläutern	31, 139
EG 3.2	Modelle anwenden, erweitern und ihre Aussagekraft beurteilen	31
EG 3.3	*Kosten-Nutzen-Analysen durchführen*	112
EG 4.1	Art des Erkenntnisgewinns auf neue Probleme anwenden	101, 133
EG 4.2	Biologische Arbeitstechniken erläutern (Autoradiografie, PCR, Gel-Elektrophorese; *DNA-Chip-Technologie*. Befunde auswerten	41, 28
EG 4.3	Naturwissenschaftliche Texte analysieren	118
EG 4.4	Abbildungen, Tabellen, Diagramme sowie grafische Darstellungen unter Beachtung der untersuchten Größen und Einheiten beschreiben, analysieren und deuten.	22
Basiskonzept Struktur und Funktion (FW1)		
FW 1.1	Struktur und Funktion auf Molekül-Ebene: Schlüssel-Schloss-Prinzip, Enzyme, Rezeptormoleküle; *Aktin/Myosin*	32
FW 1.2	Organell-Ebene: Chloroplasten, Mitochondrien	94, 98, 167
FW 1.3	Organ-Ebene: Sonnen- und Schattenblatt	96
Basiskonzept Kompartimentierung (FW2)		
FW 2.1	passiver und aktiver Transport	133, 198
FW 2.2	Ruhepotenzial, chemiosmotische ATP-Bildung	70, 203
FW 2.3	Kompartimentierung auf verschiedenen Ebenen	93
Basiskonzept Steuerung und Regelung (FW3)		
FW 3.1	Enzymaktivität, kompetitive und allosterische Wirkungen	93, 95
FW 3.2	*Homöostase als Ergebnis von Regelungsvorgängen erläutern (Regulation Zellatmung, Thermoregulierer und Thermokonformer)*	43, 95
FW 3.3	Konkurrenz, Räuber-Beute-Beziehung, Parasitismus und Symbiose	47, 112, 182, 209
FW 3.4	Regulation der Populationsdichte	47, 112, 209
FW 3.5	Vergleich von physiologischen und ökologischen Potenzen (Toleranzkurven)	43, 182
FW 3.6	*Regulation der Genaktivität bei Eukaryoten (Genom, Proteom, An- und Abschalten von Genen, Transkriptionsfaktoren, alternatives Spleißen, RNA-Interferenz, Methylierung und Demethylierung)*	33, 188
Basiskonzept Stoff- und Energieumwandlung (FW4)		
FW 4.1	Grundprinzipien von Stoffwechselwegen: Redoxreaktion, Energieumwandlung, Energieentwertung, ATP/ADP-System, Reduktionsäquivalente	93, 167, 172, 198

Kompetenz-bereich	Stichwort zum Inhalt	Fundort in FiNALE (Start-seite)
FW 4.2	Fotosynthese: Abhängigkeit von Außenfaktoren, Fotosynthesepigmente, Absorptions- und Wirkungsspektrum, Primärreaktion, *energetisches* und chemiosmotisches Modell der ATP-Bildung, Sekundärreaktionen, C-Körper-Schema	96, 167, 188, 192
FW 4.3	Enzyme als Katalysatoren, Substrat- und Wirkungsspezifität	90, 126
FW 4.4	Abhängigkeit der Enzymaktivität von Temperatur, pH, Substratkonzentration	198
FW 4.5	Erläuterung der Bereitstellung von Energie am Beispiel Zellatmung (C-Körper-Schema, *energetisches Modell der ATP-Bildung*, chemiosmotisches Modell der ATP- Bildung, Stoff- und Energie-Bilanzen)	106, 198
FW 4.6	energetische und stoffliche Beziehungen zwischen Organismen in einem Ökosystem (Nahrungskette und -netz unter Einbezug der Trophieebenen)	50, 182
FW 4.7	Stoffkreisläufe auf der Ebene der Ökosysteme Wald und *Moor* und der Biosphäre (Kohlenstoffkreislauf, *Stickstoffkreislauf*)	51, 182
Basiskonzept Information und Kommunikation (FW5)		
FW 5.1	Signaltransduktion (Geruchssinn, *Lichtsinn, Hormone*)	69, 133
FW 5.2	*Aufbau und die Funktion der Netzhaut unter dem Aspekt der Kontrastwahrnehmung (laterale Inhibition)*	
FW 5.3	Nervenzellen: Entstehung und Weiterleitung elektrischer Potenziale, chemische Synapsen, Beeinflussung der Synapsen durch einen neuroaktiven Stoff, *hemmende Synapse, räumliche und zeitliche Summation*	69, 176
FW 5.4	*hormonelle und neuronale Informationsübertragung (Hypothalamus, Kampf-oder-Flucht-Reaktion)*	74
Basiskonzept Reproduktion (FW6)		
FW 6.1	*Vielfalt der Zellen eines Organismus (differenzielle Genaktivität)*	139
Basiskonzept Variabilität und Angepasstheit (FW7)		
FW 7.1	*Angepasstheit auf der Ebene von Molekülen (Hämoglobin)*	198
FW 7.2	Angepasstheit auf der Ebene von Organen (xeromorphes Blatt)	96, 214
FW 7.3	*Angepasstheit auf der Ebene von Organismen (CAM-Pflanzen: ökologische und stoffwechselbiologische Aspekte)*	98, 214
FW 7.4	Prozess der Evolution (Isolation, Mutation, Rekombination, Selektion, allopatrische und sympatrische Artbildung, *adaptive Radiation, Gendrift*	79, 139, 149, 214
FW 7.5	Angepasstheit als Ergebnis von Evolution (ökologische Nische)	80, 124
FW 7.6	Evolutionstheorien: Lamarck, Darwin, Synthet. Ev.theorie	82, 188

Kompetenz-bereich	Stichwort zum Inhalt	Fundort in FiNALE (Start-seite)
FW 7.7	Biodiversität auf verschiedenen Systemebenen (genetische Variabilität, Artenvielfalt, Ökosystemvielfalt).	53, 112, 114, 209
Basiskonzept Geschichte und Verwandtschaft (FW8)		
FW 8.1	Stammbäume anhand anatomisch-morphologischer Befunde (ursprüngliche und abgeleitete Merkmale) erläutern und entwickeln	82, 149
FW 8.2	molekularbiologische Homologien zur Untersuchung phylogenetischer Verwandtschaft bei Wirbeltieren auswerten und einfache Stammbäume (DNA-Sequenz, Aminosäuresequenz) entwickeln	82, 188
FW 8.3	Analogie, Homologie, Konvergenz, Divergenz	82, 214
FW 8.4	*wissenschaftliche Befunde und Hypothesen zur Humanevolution erörtern (evolutive Trends, Zusammenspiel biologischer und kultureller Evolution*	90
FW 8.5	*Endosymbiontentheorie (Chloroplasten, Mitochondrien)*	90

2 Überprüfung der Methoden- und Kommunikationskompetenz

In den Abitur- und Klausuraufgaben ist nicht nur Ihr Fachwissen, also die Kenntnis biologischer Fachbegriffe und ihrer Definition sowie das Wissen über biologischer Phänomene und deren Abläufe, gefragt. Auch Ihre Methoden- und Kommunikationskompetenz (siehe Kap. 1) wird überprüft. Abitur- und Klausuraufgaben sind daher materialiengebunden. Operatoren in der Aufgabenstellung fordern Sie dazu auf, die in dem Aufgabenmaterial enthaltenen Diagramme, Schemata, Bilder etc. richtig zu bearbeiten. Sie werden z.B. aufgefordert, Daten einer Tabelle in eine Grafik umzuformen oder ein geschildertes Experiment so zu durchdenken, dass Sie seine Fragestellung angeben können. Es wird also festgestellt, wie gut Sie mit diesen Materialien wie Grafiken, experimentellen Befunden oder Modellen umgehen können. In den folgenden Abschnitten erhalten Sie dazu gezielte Tipps. Zudem werden Musterlösungen vorgestellt.

Umgang mit Diagrammen (vgl. Aufg. 3, 6, 7, 8)

In vielen Aufgabenstellungen wird eine Beschreibung und Interpretation von Diagrammen gefordert. Diese halten in komprimierter und übersichtlicher Form Daten aus Untersuchungen, Experimenten, Naturbeobachtungen usw. fest.

TIPP

Hilfreich ist es zunächst, den Bezug des Diagramms zur Aufgabe zu erfassen. Ist die Legende nicht aussagekräftig genug, findet man häufig im Aufgabentext einen Abbildungshinweis, der am Ende eines Satzes oder Abschnitts steht und Aufschluss gibt über den Zusammenhang mit der Aufgabe.

Erfassen der Inhalte

- Mit welchen Größen sind die x-Achse und die y-Achse bezeichnet?
- Was sagt ein Punkt, ein Linienabschnitt oder ein Balken in dem Diagramm aus?
- Welche Besonderheiten, die ich evt. zunächst noch nicht erklären kann, fallen mir auf?
- Sind zusätzliche Interpretationshilfen wie z.B. Pfeile, Hervorhebungen, Beschriftungen enthalten?

Beispielhafte Erfassung von M1:

- Für den kolumbianischen Zuckerrohrkäfer ist die Länge des Kopfhorns in mm auf der senkrechten Achse gegen die Breite der Flügeldecken auf der waagerechten Achse in mm aufgetragen.
- Die Punkte in M1 stehen für jeweils einen vermessenen Käfer. Der durch einen Kreis hervorgehobene Punkt in der Abbildung bedeutet, dass bei einem Käfer mit einer Flügeldeckenlänge von 20 mm eine Kopfhornlänge von 15 mm festgestellt wurde.
- Auffällig ist, dass es viele Käfer mit einem kleinen Kopfhorn von etwa 5 mm gibt, deren Flügeldeckengröße zwischen etwa 13 und 17 mm liegt, und gleichzeitig sehr viele Käfer mit einem großen Kopfhorn von ca. 15 mm gibt, die Flügeldecken zwischen 17 und 22 mm Länge besitzen.
- Die beiden waagerechten Linien in der Abbildung teilen die Population in drei Käfergruppen, in die bereits erwähnten kleinen Käfer mit einem kleinen Kopfhorn und die großen Käfer mit großem Kopfhorn, die den größten Anteil an der Population haben. Daneben gibt es mittelgroße Käfer mit einer Flügeldeckenlänge um die 17,5 mm, deren Kopfhornlänge zwischen 7,5 und 12,5 mm schwankt. Diese Gruppe von Käfern ist die kleinste innerhalb der Population.

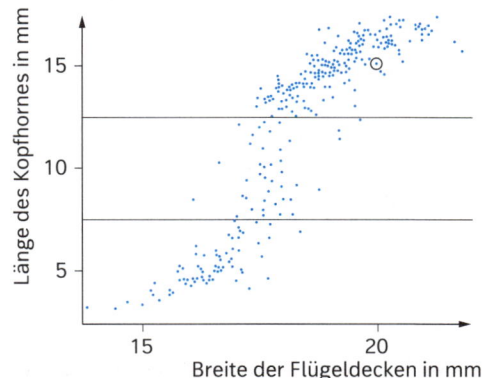

M1 **Hornlängen des kolumbianischen Zuckerrohrkäfers**

Beschreiben eines Diagramms

- In der Regel wird in der Aufgabenstellung die Beschreibung (Operator **beschreiben**) gefordert. Aber auch wenn nur eine Erklärung der Befunde gefordert wird, empfiehlt es sich, zunächst das Diagramm in der Reihenfolge zu beschreiben, wie man es erfasst hat.
- In einem einleitenden Satz geben Sie Auskunft über die Grundaussage der grafischen Darstellung, und falls angegeben, auch über Quelle und Entstehungsdatum und -zeitraum.
- Nennen Sie den Diagrammtyp (z. B. Säulendiagramm, Balkendiagramm, Kreisdiagramm, Kurvendiagramm).
- Geben Sie die Größenbezeichnungen auf den Achsen mit Skalierung (evt. logarithmisch) an.

PUNKTESAMMELTIPP

Verwenden Sie nicht nur die Begriffe Maßeinheit, x-Achse und y-Achse, sondern variieren Sie mit Abszisse (x-Achse), Ordinate (y-Achse) und Parameter.

• Geben Sie die Inhalte des Diagramms wieder, auch dann, wenn diese Informationen an anderer Stelle (z. B. in der Aufgabenstellung) schon erwähnt sind. Beschreiben Sie bei einem Liniendiagramm den Verlauf der Kurve mit Angaben zu Beginn, Ende, Steigung, Extremwerten (Maxima, Minima, Nullstellen) sowie Regelmäßigkeiten (periodische Schwankungen). Wenn Sie sich auf spezielle Punkte oder Bereiche einer Kurve beziehen, geben Sie bei Ihrer Beschreibung die Koordinaten an.

TIPP

Schreiben Sie nicht „Von 2004 bis 2008 steigt die Kurve von 1000 auf 1500 und hat 2009 ein Maximum von 1700" sondern „In den Jahren 2004 bis 2008 nimmt die Population der Mäuse um 500 Individuen zu. Ihre maximale Größe hat sie im Jahre 2009 mit 1700 Individuen erreicht."

• Wenn möglich, geben Sie Kurven oder Kurvenabschnitten einen Namen (z. B. Wachstumskurve, Häufigkeitsverteilungskurve, Sättigungskurve, Optimumskurve, linearer Bereich, exponentieller Anstieg, Maximum). Einige Kurven kann man in spezielle Phasen einteilen, wie beispielsweise Wachstumskurven: Anlaufphase, exponentielle Wachstumsphase, Verzögerungsphase, stationäre Phase, evtl. Absterbephase.

Beispiel für die Beschreibung von M2

In M2 ist in einem Kurvendiagramm das Wachstum einer Hefekultur in einer Nährsalzlösung bei einer Temperatur von 22 °C über eine Dauer von elf Tagen dargestellt. Auf der Abszisse ist die Kulturdauer in Tagen abgetragen, auf der Ordinate die Anzahl der Hefezellen pro ml Kulturmedium in einem logarithmischen Maßstab. Die Punkte auf der Kurve grenzen die Phasen des Wachstums voneinander ab. Am 1. Tag befinden sich in der Anlaufphase etwas über 10000 Hefezellen in einem Milliliter des Kulturmediums. Diese vermehren sich in den nächsten drei Tagen exponentiell auf über 100000 Zellen pro ml. Das geschieht in der exponentiellen Phase. Vom 4. Tag an verzögert sich das Wachstum der Kultur in der sogenannten Verzögerungsphase. Die Anzahl der Zellen bleibt vom 9. Tag an konstant bei über 106 Zellen pro ml Kulturmedium. Somit ist die stationäre Phase erreicht.

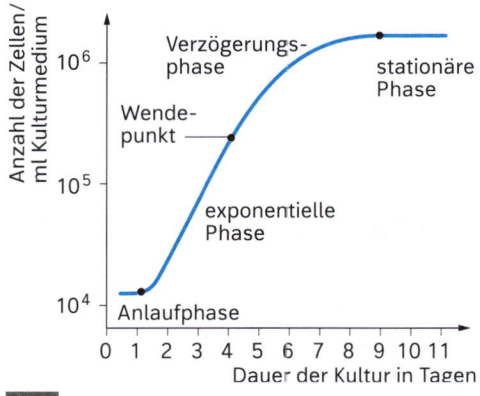

M2 **Wachstum einer Hefekultur in einer Nährlösung (Temperatur 22 °C)**

Interpretation eines Diagramms

Nachdem Sie in der Beschreibung gezeigt haben, dass Sie Aussagen des Diagramms erfasst haben, stellen Sie nun eine Beziehung zum Kontext der Aufgabe her.
Erläutern und erklären Sie die von Ihnen beschriebenen Teilaspekte/Kurvenabschnitte möglichst vollständig.

- Lassen sich die Aussagen des Diagramms in Beziehung setzen zur Aufgabenstellung? Lassen sie sich für die Beantwortung von Teilaufgaben heranziehen?
- Lassen sich die Aussagen des Diagramms zur Bestätigung eines beschriebenen Phänomens oder einer aufgestellten Hypothese heranziehen oder widerlegen sie diese?
- Werden neue Fragen durch die Informationen des Diagramms aufgeworfen?
- Was sind mögliche Ursachen für die aus dem Verlauf der Kurve abgeleiteten Sachverhalte?

Beispiel für die Interpretation von M2

Mögliche Aufgabenstellung: Beschreiben und **erklären** Sie die Art des Wachstums der Hefekultur in M2.
Lösung: Hefezellen vermehren sich durch Teilung exponentiell. Aus einer Zelle werden so 2, daraus 4, dann 8, 16, 32 und so fort. Dies geschieht, weil und solange die Umweltfaktoren nahezu optimal sind, also im Vorzugsbereich (Präferendum) der Art liegen. Denn die Temperatur als abiotischer Umweltfaktor liegt konstant bei 22 °C und das Kulturmedium enthält genügend Nährstoffe, von denen sich die Hefezellen ernähren können. Allerdings verzögert sich das Wachstum nach dem 4. Tag. Das bedeutet, dass in der Kultur nicht mehr nur neue Zellen entstehen, es sterben auch einige ab. Die Kapazität des Lebensraums ist offensichtlich begrenzt, d.h. für die Gesamtheit aller Zellen steht nun nicht mehr unbegrenzt Raum und Nahrung, evtl. auch Sauerstoff zur Verfügung. Stoffwechselendprodukte grenzen das Wachstum ein. Das Wachstum stagniert in der stationären Phase: Es sterben ebenso viele Hefezellen wie neue entstehen. Hier endet die in der Grafik festgehaltene Beobachtung. Es handelt sich also um ein begrenztes Wachstum einer Hefekultur in einem Nährmedium. Allerdings ist zu vermuten, dass nach weiteren Tagen mehr Zellen absterben als neue gebildet werden, wenn keine weiteren Nährstoffe der Hefekultur zugefügt werden. Damit folgt auf die stationäre Phase die Absterbephase.

Vergleich von Diagrammen

Häufig müssen Sie mehrere Diagramme bzw. Kurvenverläufe in einem Diagramm miteinander in Beziehung setzen, also z.B. vergleichen oder zuordnen. Suchen Sie bei dem Vergleich von Diagrammen sowohl nach Gemeinsamkeiten als auch nach Unterschieden im Kurvenverlauf (Anfang, Ende, Steigung, Maxima, Minima, Nullstellen, Symmetrieverhältnisse, periodische Schwankungen).
Achten Sie darauf, ob die zu vergleichenden Diagramme/Kurven evtl. unterschiedliche Skalen oder Achsen haben. Berücksichtigen Sie diese Unterschiede bei Ihren Aussagen.

Erstellen eines Diagramms

Gelegentlich wird Ihre Methodenkompetenz dadurch überprüft, dass Sie die Ergebnisse eines Experiments oder die Daten aus einer Tabelle in einem Diagramm darstellen sollen.

Dabei wird nicht nur die inhaltliche Korrektheit, sondern auch die Darstellungsweise bewertet. Stellen Sie dazu folgende Überlegungen an:

- Welcher Diagrammtyp ist am besten geeignet?
- Welche Messgrößen sollen miteinander in Beziehung gesetzt werden, wie beschrifte ich waagerechte und senkrechte Achse?
- Wie skaliere ich Ordinate und Abszisse?
- Wie formuliere ich die Legende?

PUNKTESAMMELTIPP

Benutzen Sie Lineal, Zentimetermaß, Bleistift (evtl. Buntstift) und Radiergummi.
Geben Sie, falls erwähnt, Quelle, Zeitpunkt sowie Ort und Methode der Datenerfassung in der Legende an.

Umgang mit Abbildungen (vgl. Aufg. 4 – 9)

Zu den typischen Materialien in biologischen Aufgabenstellungen gehören Abbildungen. Sie bieten die Möglichkeit, Einzelmerkmale zu benennen, zu beschreiben oder zu analysieren.

Sieht der Arbeitsauftrag vor, Abbildungen zur Lösung einer Aufgabe hinzuzuziehen, erwähnen Sie zunächst **formale Aspekte**, die Sie der Quellenangabe oder der Legende entnehmen können:

- Wie ist die Abbildung entstanden? Handelt es sich z. B. um ein normales Foto, das mit einer Kamera gemacht wurde oder um eine Infrarot- bzw. Röntgenfotografie, Ultraschallfotografie, Kurzzeit- oder Langzeitfotografie, um eine Satellitenaufnahme, eine licht- oder elektronenmikroskopische Aufnahme? Abbildungen können ebenfalls Ergebnis einer Magnetresonanztomografie oder einer Positronen-Emissions-Tomografie sein. Es gibt noch weitere Möglichkeiten.
- Benennen Sie die Bilderzeugungstechnik. Diese ist häufig für die Interpretation der Abbildung wichtig. Handelt es sich z. B. um eine schwarz-weiße oder eine farbige Fotografie?

Machen Sie dann **allgemeine Aussagen zu den Inhalten der Abbildung**:

- Handelt es sich zum Beispiel um eine mikroskopische Struktur in einer Zelle, um eine Vergrößerung eines Insektenorgans oder ein Satellitenbild bei Nacht?
- Benennen Sie den Ausschnitt und die Größenverhältnisse der Ihnen vorliegenden fotografischen Abbildung.

Jetzt erst ermitteln Sie die zentrale(n) Aussage(n) der Abbildung. Interpretieren Sie diese in Beziehung zur Aufgabenstellung und vor dem Hintergrund Ihrer Fachkenntnisse und Fachbegriffe. Ordnen Sie die Aussage der fotografischen Abbildung in den Kontext aller weiterer Materialien ein und bewerten Sie die Aussagekraft der fotografischen Abbildung hinsichtlich ihres Lösungsbeitrags.

Beispiel für die Interpretation von M3

Vorgegebener Text zur Abbildung: „Schaflausfliegen leben im Fell von Schafen. Diesen saugen sie Blut durch die Haut ab. Sie ähneln eher Läusen als Fliegen. Zur Ausbreitung der Tiere gibt der enge Kontakt der Schafe in der Herde reichlich Gelegenheit."

Mögliche Aufgabenstellung: Beschreiben Sie die Eigenschaften einer Schaflausfliege, die diese als Parasiten kennzeichnet.

M3 Schaflausfliege

Lösung: Schaflausfliegen besitzen lange, mit Haken versehene Beine, mit denen sie sich gut im Fell der Wirte festhalten können. Vorne am Kopf besitzen sie ein Saugorgan. Ihre Flügel sind verkümmert und ihr Körper ist abgeflacht, sodass sie sich gut im Haarkleid der Schafe vorwärts bewegen können.

Umgang mit schematischen Abbildungen (vgl. Aufg. 1, 2, 6 – 9)

Viele Aufgabenstellungen enthalten schematische Zeichnungen, die vereinfachte Strukturen (z. B. Bau einer Zelle) oder Abläufe (z. B. Stoffwechselwege, Verlauf eines Experiments) veranschaulichen.

Beschreibung schematischer Darstellungen

Ordnen Sie in einem ersten Schritt diese Abbildungen in einen größeren thematischen Rahmen bzw. Sachzusammenhang ein, erfassen Sie allgemeine Aspekte und **beschreiben** Sie:

- Welchem Themengebiet kann die Abbildung zugeordnet werden?
- Welche Informationen geben Ihnen Beschriftungen und Legende einer Abbildung?
- Werden Strukturen, Abläufe oder Funktionszusammenhänge dargestellt?
- Beschreiben Sie die gezeigten Strukturen, Abläufe oder Bezüge. Gehen Sie dabei möglichst systematisch vor, z. B. von links nach rechts, von unten nach oben oder von außen nach innen. Ausgangspunkt können auch auffällige Elemente im Schema sein. Vermeiden Sie eine reine Aufzählung von Bildelementen.

Interpretation schematischer Darstellungen

- Nennen Sie die Funktion der Abbildung im Kontext der Aufgabenstellung. Dient sie z. B. als Veranschaulichung, Begründung, Erläuterung, Versuchsbeschreibung?
- Gliedern Sie die in der Abbildung enthaltenen Informationen, indem Sie die meist vorgegebenen Gliederungsmuster spiegeln.
- Beziehen Sie sich in Ihrer Auswertung auf diese Gliederung und stellen Sie Bezüge zu den Arbeitsanweisungen bzw. Operatoren der Aufgabe und zu den übrigen Materialien her.
- Wirft die Abbildung evtl. neue Fragen auf? Nennen Sie diese.

Umgang mit Experimenten

Der biologische Erkenntnisprozess geht von einer Naturbeobachtung aus, die sich zunächst nicht erklären lässt, der also keine Ursache zugeordnet werden kann. Der Forscher stellt Vermutungen über mögliche Ursachen an, die er begründet und als Hypothesen formuliert. Dies schließt auch die Vorhersage des aufgrund der Hypothese zu erwartenden Beobachtungsergebnisses ein.

Zur Überprüfung einer Hypothese wird ein **Experiment** entwickelt, das diese Hypothese bestätigen oder auch widerlegen kann.

Im Protokoll des Experiments werden neben der Frage und der Hypothese dann die verwendeten **Materialien** angegeben, die **Durchführung** wird beschrieben und die **Beobachtungsergebnisse** festgehalten. Die tatsächlich gemachten Beobachtungen werden dann **gedeutet**. Falls die Hypothese bestätigt werden kann, ist die Ausgangsfrage beantwortet. Kann sie nicht bestätigt werden, wird in einer Diskussion eine neue Hypothese aufgestellt.

Gängige Formen des zu bearbeitenden Aufgabenmaterials aufgrund eines Experiments:

1) Es wird die Durchführung eines Experiments geschildert. Sie haben die Aufgabe, die zugrunde liegende Fragestellung, die Hypothese und/oder das Ergebnis vorherzusagen.

TIPP

Lassen Sie sich nicht dadurch entmutigen, dass Ihnen das Experiment unbekannt ist. Häufig ist Ihnen die eingesetzte Methode bekannt: Dann beschreiben Sie diese in einem ersten Schritt. Erst dann versuchen Sie, Bezüge zur Aufgabenstellung herzustellen. Formulieren Si in jedem Fall eine Frage und eine Hypothese. Stimmen Sie das Beobachtngsergebnis mit Ihrer aufgestellten Hypothese ab.

In einem Aufgabentext erfahren Sie z. B. über Rotalgen, dass sie im Gegensatz zu Grünalgen auch in den tieferen Schichten des Meeres Fotosynthese betreiben. Um mehr über Rotalgen zu erfahren, wird ein Blattextrakt der Rotalgen chromatografiert. Folgendermaßen sollten Sie vorgehen:

- **Beschreiben** Sie zunächst das, was Ihnen bekannt ist: die Methode des Blattextraktes und die Chromatografie von Blattfarbstoffen der Grünalgen. Dazu können Sie voraussagen, dass in dem Chromatogramm Chlorophyll a und b (grüne Banden) und Carotinoide (gelbe Bande) zu erkennen sein werden.
- Nun erst **stellen** Sie das Bekannte mit dem Unbekannten **gegenüber**. Es liegt auf der Hand, dass Rotalgen andere Blattfarbstoffe beinhalten als Grünalgen, sonst wären sie ja nicht rot. Allerdings ist auch bei Ihnen Chlorophyll für die Fotosynthese nötig.
- Leiten Sie aus der Gegenüberstellung und dem Vergleich Beobachtungsergebnis, Hypothese und Fragestellung ab: Neben den grünen Banden, die Sie auch bei der Chromatografie des Rotalgenextraktes im Chromatogramm erwarten, sagen Sie noch

eine andersfarbige, möglicherweise rötliche Bande vorher, die einen weiteren Blattfarbstoff der Rotalgen nachweist. Die Hypothese lautet also: Rotalgen besitzen noch einen anderen Blattfarbstoff als Grünalgen, mit dem Sie das Licht in den größeren Tiefen des Meeres für die Fotosynthese nutzen können. Die Ausgangsfrage lautet: Aus welchen Gründen können Rotalgen in tieferen Schichten des Meeres im Gegensatz zu Grünalgen Fotosynthese betreiben? Dazu war es hier nur nötig, das Statement im Aufgabentext zu einer Frage umzuformen.

PUNKTESAMMELTIPP

Gehen Sie, auch wenn das nicht ausdrücklich in der Aufgabe gefordert wird, darauf ein, ob dieses Experiment Ihrer Meinung nach wirklich die von Ihnen formulierte Hypothese und auch die Ausgangsfrage bestätigt. Schließen Sie also eine Diskussion an. In diesem Fall wird nur ein Teil der Hypothese bestätigt: Es kann keine Aussage darüber gemacht werden, ob der vorhergesagte Farbstoff ds Licht in größeren Tiefen tatsächlich absorbiert und für Fotosynthese nutzen kann. Auch die Ausgangsfrage kann noch nicht eindeutig beantwortet werden.

Beschreiben Sie kurz, aber mit den Ihnen bekannten Fachausdrücken die Durchführung der eingesetzten Methode, hier Chromatografie (des Rotalgenextrakts). Zu verwendende Fachbegriffe sind z. B. Chroatografiekammer, Chromatografieplatte, Laufmittel, Trägermaterial.

2) Aufgrund einer Fragestellung sollen Sie ein geeignetes Experiment schildern.
- Machen Sie sich klar, dass das geeignete Experiment eine Hypothese nicht nur bestätigen (verifizieren), sondern auch widerlegen (falsifizieren) kann.
- Erwägen Sie den Einsatz verschiedener fachspezifischer Methoden, z. B. Mikroskopieren, Anfärben, Einsatz von Enzymen, genetischer Fingerabdruck, DNA-Hybridisierung, Einsatz von Gen-Sonden, Vergleichen und Homologisieren.
- Ist eine bestimmte Methode geeignet, stellen Sie diese mit den erforderlichen Fachbegriffen oder auch Geräten vor.
- Ordnen Sie Ihr Experiment wie ein Protokoll in Materialien, Durchführung, voraussichtliches Beobachtungsergebnis.
- Illustrieren Sie die Durchführung des Experiments mit einer Skizze, z. B. mit einem Versuchsaufbau.

PUNKTESAMMELTIPP

Zeichnen Sie mit Bleistift, benutzen Sie, falls nötig, das Radiergummi und/oder das Lineal.
Beachten Sie zusätzlich auch die Punktesammeltipps bei Aufgabenstellung 1.

3) Aufgrund eines skizzierten Versuchsaufbaus sollen Sie Fragestellung, Beobachtungsergebnis und Deutung des Experiments ableiten.

- In einem ersten Schritt beschreiben Sie den dargestellten Versuchsaufbau, auch wenn dies nicht ausdrücklich gefordert wird. Während dieser Beschreibung wird Ihnen i. d. R. klar, wie das zugrunde liegende Experiment durchzuführen ist.
- Gehen Sie dann vor wie in 1): Vom Bekannten zum noch nicht Bekannten.
- Erst im letzten Schritt leiten Sie Beobachtungsergebnis, Hypothese und Fragestellung ab und gleichen alles widerspruchsfrei aus.

4) Im Zusammenhang mit Beobachtungsergebnissen, deren Daten häufig in unübersichtlicher Form dargestellt sind, werden Sie gelegentlich aufgefordert, diese in eine übersichtlichere Form zu überführen.

- Beachten Sie dazu den Abschnitt „Umgang mit Diagrammen".

Umgang mit Hypothesen (vgl. Aufg. 2, 5, 6, 8)

Materialgebundene Aufgaben sehen manchmal vor, dass Sie nicht nur im Rahmen von Experimenten Hypothesen aufstellen, sondern erst über das Aufstellen von Hypothesen und deren Diskussion zu Lösung kommen.

Aufstellen von Hypothesen

Eine Hypothese ist eine begründete Vermutung, dass bestimmten Beobachtungen eine Gesetzmäßigkeit zugrunde liegt. Eine Hypothese muss mit den objektiven Daten in Einklang stehen und darf in sich keine Widersprüche aufwerfen.

- Sichten Sie zunächst das gesamte Material und stellen Sie für sich eine Beziehung zur Thematik der Aufgabe her.
- Arbeiten Sie das Material gemäß den Anweisungen durch und tragen Sie auf diese Weise möglichst viele Informationen zusammen, die Grundlage für die Bildung einer Hypothese sein können.
- Ordnen Sie dann die von Ihnen ausgewählten Informationen, fassen Sie sie unter bestimmten Gesichtspunkten zusammen.
- Formulieren Sie nun auf der Basis dieser Übersicht eine möglichst klare und präzise Hypothese, evtl. auch mehrere Hypothesen.
- Belegen Sie die formulierten Hypothesen mit Daten oder Fakten aus dem Arbeitsmaterial und wägen Sie dabei die Argumente genau ab. Wichtig dabei ist es, auch die (möglichen) Gegenargumente zu prüfen.
- Es kommt bei der Aufstellung von Hypothesen nicht darauf an, druckreife Formulierungen zu erstellen. Möglich sind alle, die sich logisch aus dem Arbeitsmaterial ableiten lassen.

Überprüfen von Hypothesen: So bestätigen (verifizieren) oder widerlegen (falsifizieren) Sie vorgegebene oder selbst aufgestellte Hypothesen

Nachdem Sie Ihre Hypothese aufgrund aller Daten mit eigenen Worten formuliert haben, blicken Sie noch einmal zurück (nach folgenden Punkten überprüfen Sie auch vorgegebene Hypothesen):

- Stehen alle Angaben und Informationen aus den Materialien mit der Hypothese im Einklang?
- Belegen Sie Ihre Hypothese umfassend mithilfe aller Materialien und stellen Sie diese in einen Begründungszusammenhang.
- Werden Widersprüche deutlich, verwerfen Sie die Hypothese und halten sich nicht weiter mit ihrer Begründung auf. Eine Hypothese ist widerlegt, wenn z. B. ein Versuchsergebnis nicht im Einklang mit der formulierten Hypothese steht.

TIPP

Beachten Sie bei den Formulierungen, dass Hypothesen stets vorläufigen Charakter haben und keine feststehenden Fakten sind.

Haben Sie den Auftrag, selbst eine Hypothese aufzustellen und hält die erste einer Prüfung nicht stand, suchen Sie ohne viel Zeit zu verlieren nach einer neuen Hypothese. Wenn Ihnen keine weitere einfällt, begründen Sie die Widersprüche und schlagen Sie vor, wie man vorgehen könnte, um eine Lösung herbeizuführen.

Sind mehrere Hypothesen vorgegeben, stellen Sie vor einer Überprüfung zunächst die Unterschiede heraus.

Umgang mit Modellen (vgl. Aufg. 5)

Modelle bilden die Wirklichkeit nach. Sie erfassen dabei nicht alle Merkmalseigenschaften des Naturobjekts, sondern dienen nur der Erklärung weniger, oft nur einer Eigenschaft. Sie können Strukturelemente oder Funktionszusammenhänge veranschaulichen. Dabei können sie die Wirklichkeit spiegeln oder aber nur hypothetischer Natur sein. Meist vereinfachen sie komplexe Sachverhalte und machen sie leichter vermittelbar.

Bei der Beschreibung und Erklärung von Modellen ist in den Formulierungen darauf zu achten, dass das Modell nicht mit der Wirklichkeit verwechselt wird. Das können Sie dadurch erreichen, dass Sie

- Modellebene und die Ebene der Wirklichkeit getrennt beschreiben und nicht miteinander vermischen,
- Elemente des Modells bestimmten Eigenschaften der Wirklichkeit zuordnen oder
- bei einem Funktionsmodell zunächst beschreiben, wie das Modell funktioniert, und dann erklären, welche Vorgänge in der Natur damit veranschaulicht werden sollen.

TIPP

Die Zuordnung von Modellelement und Naturmerkmal sowie seine Erklärungsfunktion können gut in einer Tabelle veranschaulicht werden.

So könnte z. B. die Funktion des Isoleucins in dem angedeuteten Stoffwechselweg (M4) mithilfe eines Schwammmodells (M5) in Tabellenform erklärt werden:

$$
\begin{array}{ccccccc}
\text{COO}^- & & \text{COOH} & & & & \text{COO}^- \\
\text{H}_3^+\text{N}-\text{C}-\text{H} & \xrightarrow{\text{Threonin-Desaminase}} & \text{C}=\text{O} & \xrightarrow{E_a} A \xrightarrow{E_b} B \xrightarrow{E_c} C \xrightarrow{E_d} & & & \text{H}_3^+\text{N}-\text{C}-\text{H} \\
\text{H}-\text{C}-\text{OH} & \searrow & \text{CH}_2 & & & & \text{H}-\text{C}-\text{CH}_3 \\
\text{CH}_3 & \text{NH}_3 & \text{CH}_3 & & & & \text{CH}_2 \\
& \uparrow_- & & & & & \text{CH}_3 \\
\text{Threonin} & & & & & & \text{Isoleucin}
\end{array}
$$

M4 **Ausschnitt aus dem Threoninstoffwechsel**

Modellstruktur (Funktion)	veranschaulichtes Objekt	Funktion
Schwammmodell der Abbildung M5	allosterisch gehemmte Threonin-Desaminase	allosterische Hemmung der Threonin-Desaminase durch Isoleucin
kleiner Keil aus Schwammmaterial, rechts	Threonin	Substrat
A (Wird der lange Keil in den Schlitz des Schwamms gesteckt, verändert dieser seine Gestalt.)	allosterisches Zentrum mit angelagertem Hemmstoff (Isoleucin)	bei Anwesenheit des Inhibitors Isoleucin wird Enzymstruktur verändert
B großer, veränderbarer Schwamm	Enzym Threonin-Desaminase	kann Threonin umsetzen (wenn nicht gehemmt)
C (Steckt der lange Keil nicht im Schlitz, kann die Lücke im Schwamm den kleinen Keil aufnehmen.)	aktives Zentrum	hier kann Threonin an das Enzym angelagert und dann umgesetzt werden

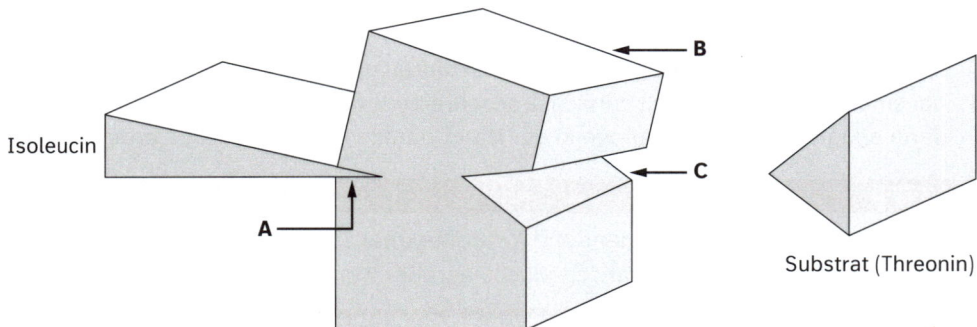

M5 **Schwammmodell zur Erklärung der Funktion des Isoleucins im Threoninstoffwechsel**

3 Basiswissen

Einleitung

Eine Reduktion des biologischen Wissens auf ca. 70 Seiten, wie es im folgenden Kapitel versucht wird, kann nicht die gleiche Vollständigkeit haben wie ein 500-seitiges Schulbuch für die Oberstufe. Einige Themen und Kenntnisse, die nicht unbedingt für die Bearbeitung der Abiturvorschläge notwendig sind, werden in dieser komprimierten Form nicht berücksichtigt. Da die Inhalte für die Abiturprüfungen in Niedersachsen von Jahr zu Jahr im Bereich Ökologie leichten Änderungen unterliegen, tauchen im Basiswissen auch Themen auf, die in der Tabelle „Pflichtthemen" (Kap. 3) nicht enthalten sind, aber für Wiederholer u. U. von Bedeutung sind oder so bedeutsam sind, dass sie in Grundzügen bekannt sein sollten. Diese Form eines Basiswissens ist auch weniger geeignet, Lücken zu schließen, als eher Lücken aufzuspüren. Die Leser, die das folgende Kapitel Basiswissen verstehen und die hier verwendeten Abbildungen erläutern können, dürfen sicher sein, die wesentlichen Schwerpunkte des für das schriftliche Abitur notwendigen Wissens zu beherrschen. Wer an einigen Stellen Schwierigkeiten hat, sei es, dass der Text nicht verstanden wird oder die Abbildungen nicht erfasst werden, sollte mithilfe aktueller Schulbücher versuchen, diese Lücken zu schließen und anschließend den Erfolg wieder mithilfe des hier vorliegenden Basiswissens zu überprüfen.

Genetische Grundlagen von Lebensprozessen

Die Genetik wird traditionell in zwei Teilbereiche gegliedert:
1. Klassische Genetik, in der auf Basis von Beobachtungen und gezielten Kreuzungsexperimenten Regelmäßigkeiten bei der Vererbung von Merkmalen aufgedeckt und für Vorhersagen des Auftretens dieser Merkmale genutzt werden. Im Zentralabitur spielt sie meist nur noch bei der Analyse von menschlichen Stammbäumen mit dem Ziel einer humangenetischen Beratung eine Rolle.
2. Molekulargenetik, die den molekularen Aufbau der an der Vererbung beteiligten Stoffe und deren Wirkungsabläufe zum Thema hat.

Molekulare Grundlagen der Vererbung und Entwicklungssteuerung

a. Replikation, Proteinbiosynthese (vgl. Aufg. 1, 2)
Die Nukleotide in der DNA sind zweifach miteinander verbunden, zum einen über die Phosphatgruppen zu einem Strang (hier sind die Bausteine frei kombinierbar und gewährleisten somit die Fähigkeit, Informationen zu speichern), zum anderen über Wasserstoffbrücken zwischen den Basen. Hier gibt es nur zwei Kombinationen (zwischen A und T mit zwei, zwischen G und C mit drei Wasserstoffbrücken).

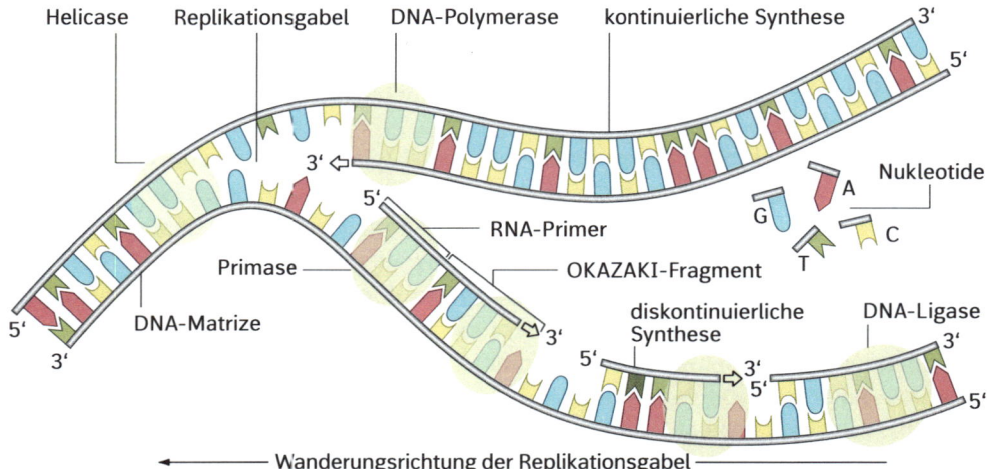

Schema der DNA-Replikation

Name	Funktion
Helicase	löst die Wasserstoffbrückenbindungen zwischen den komplementären Basenpaaren und nutzt dabei die Energie aus der Hydrolyse von ATP. Helicasen sind an der DNA-Replikation und auch an der Reparatur von DNA beteiligt.
DNA-Polymerase	verbindet die Nukleotide eines DNA-Einzelstranges vom 3'-Ende her mit energiereichen Nukleotidtriphosphaten (ATP, CTP, GTP, TTP) unter Abspaltung eines Diphosphats und der Bildung von Wasserstoffbrücken zwischen den komplementären Basen.
Primase	Auch RNA-Polymerase; erzeugt ein kurzes RNA-Molekül, das sich an den DNA-Strang anlagert, der nicht kontinuierlich mithilfe der DNA-Polymerase ergänzt werden kann. An das erzeugte RNA-Molekül, den RNA-Primer, kann sich die DNA-Polymerase anlagern und kurze Stücke des Einzelstranges zu einem Doppelstrang vervollständigen.
DNA-Ligase	verbindet die kurzen OKAZAKI-Fragmente miteinander.

Namen und Funktionen von Enzymen, die an der DNA-Replikation beteiligt sind

Nach Öffnung des DNA-Strangs lagern sich an beide offenen Einzelstränge die passenden Nukleotide an. Somit enthält jeder Doppelstrang einen „elterlichen Strang" und einen Strang aus Nukleotiden, die im Plasma vorliegen (semikonservative Replikation). Da die Synthese des neuen Einzelstrangs nur in 5'→3' Richtung möglich ist, kann nur der Einzelstrang kontinuierlich gebildet werden, bei dem die DNA-Polymerase an das 3'-Ende des alternativen Strangs ankoppeln kann. Die Teilstücke des anderen Stranges werden OKAZAKI-Fragmente genannt und durch das Enzym Ligase zusammengefügt.

Die Umsetzung der Information der DNA in Proteine (z. B. Enzyme, Carrier, Tunnelproteine, Myofibrillen usw.) erfolgt in der **Proteinbiosynthese**. In diesem Prozess werden Aminosäuren zu einer Kette verknüpft. Dabei entspricht ein bestimmtes Basentriplett (eine Folge dreier Basen) einer bestimmten Aminosäure in der zu bildenden Kette. Dieser Zusammenhang wird **genetischer Code** genannt. Da bei vier verschiedenen Basen und einer Informationseinheit aus insgesamt drei Basen insgesamt $4^3 = 64$ Kombinationsmöglichkeiten bei nur 20 existierenden Aminosäuren zur Verfügung stehen, codieren teilweise mehrere Tripletts für die gleiche Aminosäure: Der Code ist „degeneriert". Die Darstellung erfolgt mittels der von innen nach außen zu lesenden Code-Sonne.

Bei den **Prokaryoten** geschieht die Umsetzung der Information der DNA in den Aufbau von Proteinen in zwei Schritten: der Transkription, also dem Überschreiben der Information von der DNA in die der mRNA und der Translation, d. h. der „Übersetzung" der mRNA-Information in die entsprechende Aminosäuresequenz, die dann z. B. als Katalysator (Enzym) oder als Baustein für Zell- und Gewebestrukturen fungiert.

DNA → | Trans-kription | → m-RNA → | Trans-lation | → Protein

Schematische Darstellung der Proteinbiosynthese bei Prokaryoten

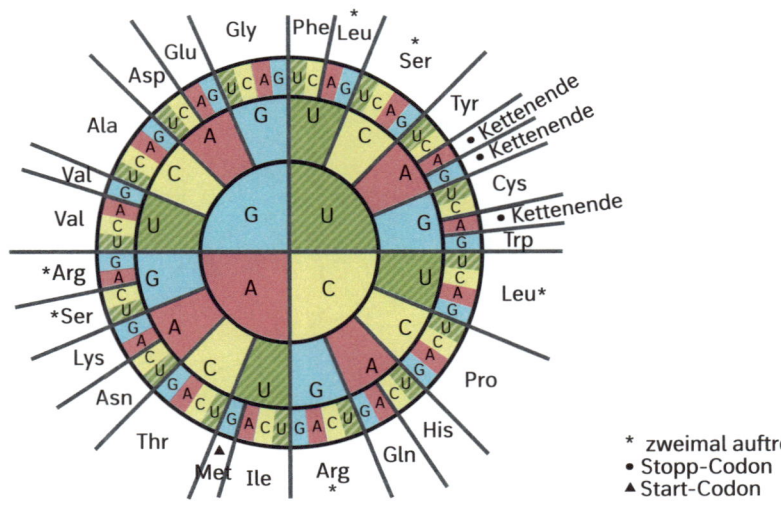

* zweimal auftretende Aminosäuren
• Stopp-Codon
▲ Start-Codon

Code-Sonne

Transkription

Die DNA öffnet sich nach Bindung der RNA-Polymerase an dem Promotor (Abschnitt mit einer spezifischen Nukleotidsequenz), die Doppelhelixstränge liegen jetzt getrennt vor. An einem der beiden Stränge (codogener Strang) werden die zu diesem Strang komplementären Nukleotide in 5'→3' Richtung angelagert. Danach löst sich der neugebildete Nukleotidstrang (mRNA) von der DNA und wandert zu den Ribosomen.

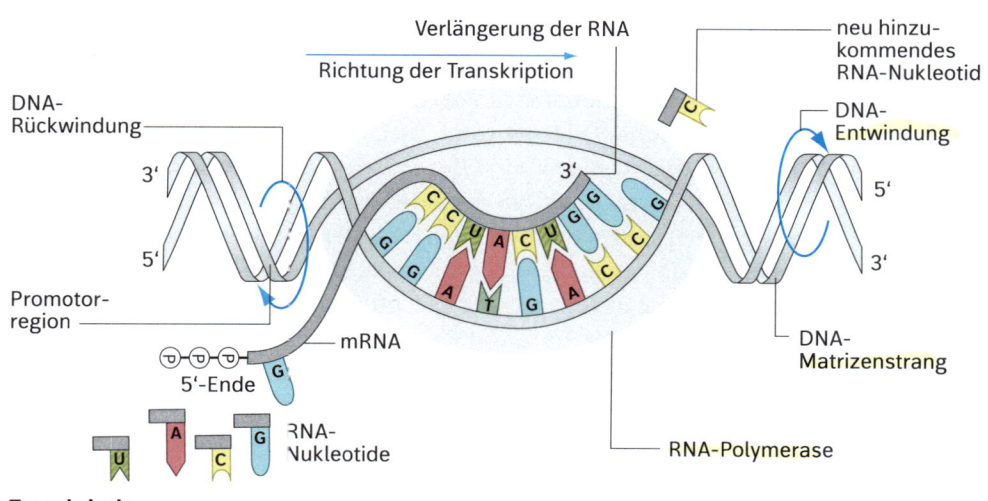

Transkription

Translation (vgl. Aufg. 7)

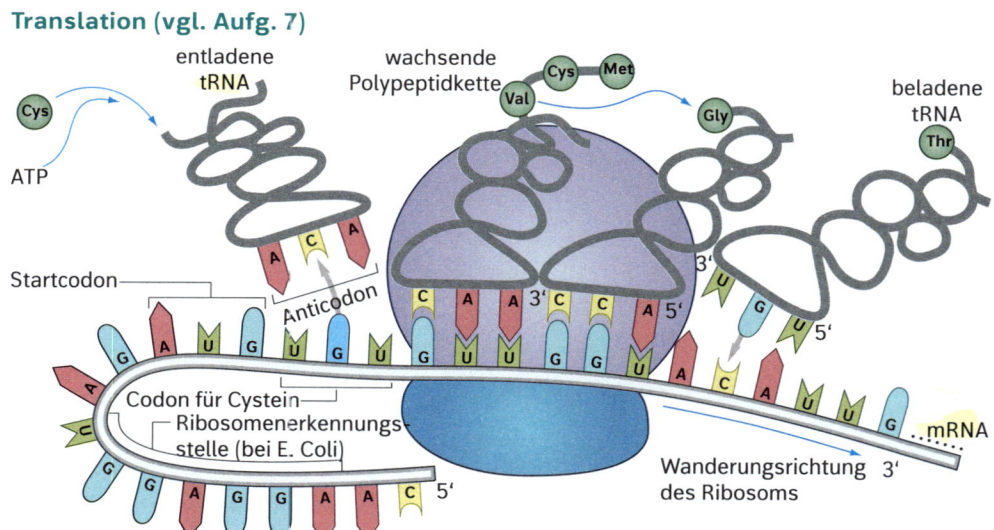

Translation

Die Translation findet an den aus einer kleineren und einer größeren Einheit bestehenden Ribosomen statt. Nachdem durch eine Erkennungssequenz die Anlagerung
der mRNA gesichert wurde, wandert die kleinere Einheit des Ribosoms in Richtung
3'-Ende der mRNA. Am Startcodon (AUG) beginnt die Synthese des Proteins (stets mit
der Aminosäure Methionin), hier kommt die größere Einheit des Ribosoms hinzu. Als
Lieferanten der Aminosäuren dienen aktivierte tRNA-Moleküle. Diese besitzen an einer
Stelle ein spezifisches Basentriplett (Anticodon) und auf der gegenüberliegenden Seite
des Moleküls eine Bindestelle für eine spezifische Aminosäure. Enzyme des Ribosoms

bewirken die Bindung des Anticodons mit dem entsprechenden Triplett der mRNA (Codon), die Ablösung der Aminosäure von der tRNA sowie die Verknüpfung der Aminosäure mit der vorherigen Aminosäure entsprechend der Codierung auf der DNA.

Die Proteinbiosynthese bei **Eukaryoten** unterscheidet sich im Wesentlichen von der bei Prokaryoten durch einen zusätzlichen Prozess im Zellkern, nämlich den des Spleißens, der zwischen der Transkription im Zellkern und der Translation im Cytoplasma abläuft.

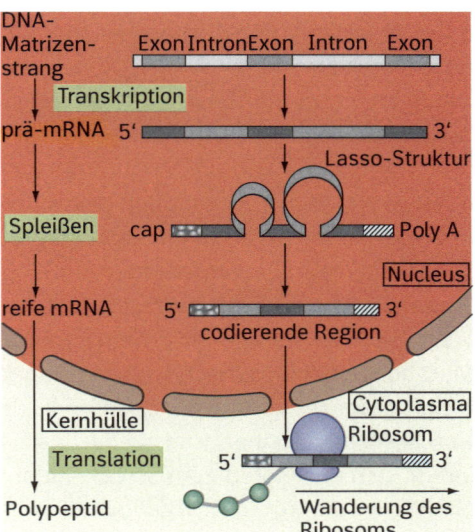

Proteinbiosynthese bei Eukaryoten

Die DNA der Eukaryoten enthält wesentlich längere Nukleotidketten, als sie für die Codierung der benötigten Proteine eigentlich notwendig wären. Die transkribierte Gesamtkopie eines DNA-Abschnittes wird als prä-mRNA bezeichnet. Diese prä-mRNA enthält nicht nur die Information für die Realisierung des Proteins, sondern zusätzlich eine Reihe von mRNA-Abschnitten, die z. B. für Regulierungsvorgänge verwendet werden. Nach der Transkription folgt der Prozess des Spleißens, bei dem die für die Translation nicht benötigten Abschnitte (Introns) durch Bildung von Schleifen (Lasso-Struktur) herausgeschnitten werden. Nur die Exons verlassen als reife mRNA den Zellkern. Wenn beim Spleißen verschiedene Abschnitte herausgeschnitten werden, bezeichnet man dies als alternatives Spleißen. So können bei Eukaryoten unterschiedliche Proteine vom gleichen DNA-Abschnitt gebildet werden. Daneben ergeben sich zusätzliche Möglichkeiten für die Bildung von RNA-Abschnitten, die für Regulationsprozesse verwendet werden können.

b. Mutagene und Mutationen

Sprunghafte Veränderungen des Erbgutes werden Mutationen genannt. Chemische oder physikalische Faktoren, die diese Veränderungen verursachen, werden Mutagene genannt. Es handelt sich z. B. um radioaktive oder auch UV-Strahlen und um Stoffe, die mit den Nukleotiden reagieren und sie verändern.

- Genommutationen sind Veränderungen des Genoms, also z. B. der Chromosomenzahl in einer Zelle.
- Chromosomenmutationen sind Veränderungen des Chromosoms.
- Genmutationen sind Veränderungen eines Gens

Bei den Genmutationen kann man wie bei den Chromosomenmutationen Inversion (ein DNA-Abschnitt wird nach Schlaufenbildung in umgekehrter Reihenfolge wieder eingebaut), Insertion (Hinzufügen eines Nukleotids) und Deletion (Entfernen von Nukleotiden) unterscheiden.

Häufigste Form der Genmutationen ist die Punktmutation, bei der in der DNA nur ein Nukleotid eines Gens verändert, entfernt oder hinzugefügt wird. Wegen ihrer Folgen für den Organismus werden Punktmutationen als stumm bzw. neutral oder als Missense- oder als Nonsense-Mutationen bezeichnet.

Bei einer stummen Mutation kann aufgrund des degenerierten Codes die gleiche Aminosäure eingebaut werden oder der Einbau einer anderen Aminosäure in ein Protein findet nicht am aktiven Zentrum statt und bleibt für die Funktion des Proteins folgenlos. Missense-Mutationen führen immer zum Einbau einer anderen Aminosäure. Diese Mutationen haben je nach Lage der Aminosäure im Protein und Unterschied der neuen Aminosäure zur vorher eingebauten negative oder positive Folgen für das Individuum. Nonsense-Mutationen sind solche, die z. B. zum Abbruch der Aminosäurekette führen, indem sich ein Triplett zum Stopp-Codon wandelt. Auch sie haben fast immer weitreichende Folgen für den Organismus. Mutationen spielen als Evolutionsfaktoren eine bedeutende Rolle in der Evolution.

c. Regulation der Genaktivität bei Prokaryoten (Operon-Modell) und Eukaryoten

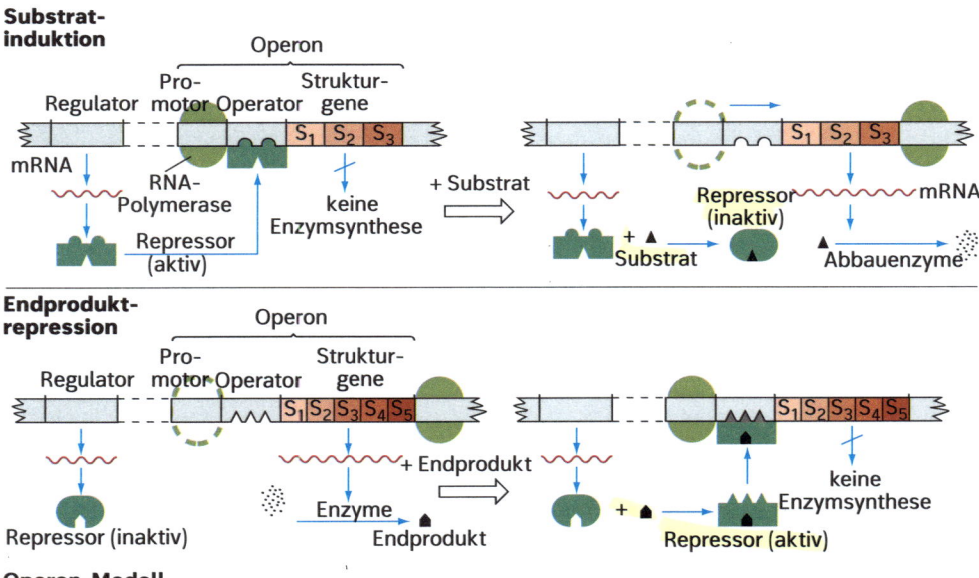

Operon-Modell

Die Regulation der Genaktivität in der Zelle wird derzeit intensiv erforscht. Für die Genregulation bei Prokaryoten (z. B. Bakterien) existiert seit vielen Jahren ein Modell von Jakob und Monod, das diese Regulation erklärt. Im Operon-Modell wird ein Abschnitt der DNA, der die Information für eine Stoffwechselkette enthält, als Operon bezeichnet. Es besteht zum einen aus Strukturgenen, die die Aminosäureketten der für den Stoffwechselvorgang benötigten Enzyme codieren sowie dem Promotor und dem Operatorgen. Bei diesem handelt es sich um Abschnitte aus DNA verbunden mit einem Protein (Operatorgen mit

Repressor-Protein), der wie ein Schloss funktioniert und mithilfe dieses Repressors (Schlüssel) die Gentätigkeit ein- oder ausschaltet. Der Repressor wird als Protein an einer anderen Stelle der DNA, dem Regulatorgen codiert. Die Produktion dieses Repressors unterliegt einer vom Operon unabhängigen Steuerung. Der Promotor ist dem Operator-Gen vorgelagert und dient der RNA-Polymerase als Startpunkt.

Das Operon-Modell erklärt bei Bakterien zwei Typen von Genregulation, die **Substrat-induktion** und die **Endproduktrepression**. Bei der Substratinduktion löst der räumliche Kontakt des Substrats zum Repressor die Inaktivierung des Repressors und damit die Produktion der zum Abbau notwendigen Enzyme aus. Bei der Endproduktrepression stoppt der Kontakt des Endproduktes mit dem Repressor dessen aktiven Zustand und stoppt so die Produktion der Enzyme.

Eukaryoten-DNA enthält keine Operons. Die eukaryotische Zelle kann jedoch auf viel-fältige Weise die Synthese von unnötigen oder schädlich wirkenden Proteinen vermeiden bzw. regulieren. Dies geschieht durch Transkriptionsfaktoren, Hormone oder Mechanis-men der sogenannten Epigenetik.

Transkriptionsfaktoren: An DNA-Sequenzen, die nicht selbst transkribiert werden, können sich bestimmte Proteine anlagern und damit die Transkription aktivieren. An-dere regulatorische Proteine lagern sich direkt an die RNA-Polymerase, was zu einer Bindung an den Promotor führt (vgl. die folgende Abbildung Aktivierung der RNA-Polymerase).

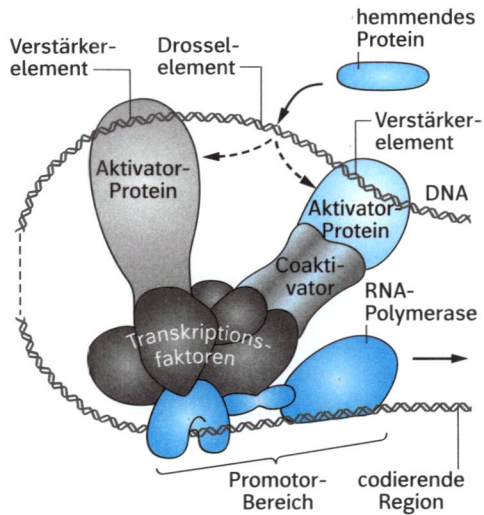

Aktivierung der RNA-Polymerase

Hormone: Fettlösliche Hormone durchdringen die Zellmembran und lagern sich an ein passendes Rezeptorprotein im Cytoplasma. Dieser Komplex gelangt durch die Kern-membran, lagert sich nach dem Schlüssel-Schloss-Prinzip an die DNA und führt zur Genaktivierung. Wasserlösliche Hormone lagern sich außen an die Zellmembran an einen dort befindlichen Rezeptor. Der membrangebundene Komplex löst im Cytoplasma eine

Aktivierungskaskade aus, bei der verschiedene Proteine und Enzyme einen Transkriptionsfaktor im Zellkern aktivieren und so eine Genaktivierung auslösen.

Epigenetik: Eine Transkription ist nur im gelockerten Zustand des Chromatins (Euchromatin) möglich. Dicht gepacktes Heterochromatin verhindert die Transkription. Eine Transkription kann verhindert werden, wenn der Zugang zur DNA blockiert wird, indem die Packungsdichte des DNA-Protein-Komplexes, aus dem die Chromosomen bestehen, verändert wird.

Die Packungsdichte wird durch Hinzufügen an bzw. Entfernen bestimmter Substanzen von den Histonproteinen des Chromatins bestimmt. So können auch Umwelteinflusse die Genaktivitat bestimmen.

Aber auch wenn Chromatin im gelockerten Zustand vorliegt, lässt sich durch die Anlagerung von Methylgruppen verhindern, dass die Basensequenz abgelesen werden kann (s. Aufgabe 9). Ein weiteres epigenetisches Phänomen sind sogenannte Transposonen („springende Gene"), deren Auswirkungen erstmalig bei frühen gentechnischen Experimenten in den 80er-Jahren des letzten Jahrhunderts bei Petunien und anderen Nutzpflanzen beobachtet wurden. Viele DNA-Abschnitte können kopiert werden und die Kopien an entfernt liegenden Stellen der DNA wieder eingebaut werden. Durch den Einbau an anderer Stelle kann die Aktivierung der Gene dort behindert oder gefördert werden.

Auch mithilfe kurzer RNA-Abschnitte wie microRNA, Antisense-RNA oder Riboswitch-RNA (s. Aufgabe 9) kann die genetische Aktivität beeinflusst werden.

Von besonderer Bedeutung sind epigenetische Mechanismen deshalb, weil durch bestimmte Einflüsse, auch Umwelteinflüsse, die Packungsdichte nicht nur auf der Zellebene des Individuums beeinflusst wird, sondern auch eine einmalige Änderung der Packungsdichte, z.B. durch bestimmte Umwelteinflüsse, einerseits vererbt, andererseits aber auch rückgängig gemacht werden kann.

Die bisher angenommene Stabilität des Erbmaterials in einer Generationenfolge, wie sie z.B. MENDEL für seine Kreuzungsversuche annehmen musste, wird also nicht nur durch das Auftreten von Mutationen verändert, die die Basensequenz der DNA ändern können, sondern auch durch Umweltfaktoren, denen ein Individuum z.B. in seiner Embryonalentwicklung ausgesetzt ist, und die die Aktivität von Genomabschnitten ändern können, ohne die Basensequenz zu ändern.

Damit spielen epigenetische Mechanismen nicht nur eine große Rolle bei der Regulation der Genaktivität, sondern sind auch evolutionsbiologisch von Bedeutung (vgl. Aufgabe 9). Die lange Zeit vertretene Annahme, dass Einflüsse der Umwelt nur in Form von mutagenen Substanzen und Strahlen die Basensequenz der DNA verändern und damit in der Generationenfolge evolutive Bedeutung haben, gilt zwar auch weiterhin. Aber die Aktivität bzw. die Aktivierung von Genomabschnitten kann über die Generationen hinweg, also vererbbar, verändert werden, und damit evolutionsbiologisch wirksam sein, ohne die Basensequenz zu verändern.

Auch Menschen unterliegen diesen Einflüssen, sodass in bestimmten Fällen nur schwer geklärt werden kann, ob Änderungen im Laufe von Generationen, zum Beispiel im Verhalten, auf epigenetischen Phänomenen, individuellen Lernprozessen oder Traditionen beruhen.

Angewandte Genetik

a. Werkzeuge und Verfahrensschritte der Gentechnik am Beispiel der PCR und des genetischen Fingerabdrucks (vgl. Aufg. 1)

Unter Gentechnik versteht man Verfahren, bei denen DNA-Abschnitte mithilfe von Enzymen zerschnitten bzw. verknüpft werden. Die Nukleotidsequenzen können aus unterschiedlichen Zellen bzw. Lebewesen oder aus künstlicher Produktion stammen.

Mit der PCR-Methode können geringe Mengen DNA vervielfältigt werden. Dazu wird die DNA zusammen mit einer hitzestabilen Polymerase, zwei DNA-Primern und DNA-Nukleotiden inkubiert. Die DNA-Polymerasen stammen aus Organismen. Beispielsweise stammt die *Taq*-DNA-Polymerase vom Bakterium *Thermus aquaticus,* das in heißen Quellen lebt. Durch die Wahl der Primer (für jede Syntheserichtung einer) wird der DNA-Bereich bestimmt, der vervielfältigt werden soll.
Die Vervielfältigung von DNA-Abschnitten mithilfe der PCR-Methode erfolgt in drei Schritten: Durch Erwärmen der DNA auf über 94 °C werden die Wasserstoffbrücken zwischen den Basen gelöst, dadurch wird die Doppelhelix in zwei Einzelstränge getrennt (Denaturierung). Danach wird auf 56 °C abgekühlt. Die Primer lagern sich an den beiden entstandenen DNA-Einzelsträngen an (Primer-Anlagerung). Nun wird auf 72 °C (Optimum der Taq-DNA-Polymerase) erwärmt, sodass die DNA-Synthese mithilfe der Polymerase erfolgen kann (DNA-Synthese). Die drei Schritte der PCR werden im Thermocycler zyklisch wiederholt. Um zum Beispiel 1 Million gleiche DNA-Abschnitte (ca. 2^{20} Kopien) zu erhalten, muss das Verfahren 20 Mal hintereinander ablaufen.

Der **genetische Fingerabdruck** aller Lebewesen, z. B. von Pferden oder von Menschen, dient der Identifizierung mit einer Sicherheit von nahezu 100 %. Dazu verwendet man beim Menschen die Introns, also die Abschnitte der DNA, die Sequenzunterschiede bei vielen Individuen aufweisen. Introns werden die Abschnitte der DNA genannt, die beim Spleißen herausgeschnitten werden. Diese Abschnitte stellen die nicht codierenden Teile der DNA dar und bestimmen somit kein einziges äußeres Merkmal oder gar eine Charaktereigenschaft. In diesen Abschnitten der DNA kommt es häufig zu Wiederholungen von bestimmten Nukleotidsequenzen. Solche Abschnitte werden STRs (short tandem repeats) genannt. Die Anzahl dieser Wiederholungen von je 2 bis 7 Basen sind sehr individuell und daher als genetischer Fingerabdruck sehr gut verwendbar. Zur Verdeutlichung dieser Unterschiede werden die entsprechenden DNA-Abschnitte zuerst durch die oben beschriebene PCR-Methode angereichert, dann durch das Gelelektro- bzw. Kapillarelektrophoreseverfahren entsprechend ihrer Größe getrennt und z. B. in einem Autoradiogramm sichtbar gemacht. Das dann entstehende Muster der unterschiedlichen STRs ist bei jedem Menschen anders. Die Sicherheit der Identifizierung wird dadurch erhöht, dass nicht nur ein einzelner DNA-Abschnitt untersucht wird, sondern viele; z. B. untersucht das FBI stets 13 definierte Intron-Abschnitte.
Genomanalysen in Verbindung mit einer künstlichen Befruchtung (In-vitro-Fertilisation) führen zur ethisch problematischen **Präimplantationsdiagnostik** (PID), bei der zunächst „im Reagenzglas" (= in vitro) menschliche Eizellen durch menschliche Spermien

besamt werden und es zur Bildung mehrerer Zygoten kommt. Nach wenigen Teilungen der Zygote lassen sich einzelne embryonale Stammzellen von den Embryonen entnehmen und einer Genomanalyse unterziehen. Je nach Ergebnis der Analyse muss dann entschieden werden, ob der betroffene Embryo in die Gebärmutter der Eizellenspenderin (= biologische Mutter) eingesetzt wird oder nicht. In Deutschland ist die PID nur erlaubt, wenn die zukünftigen Eltern einen schweren genetisch bedingten Schaden des Kindes befürchten müssen.

b. Biomedizinische Aspekte der Genetik (Stammzellen, therapeutisches Klonen)

Die Erkenntnisse der Molekulargenetik und der Gentechnik finden verstärkt Anwendung in der Stammzellforschung. Stammzellen sind undifferenzierte Zellen, die sich nach Teilung unterschiedlich differenzieren können. Totipotente Stammzellen sind in der Lage, einen kompletten vielzelligen Organismus zu bilden. Man findet sie nur in sehr frühen embryonalen Stadien (4- bis 8-Zellen-Stadium; Bildung von eineiigen Zwillingen). Pluripotente Stammzellen (embryonale Zellen aus der Blastocyste, vor der Keimblattbildung) sind in der Lage, alle Zelltypen eines Organismus zu differenzieren. Sie können aber keinen kompletten Organismus mehr bilden. Pluripotente embryonale Stammzellen können z. B. aus überzähligen Embryonen gewonnen werden, die aus einer künstlichen Befruchtung hervorgehen und für eine Schwangerschaft nicht mehr benötigt werden. In einer Zellkultur lassen sie sich durch Zugabe unterschiedlicher Signalstoffe (Wachstumsfaktoren) zu verschiedenen Geweben züchten. Die Forschung mit embryonalen Stammzellen unterliegt strengen rechtlichen Auflagen und gibt Anlass zu ethischen Bedenken. Adulte Stammzellen sind Zellen aus dem Körper Erwachsener. Sie können unipotent (nur ein Zelltyp wird differenziert), oder auch multipotent sein (mehrere verschiedene Zelltypen können differenziert werden, etwa Blutzellen). Ihre Aufgabe ist, fehlende oder abgestorbene Zellen zu ersetzen.
Aus adulten Stammzellen lassen sich durch Reprogrammierung pluripotente Stammzellen gewinnen. Dies erfolgt entweder über therapeutisches Klonen oder über induzierte Reprogrammierung. Beim therapeutischen Klonen wird der Kern etwa einer Hautzelle in eine entkernte Eizelle übertragen. In vitro kann diese neu zusammengesetzte Eizelle zu einem mehrzelligen Embryo heranwachsen, d. h. der Zellkern wird durch Faktoren des Eizellplasmas reprogrammiert. Diesem Embryo können dann wieder pluripotente Zellen entnommen werden. Bei der induzierten Reprogrammierung wird z. B. eine isolierte Hautzelle über Viren mit speziellen Transkriptionsfaktoren versetzt. Dadurch werden Entwicklungskontrollgene angeschaltet, die die Bildung pluripotenter Stammzellen induzieren.

c. Ethische Bewertung angewandter Genetik

Für die Bewertung eines Sachverhalts, eines Dilemmas oder zur ethischen Einordnung von Alternativen bei einer Entscheidungssituation gibt es gängige Verfahren, die unterschiedlich intensiv angewendet werden. Stammbaumanalyse wie humangenetische Beratung dienen der Abschätzung von Risiken und Chancen für alle Beteiligten.
Dabei ist eine rein utilitaristische Kalkulation in ihrer Argumentation wenig geeignet, denn handlungsorientierte Versionen des Utilitarismus unterscheiden nicht zwischen

negativen und positiven Pflichten, zwischen Tun und Lassen. Wenn nur die Folgen und die Gesamtnutzensteigerung zählen, dann ist einzig die Nutzenmaximierung maßgeblich. Kantische Ansätze und Ansätze der Tugendethik differenzieren dagegen.

Bei der Bewertung eines Sachverhaltes sollten deontologische Ansätze und konsequenzialistische Argumentationen unterschieden werden. Während deontologische Begründungsmuster und Argumentationsreihen „letzte Wahrheiten", also tiefste Überzeugungen und Glaubenssätze, absolut gesetzte Werte und Normen eine Handlung unabhängig von ihren Folgen beurteilen (Gesinnungsethik), orientiert sich eine konsequenzialistische Argumentation an den Folgen einer Handlung. Sie entspricht einer sogenannten „Verantwortungsethik" wie sie von dem Philosophen Hans Jonas insbesondere für die Gentechnologie und die Informations- und Kommunikationstechnologien entworfen wurde. Für die ethische Bewertung wird häufig eine Abfolge von sechs methodischen Schritten empfohlen:

1. Definieren des Dilemmas oder der Problematik
2. Aufzählen möglicher Handlungsoptionen
3. Sammeln von Pro- und Contra-Argumenten zu den Handlungsoptionen
4. Zuordnen von Werten, die hinter den jeweiligen Argumenten stehen
5. Formulieren eines persönlichen und begründeten Urteils; ggf. Diskussion andersartiger Urteile
6. Feststellen der Folgen, die das eigene Urteil und andere Urteile nach sich ziehen; ggf. Revision des eigenen Urteils.

Ökologische Verflechtungen und nachhaltige Nutzung

Umweltfaktoren, ökologische Nische

a. Toleranzkurven und ökologische Potenz

Einen Lebensraum, der durch charakteristische Umweltfaktoren gekennzeichnet ist, bezeichnet man als **Biotop**, die in ihm vorkommende Lebensgemeinschaft von Organismen als **Biozönose**. Biotop und Biozönose bilden zusammen ein **Ökosystem**.

Die Gesamtheit aller Ökosysteme auf der Erde ist die **Biosphäre**. Die Lebewesen eines Ökosystems sind einerseits abhängig von biotischen (belebten, z.B. Nahrung, Konkurrenten, Krankheitserreger usw.) und abiotischen Umweltfaktoren (unbelebten, z.B. Temperatur, Wasser, Licht, pH-Wert usw.), andererseits verändern sie diese Faktoren auch. Wird ein Umweltfaktor experimentell variiert und die Lebensaktivität der Individuen einer Art in Abhängigkeit des Umweltfaktors gemessen, erhält man eine sogenannte Toleranzkurve, deren Gestalt als physiologische Potenz einer Art bezeichnet wird.

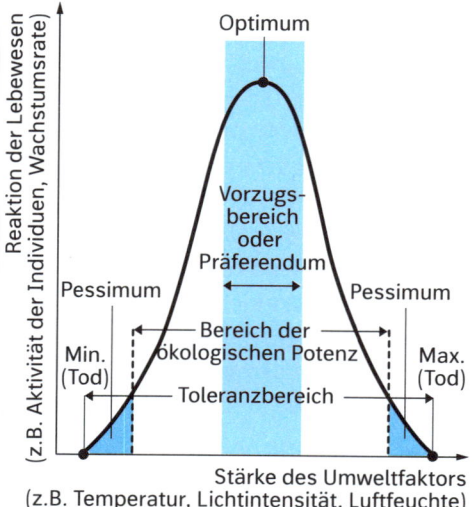

Reaktionen der Lebewesen auf einen Umweltfaktor: Toleranzbereich mit ökologischer Potenz und Vorzugsbereich.

Erträgt eine Art große Schwankungen eines Umweltfaktors, bezeichnet man sie hinsichtlich dieses Faktors als euryök. Erträgt sie nur geringe Schwankungen, ist sie stenök. Innerhalb des Toleranzbereichs nennt man den Bereich, in dem Organismen einer Art gedeihen, also auch Nachkommen haben, ökologische Potenz. Den Bereich, den Lebewesen ohne den Einfluss von Konkurrenten auswählen, nennt man **Vorzugsbereich** (Präferendum), im Pessimum kann ein Lebewesen nur überdauern. Hat man die physiologische Potenz und das Präferendum einer Art unter Laborbedingungen und unter Ausschluss von Konkurrenz bestimmt, trifft man Individuen dieser Art in der Natur häufig nicht dort an, wo man sie aufgrund ihres Vorzugsbereichs vermutet. Denn an ihrem natürlichen Standort stehen sie mit den Individuen anderer Arten in Konkurrenz. So findet man Kiefern häufig an trockenen oder auch nassen Stellen, obwohl sie mittelfeuchten Untergrund bevorzugen. Den machen ihr aber andere Bäume streitig, die dort besser wachsen. Lebewesen sind nicht nur von einem Umweltfaktor abhängig, sondern von vielen, die sich in ihrer Wirkung gegenseitig beeinflussen können. Die **ökologische Nische** (s. u.) besteht nicht nur aus der Gesamtheit aller Umweltfaktoren, die auf die Individuen einer Art einwirken. Vielmehr beschreibt dieser Begriff sowohl den Einfluss der Umweltfaktoren auf die Individuen einer Art wie auch den Einfluss der Individuen auf bestimmte Umweltfaktoren sowie die Art der Beziehung zwischen Umweltfaktoren und Individuen.

b. Temperatur als abiotischer Faktor bei Tieren

Hinsichtlich der Temperatur unterscheiden sich die Toleranzkurven wechselwarmer Tiere von denen gleichwarmer Tiere, also Vögeln und Säugern. Diese können so viel eigene Körperwärme produzieren und ihre Körpertemperatur auf einer bestimmten Höhe einregeln, dass man von homoiothermen Tieren spricht. Alle anderen Eukaryoten (Reptilien, Amphibien, Fische, wirbellose Tiere, Pflanzen, Pilze) sowie Prokaryoten (Bakterien,

Schleimpilze) und Viren sind nicht in der Lage, dauerhaft Körperwärme zu erzeugen und diese zu halten. Sie gelten als poikilotherm.

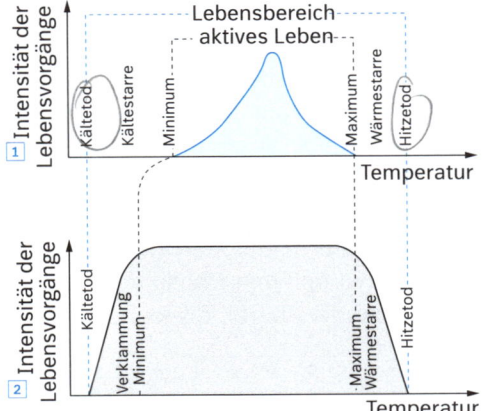

Temperatur-Toleranzkurven von 1 poikilothermen, 2 homoiothermen Tieren (Die Begriffe „Kältestarre", „Wärmestarre" und „Verklammung" beziehen sich auf tierische Organismen.)

Bei homoiothermen Tieren kann man die Beobachtung machen, dass die in kalten Gebieten lebenden Individuen einer Art oder nahe verwandter Arten größer und voluminöser sind als die in warmen Gebieten lebenden Individuen (BERGMANNsche Regel). Dies lässt sich einerseits physikalisch (proximat, also im Sinn einer Ursache-Wirkung-Beziehung) erklären: Die Oberfläche nimmt mit zunehmender Körpergröße in der zweiten (a^2), das Volumen in der dritten Potenz (a^3) zu. Große kompakte Tiere mit einer im Verhältnis zu ihrem Volumen kleinen, Wärme abgebenden Oberfläche verlieren also relativ weniger Wärme als kleine Tiere. Eine weitere Erklärungsmöglichkeit besteht in der Darstellung des evolutionsbiologischen Prozesses (Wechselwirkungen von Variabilität und Selektion), der zu den genannten Unterschieden führt (ultimate Erklärung).

TIPP Ausnahmen

Es gibt aber auch Ausnahmen von der Bergmannschen Regel, wenn z. B. verwandte Fledermausarten im gleichen Habitat vorkommen und sich aufgrund der Größe ihrer Nahrung in ihrer Körpergröße unterscheiden (Kontrastbetonung).

Eine zweite ökologische Regel, die ebenfalls nur für gleichwarme Tiere gilt, ist die ALLENsche Regel: Bei verwandten Arten sind Körperanhänge (z. B. Ohren oder Schwänze) in kalten Gebieten kleiner als in warmen. Die Wärme abgebende Oberfläche von Körperanhängen ist recht groß. Die Elefanten nutzen diesen Umstand, wenn sie in der Hitze mit ihren Ohren wedeln und sich so Kühlung verschaffen. Auch diese Phänomene lassen sich sowohl ultimat wie proximat erklären.

c. Wasser als abiotischer Faktor bei Pflanzen

Pflanzen zeigen deutliche Angepasstheiten an den unterschiedlichen Wassergehalt ihrer Lebensräume. An sehr trockenen Standorten wird der für die Fotosynthese notwendige Wasserstrom durch möglichst geringe Wasserabgabe (Transpiration) geregelt. Eine kleine Oberfläche des Pflanzenkörpers, eine dicke Cuticula, eine verringerte Anzahl von Stomata (Spaltöffnungen), die zusätzlich in den Blattkörper eingesenkt sein können, der teilweise Verschluss dieser Einsenkungen mit Haaren zur Herabsetzung der Luftbewegung in der Senke sowie die Ausbildung später absterbender Haare auf den Blättern, die die Einstrahlung reflektieren, sind Merkmale der Xerophyten. Für Hygrophyten an sehr feuchten Standorten ist es vorteilhaft, die Transpiration heraufzusetzen, sodass mithilfe des Transpirationssogs Nährsalze aus dem Boden aufgenommen werden können. Im Wasser untergetaucht lebende Hydrophyten transpirieren nicht. Sie nehmen die Nährsalze mit dem Wasser direkt über die Blätter, die keine Cuticula besitzen, auf.

d. Ökologische Nische (vgl. Aufg. 3, 4)

Die Struktur der Wechselbeziehungen zwischen abiotischen und biotischen Umweltfaktoren einerseits und der diesen Faktoren ausgesetzten Individuen einer Art andererseits wird als ökologische Nische bezeichnet. Die ökologische Nische besteht also nicht allein aus der Gesamtheit der Umweltfaktoren, die auf einen Organismus einwirkt, sondern wird durch die Wechselwirkungen zwischen Organismus und Umwelt definiert. Es handelt sich um die Beschreibung einer Funktion zwischen Umwelt und Art, ähnlich die einer Stellenbeschreibung für eine Funktionsstelle in einem Betrieb. Die Stelle funktioniert nur mit dem Stelleninhaber und der Ausübung definierter Aufgaben.

Leben Organismen gemeinsam in einem Biotop, ist ihre Konkurrenz um Nahrung, Licht, Feuchtigkeit usw. umso stärker, je ähnlicher ihre ökologischen Nischen sind. Bei Umweltfaktoren, die gleich auf die Individuen verschiedener Arten wirken, setzt sich immer eine Art gegenüber einer anderen durch.

Dauerhaft können zwei verschiedene Arten mit identischen ökologischen Nischen nicht koexistieren (Konkurrenzausschlussprinzip).

Beispiel: Unter Laborbedingungen lassen sich die Pantoffeltierchen *Paramecium aurelia* und *P. caudatum* in getrennten Gefäßen gut kultivieren. Beide Arten werden mit Bakterien gefüttert. Gibt man sie allerdings zusammen in ein Gefäß, erweist sich *P. aurelia* als konkurrenzüberlegen und *P. caudatum* stirbt aus, weil es die Nahrung schlechter als *P. aurelia* nutzen kann. *P. aurelia* und *P. bursaria* lassen sich dagegen in einem Gefäß über lange Zeit halten, weil *aurelia* sich von den Bakterien an der Wasseroberfläche ernährt und *bursaria* die nach unten sinkenden Bakterien frisst. Zusätzlich verfügt *bursaria* noch über endosymbiontische Grünalgen.

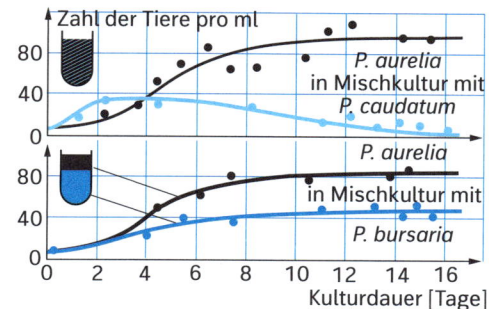

Pantoffeltierchen-Arten in Mischkultur

P. aurelia und *P. bursaria* können folglich aufgrund von Konkurrenzvermeidung zusammen leben, d.h. die Individuen der betreffenden Arten verändern die Beziehung zu ihrer Umwelt so, dass sich ihre ökologischen Nischen unterscheiden. So können in der Natur z.B. Sturmmöwenarten dadurch koexistieren, dass sie dieselben Nistplätze zu unterschiedlichen Zeiten nutzen.

In ähnlichen Biotopen wurden auf unterschiedlichen Kontinenten oder in abgegrenzten Gebieten wie Wüsten oder auf Inseln von unterschiedlichen Arten ähnliche ökologische Nischen ausgebildet. Beispielsweise erbeuten der Maulwurf in Europa, der Goldmull in Afrika, der Beutelmull in Australien und die Taschenratte in Nordamerika in unterirdischen Gängen u.a. Insektenlarven und Würmer. Grabehände, walzenförmiger Körper und verkümmerte Augen sind als Angepasstheiten an diese Lebensweise bei ihnen in gleicher Weise entwickelt, obwohl sie nicht näher miteinander verwandt sind.

Die stammesgeschichtliche Entwicklung unter ähnlichem Umwelteinfluss von nicht verwandten Arten, die zu ähnlichen Ergebnissen führt, bezeichnet man als **Konvergenz**. Die Kakteen Amerikas zeigen eine ähnliche Stammsukkulenz wie einige Wolfsmilchgewächse Afrikas. Pinguine, Haie, Robben, Tintenschnecken und Makrelen zeigen beim schnellen Schwimmen, dass sich der Körper ihrer Vorfahren im Zuge einer konvergenten Entwicklung zu einer Spindelform umgeformt hat, die bei der Fortbewegung im Wasser einen sehr geringen Strömungswiderstand aufweist und so durch Energieeinsparung und Vorteile bei der Flucht und der Jagd die Fitness der Art (s. Abschnitt „Evolution") erhöht. Alle Beispiele gehören sehr unterschiedlichen Gruppen an (Vögel, Knorpelfische, Säugetiere, Weichtiere, Knochenfische).

Wechselbeziehungen, Populationsdynamik

a. Räuber-Beute-Beziehung (vgl. Aufg. 3)

Zwischen Räuber und Beute (z.B. Mäusebussard und Feldmaus) oder zwischen Pflanzen und Pflanzenfressern (z.B. Schirmakazien und Giraffen) bestehen wechselseitige Beziehungen, die sich als negative Rückkopplungsmechanismen mathematisch beschreiben lassen. Die Grafik dieses Algorithmus zeigt sinusförmige, versetzte Kurven, die um einen Mittelwert schwanken (Lotka-Volterra-Regeln). In der Natur allerdings folgen die tatsächlich erhobenen Daten in Räuber-Beute-Beziehungen selten diesem Algorithmus, weil Räuber und Beute häufig in ein komplexes Nahrungsnetz eingebunden sind. Auch schwankt die Populationsdichte häufig um einen Mittelwert, ohne dass ein einseitiger Einfluss durch einen Fressfeind bzw. durch Futter/Beute erkennbar wäre. Regulationsmechanismen lassen sich als top-down-Kontrolle (der Räuber kontrolliert die Beute), oder als bottom-up-Kontrolle (die Anzahl von Beutetieren bestimmt die Anzahl der Räuber) verstehen.

b. Parasitismus und Symbiose (vgl. Aufg. 3)

Unter Parasitismus wird eine Wechselbeziehung zwischen zwei artverschiedenen Organismen verstanden, in der ein Parasit auf Kosten des Wirts lebt (Ähnlichkeiten mit der Räuber-Beute-Beziehung). In einer Symbiose geschieht die Beziehung zu wechselseitigem Nutzen. Hierbei wird der Partner i.d.R. nicht beschädigt, oft herrscht aber auch nur ein „Kampfgleichgewicht" (z.B. bei Formen der Mykorrhiza).

c. Änderungen in den Wechselbeziehungen: Neobiota (vgl. Aufg. 3)

In einer sich durch geologische Ereignisse (Kontinentaldrift, Gebirgsbildung, Vulkanausbrüche) und klimatische Prozesse (Warmzeiten, Kaltzeiten) wandelnden Umwelt passen sich Lebewesen den Verhältnissen an. Mit Wanderungen, Änderungen des Genpools und anderen evolutionsbiologisch bedeutsamen Fähigkeiten und damit verbundenen Strategien (r- und K-Strategie), Mutation und Rekombination reagieren Lebewesen auf individueller bzw. populationsbiologischer Ebene auf den Einfluss sich ändernder abiotischer und biotischer Faktoren. So erschließen sie sich veränderte Biotope und unterliegen gemeinsam mit Lebewesen, die sich in einer ähnlichen ökologischen Nische befinden, der zwischenartlichen und innerartlichen Konkurrenz.

Beispiele sind die Wanderungen ganzer Ökosysteme bei Beginn und nach dem Ende der Eiszeit, die Einführung von Kastanie, Fasan und Damhirsch nach Europa, die Einschleppung des Kaninchens nach Australien und die Ausbreitung der Wanderratte.

Wenn aufgrund der gegebenen Konkurrenzverhältnisse einwandernde Arten erfolgreich sind, spricht man von Neobiota. Pro- und Eukaryonten, Pflanzen, Tiere, Pilze und auch der Mensch zählen dazu.

Die zunehmende Mobilität des Menschen führt seit dem 15. Jahrhundert zu einer verstärkten Verteilung gebietsfremder Arten in neue Lebensräume. Barrieren in Form von Gebirgen, Meeren und Wüsten sind kein Hindernis mehr. Die aus dem nördlichen Ostasien stammende Wanderratte wurde durch den zunehmenden Schiffsverkehr auf der ganzen Welt verteilt. Mit ihr wurde besonders im 15. und 16. Jahrhundert auch der Pestfloh, der als Überträger der Beulenpest gilt, transportiert. Viele durch den Klimawandel einwandernde, wie z. B. die Asiatische Tigermücke, bzw. eingeschleppte Arten sind Überträger (Vektoren) gefährlicher Krankheiten.

Sobald Neobiota den Konkurrenzdruck auf einheimische Arten erhöhen, die Biodiversität eines Ökosystems verringern oder wirtschaftlichen Schaden hervorrufen, werden die eingewanderten Arten als invasiv (eindringend) bezeichnet. Beispiele sind der Japanische Knöterich, die Kanadische Wasserpest, das aus Amerika eingeschleppte „Franzosenkraut" und der Waschbär.

Die Änderungen im Konkurrenzdruck durch Neobiota können aber auch wechselseitig wirken. Die vor einigen hundert Jahren eingeführte Rosskastanie wird zunehmend von der Rosskastanienminiermotte befallen, die am Ende des 19. Jahrhunderts nach Europa gelangte. Damit gerät die Rosskastanie als Neophyt unter verstärkten Konkurrenzdruck, da die Fotosyntheseleistung und damit ihr Wachstum stark eingeschränkt werden.

Häufig gelangen gleich mehrere von in Wechselbeziehung stehende Arten wie z. B. Wirt und Parasit, Räuber und Beute in ein neues Gebiet. Dadurch können unterschiedliche Entwicklungen ausgelöst werden (s. Übungsaufgabe 3), die ein ganzes Ökosystem beeinflussen können.

d. Probleme der Schädlingsbekämpfung (vgl. Aufg. 3)

Wenn Organismen durch ihre Lebensäußerungen in Konkurrenz zum Menschen geraten, indem sie eine für den Menschen nachteilige Entwicklung seiner Nutzpflanzen, -tiere und -pilze verursachen, bezeichnet der Mensch sie als Schädling. Er versucht dann, die von ihm genutzten Organismen vor den Schadorganismen zu schützen. Dies geschieht auf mechanischem, chemischem, genetischem oder biologischem Wege.

Alle Formen der Schädlingsbekämpfung können nur durchgeführt werden, wenn nicht nur der Schädling und seine ökologische Nische bekannt sind. Auch die Folgen einer Bekämpfung müssen für ein wirkungsvolles Vorgehen möglichst bekannt sein oder genau abgeschätzt werden.

Beispiele für Schädlingsbekämpfung

mechanisch	chemisch	genetisch	biologisch
Unkraut jäten	DDT als Insektentötungsmittel (Insektizid)	Einsatz der „Sterile-Insekten-Technologie" (SIT) mit sterilen Insektenmännchen der Fruchtfliege Ceratitis	Aussetzen von Nützlingen (Viren, Bakterien, Fadenwürmer, Insekten, Vögel)
Kartoffelkäfer absammeln	Glyphosat als Herbizid (Pflanzentötungsmittel)		Ausbringen von hoch spezialisierten Pilzen, die Schädlinge befallen
	Lockstoff- (Hormon-) fallen		Aussetzen von Nützlingen in geschlossenen Systemen (Gewächshauskulturen)

Besondere Probleme ergeben sich bei der Schädlingsbekämpfung dann, wenn neben der beabsichtigten Wirkung unbeabsichtigte Folgen auftreten. Diese Nebenwirkungen (z. B. Anreicherung einer gefährlichen und/oder schwer abbaubaren Substanz in anderen Organismen, im Grundwasser) können in ihrer Bedeutung die ursprüngliche Absicht zunichtemachen, weil solche Nebenwirkungen schwerer wiegen können als die Erfolge bei der Bekämpfung des Schädlings. So musste DDT wegen seiner verheerenden Wirkung nicht nur auf alle Insekten, sondern auch auf Menschen, wenige Jahre nach dem Beginn seiner Anwendung vom Markt genommen werden.

Krebs erzeugende Wirkungen des Totalherbizids Glyphosat auf den Menschen sind bisher nicht ausgeschlossen. Totalherbizide verringern auch die Menge und Artzusammensetzung von Pflanzen, sodass die Konsumenten, die von diesen Pflanzen leben, ebenfalls in Menge und Artenzusammensetzung geschädigt werden.

Der verstärkte Einsatz von Antibiotika nicht nur bei Infektionen des Menschen oder seiner Nutztiere, sondern auch zur Leistungssteigerung bei der Nutztierhaltung (z. B. Schweine- und Fischmast), führt zur Ausbildung von Resistenzen, die für Menschen mit geschwächtem Immunsystem lebensbedrohlich sind. Problematisch sind besonders genetische Maßnahmen zur Schädlingsbekämpfung, wenn ihre Folgen nicht hinreichend überprüft sind. Gelangen gentechnisch veränderte Organismen in die Umwelt, muss sichergestellt sein, dass diese keine Schäden an artfremden Organismen hervorrufen, da die transgenen Organismen in der Regel nicht mehr aus der Umwelt entnommen werden können. Vor dem Einsatz solcher Organismen ist daher zu prüfen, ob ein vertikaler Gentransfer von einer Generation zur nächsten erfolgen kann oder vielleicht sogar ein horizontaler Gentransfer (Übertragung des gentechnisch eingeführten Gens vom transgenen Organismus in einen artfremden Organismus) möglich ist.

Verflechtungen in Lebensgemeinschaften

a. Biomasseproduktion, Trophieebenen, Energiefluss

Lebewesen eines Ökosystems lassen sich unterschiedlichen Nahrungsstufen (Trophieebnen) zuordnen:

Produzenten → Primärkonsumenten → Sekundärkonsumenten → Tertiärkonsumenten

Sekundär- oder Tertiärkonsumenten sind oft schon Endkonsumenten.
Die Beziehungen der unterschiedlichen Trophieebenen untereinander sind in einem Ökosystem selten linear (Nahrungskette), sondern vielfach verzweigt (Nahrungsnetz). Dennoch können aus den Verknüpfungen lineare Abhängigkeiten gesondert betrachtet werden. Zwischen diesen Ebenen variieren die Individuenzahl, die Biomasse oder die Energieproduktion. Die Verhältnisse werden aufgrund von Freilanduntersuchungen häufig in sogenannten Pyramiden dargestellt. Sie unterscheiden sich je nach Ökosystem.

Zahlenpyramiden

Grasland gem. Breiten, Sommer Zahl der Organismen/1000 m^2		**Laubwald** gem. Breiten, Sommer Zahl der Organismen/1000 m^2

Endkonsumenten
Sekundärkonsumenten
Primärkonsumenten
Produzenten

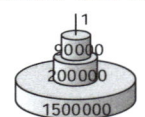

1
90000
200000
1500000

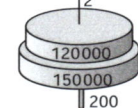

2
120000
150000
200

Biomassenpyramide

Fluss Silver Spring
Florida, USA
Biomasse in g/m^2

Energiepyramide

Fluss Silver Spring
Florida, USA, Bruttoprimärproduktion in KJ/m^2/Jahr

Endkonsumenten
Sekundärkonsumenten
Primärkonsumenten
Produzenten

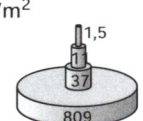

1,5
37
809

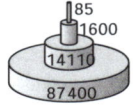

85
1600
14110
87400

Ökologische „Pyramiden"

Die Energiemenge, die ein Lebewesen aufnimmt, ist größer als der Energiegehalt der Körpersubstanz, die durch das Wachstum, das mit der Aufnahme der Energie verbunden ist, erzeugt wird. Besonders bei Tieren wird ein großer Teil der aufgenommenen Energie in Form von Bewegungs- und Wärmeenergie wieder abgegeben. Die Energieweitergabe von einer Nahrungsstufe zur nächsten wird Energiefluss genannt. Von einer Stufe auf die andere verringert sich der Energiegehalt aller Lebewesen auf der jeweiligen Trophiebene ungefähr um den Faktor 10.

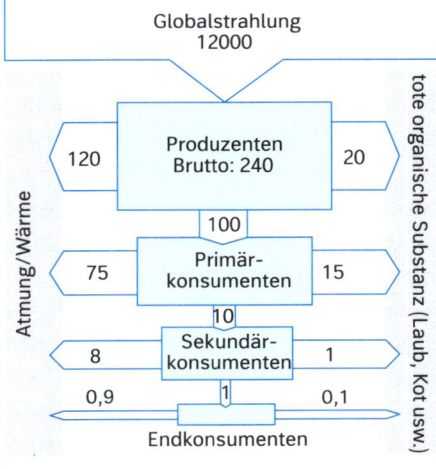

Energiefluss durch ein Musterökosystem (in kJ/m^2/Tag)

b. Biogeochemischer Kreislauf am Beispiel des Kohlenstoffflusses und Reaktionsfähigkeit von Ökosystemen

Kohlenstoff kommt auf der Erde in reaktionsträger anorganischer Form (Kalkstein, Marmor usw. und Kohlenstoffdioxid) sowie in reaktionsfreudiger organischer Form (Kohlenwasserstoffe wie Fette, Erdöl, Erdgas und Kohlenhydrate wie Zucker, Cellulose, Stärke usw.) vor. Das reaktionsträge CO_2 der Atmosphäre wird von Pflanzen (Produzenten) aufgenommen und in der Sekundärreaktion der Fotosynthese chemisch gebunden. Unter Energieeinsatz werden so Kohlenhydrate gebildet. Anorganisches energiearmes CO_2 wird dabei wieder in energiereiche organische Verbindungen eingebaut.

Konsumenten erster Ordnung nehmen den Kohlenstoff als pflanzliche Biomasse auf und verwerten sie im Aufbaustoffwechsel oder in Energiegewinnungsprozessen (z. B. Zellatmung in Mitochondrien). Diese sauerstoffabhängige Energiegewinnung ist mit der Abgabe von CO_2 in die Atmosphäre verbunden. Fehlt der Sauerstoff beispielsweise am Grunde eines Gewässers, werden organische Verbindungen toter Organismen im Faulschlamm abgelagert. Sie werden so über längere Zeit dem Kohlenstoffkreislauf entzogen. Unter Druck und weiterem Sauerstoffabschluss können daraus in erdgeschichtlich langen Perioden fossile Brennstoffe (Erdgas, Erdöl und Kohle) entstehen.

Bei der Ausbeutung fossiler Brennstoffe durch den Menschen oder durch natürliche geologische Prozesse gelangen große Mengen reaktionsfreudiger Kohlenstoffverbindungen, die vor Millionen von Jahren in der Erdkruste fixiert wurden, wieder an die Erdoberfläche und tragen bei ihrer Verbrennung zur Anreicherung der Atmosphäre mit CO_2 bei. Zwar kann ein Teil des CO_2 durch Fotosynthese und Lösung im Meerwasser in sogenannten Kohlenstoffsenken der Atmosphäre entzogen werden. Die durch Menschen erzeugten Verbrennungsprozesse sind jedoch so intensiv, dass die starke CO_2-Produktion global weder durch Pflanzen noch durch Absorption und Lösung im Meer bewältigt werden kann. Der CO_2-Gehalt in der Atmosphäre nimmt deswegen zu, führt zu einer Erwärmung der Atmosphäre und wirkt somit mittel- und langfristig auf das Klima. Je nach Region kann es z. B. zu Dürren und Waldbränden, Starkregen, Stürmen, Temperaturerhöhungen und zu einer Erhöhung der Luftfeuchtigkeit führen.

Alle Ökosysteme der Erde sind von dieser Erwärmung betroffen und reagieren in unterschiedlicher Weise. Gletschereis und Polkappen schmelzen, die Dauerfrostböden im Hochgebirge und in den subpolaren Regionen tauen auf. Zwischen 1901 und 2010 ist der Meeresspiegel um etwa 19 cm gestiegen. Ein weiterer Anstieg wird beobachtet. Starkregen in den mittleren Breiten und Unwetter in Form von tropischen Wirbelstürmen nehmen an Häufigkeit zu. Ab 2050 werden nach Berechnungen des Max-Planck-Instituts für Chemie große Regionen in Nordafrika und dem Nahen Osten durch extreme Hitze unbewohnbar werden. Die Zahl der Klimaflüchtlinge wird weiter ansteigen. Durch die Erwärmung kann es regional auch zu Abkühlungen kommen, wenn z. B. Meeresströmungen ihre Geschwindigkeit und ihren Verlauf ändern. Entweder kann ein Ökosystem flexibel innerhalb bestimmter Grenzen reagieren und ändert sich nur wenig, oder es erreicht die Grenzen seiner Belastbarkeit, was mit einer dauerhaften qualitativen und quantitativen Änderung des Artenspektrums einhergeht.

Biologisch bedeutsame Folgen des klimatischen Wandels sind z. B. die Einwanderung neuer Arten, die die einheimischen verdrängen, eine Verschiebung des Nutzpflanzenspektrums, eine Versauerung der Meere durch gestiegenen Kohlensäuregehalt des Wassers, der Anstieg des Meeresspiegels mit Änderungen des Küstenverlaufs sowie die Einwanderung von Krankheitsüberträgern (z. B. verschiedene Stechmücken), Krankheitserregern und Parasiten aus den Tropen und Subtropen in die gemäßigten Zonen der Kontinente. Ein Problem stellt auch die Freisetzung zusätzlicher CO_2-Mengen aus den riesigen Moorgebieten der Dauerfrostregionen Asiens und Kanadas dar. Beim Auftauen der Moore beginnen Bakterien und Pilze, die im Torf gebundenen Kohlenhydrate energetisch zu verwerten und dabei CO_2 zu erzeugen. Durch diese positive Rückkopplung beschleunigt sich die Erwärmung der Atmosphäre zusätzlich.

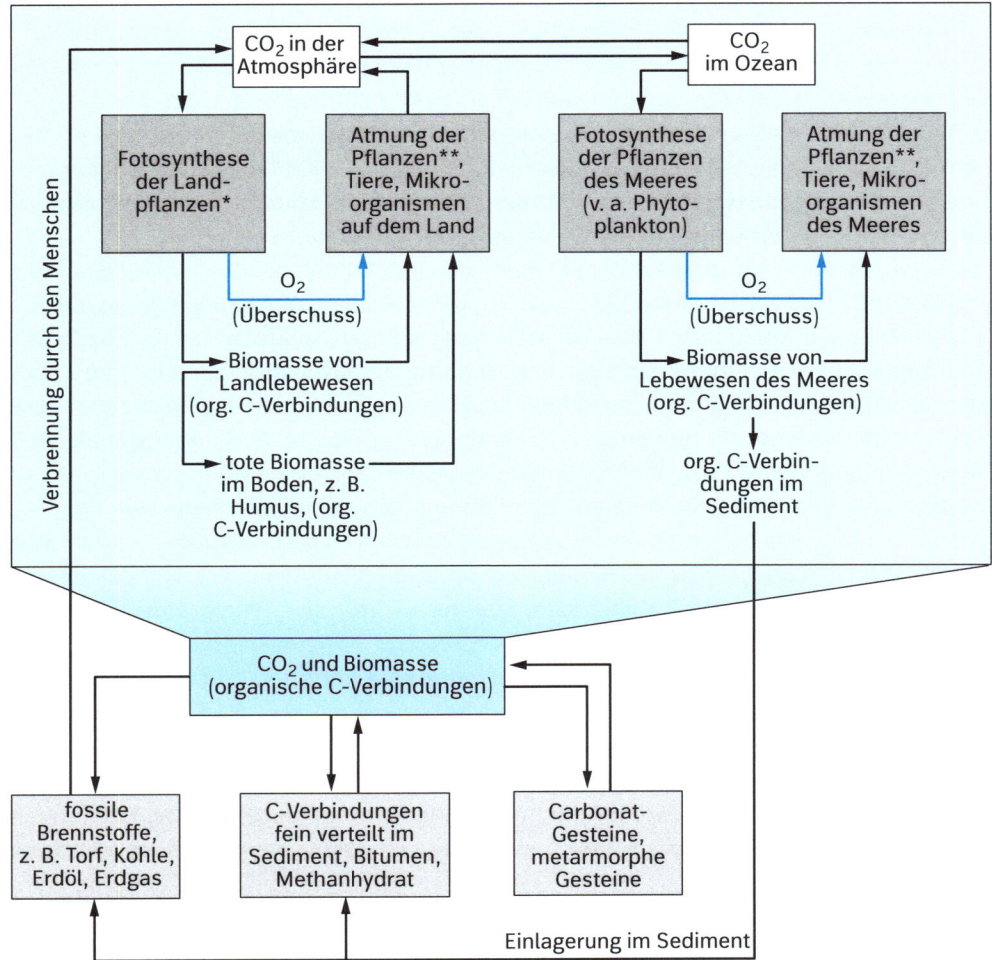

Der globale Kohlenstoffkreislauf. Die Abbildung beschreibt den Kurzzeit- wie den Langzeitstofffluss von Kohlenstoff

Kurzzeitig (oberer Teil der Abbildung) fixieren alle grünen Pflanzen CO_2 aus ihrer Umgebung (Luft oder Wasser) in der Fotosynthese. Unter Energieaufwand wird der Kohlenstoff reduziert und in speicherfähigen energiehaltigen Kohlenhydraten und Fetten, aber auch in nahezu allen anderen von den Pflanzen produzierten organischen Verbindungen festgehalten. So entsteht pflanzliche Biomasse, deren Kohlenstoffverbindungen über Nahrungsketten und Nahrungsnetze zu Konsumenten bzw. Destruenten gelangen, umgebaut und abgebaut werden und schließlich als Endprodukt von Zellatmungsprozessen in Form von CO_2 wieder in die Atmosphäre bzw. in die Meere abgegeben werden.

Ein sehr geringer Teil organischer Kohlenstoffverbindungen wird in Meeressedimenten eingelagert (unterer Teil der Abbildung) und bildet im Laufe langer Zeiträume fossile Brennstofflager, liegt fein verteilt in Sedimenten und als Methanhydrat am Meeresgrund vor. Der Mensch greift in diesen natürlichen Stofffluss ein, indem er fossile Brennstofflager ausbeutet und die dort über Millionen von Jahren gespeicherten Kohlenstoffverbindungen in sehr kurzer Zeit verbrennt. Ehe es auf der Erde Lebewesen gab, existierten bereits Kohlenstoffverbindungen in Carbonatgesteinen und metamorphen Gesteinen, aus denen durch Verwitterung und vulkanische Ereignisse CO_2 freigesetzt wurde und die Ausgangsbasis für sämtliche Lebensvorgänge auf der Erde war.

Aquatische Ökosysteme: Salzwasser – Meere

Meere bedecken mit ihrer Fläche den größten Teil der Erde. Sie stellen aufgrund ihrer großen Fläche und ihres riesigen Volumens kein einheitliches Ökosystem dar, sondern müssen in sehr viele verschiedene Biotope gegliedert werden. Flachwassermeere wie die Nordsee mit ihren Gezeiten bieten völlig andere Lebensbedingungen als z. B. tropische Korallenriffe oder lichtlose Tiefseeräume. Ihnen gemeinsam ist ein bestimmter Salzgehalt, der gebietsweise schwanken kann, im Vergleich zu den Verhältnissen im Süßwasser jedoch einen wesentlichen Unterschied ausmacht. Das Salz wurde in Millionen von Jahren durch den globalen Wasserkreislauf aus dem verwitterten Gestein des Festlandes gelöst, über die Zuflüsse des Festlandes in die Meere transportiert und verbleibt dort. Kaltes, salzhaltiges Wasser ist dichter als warmes, salzarmes Wasser. Aus Dichte, Salzgehalt und Temperatur des Wassers sowie Erdbewegung und Windströmungen resultieren die Meeresströmungen, die ihrerseits die terrestrischen Klimate beeinflussen. In Meeren hängt die Regulationsfähigkeit der Ökosysteme ebenfalls stark von der Temperatur und dem Nährsalzgehalt sowie damit verbunden der Dichte des Wassers ab: In polaren Meeren dauern Abbauprozesse sehr lang, in tropischen Meeren sind bestimmte Biozönosen besonders störanfällig und reagieren empfindlich auf eine Eutrophierung oder Veränderung des pH-Werts, etwa durch die Erhöhung der CO_2-Konzentration in der Atmosphäre (z. B. Korallenriffe).

Aquatische Ökosysteme: Süßwasser – Fließgewässer

a. Funktioneller Aufbau eines Fließgewässers (vgl. Aufg. 4)

Fließgewässer in mitteleuropäischen Gebieten haben ihren Ursprung häufig in Quellen. Die so entstehenden Bäche vereinigen sich zu immer größer werdenden Flüssen, welche schließlich als breite Ströme ins Meer münden. In den unterschiedlichen Abschnitten eines Fließgewässers verändern sich die abiotischen Umweltfaktoren (Temperatur, Strömungsgeschwindigkeit, Sauerstoffgehalt) kontinuierlich. Die in den jeweiligen Abschnitten vorkommenden Lebewesen sind daran vielfältig angepasst. Fließgewässer können in die Abschnitte **Oberlauf**, **Mittellauf** und **Unterlauf** gegliedert werden.

Im **Oberlauf** entspringt das Fließgewässer der Quelle. Kaltes, sauerstoffarmes Grundwasser dringt aus dem Gestein hinaus und bildet einen zunächst schmalen Bach. Die Strömungsgeschwindigkeit ist hier aufgrund des starken Gefälles in der Regel am höchsten. Durch diese hohe Geschwindigkeit werden die meisten Partikel weggespült, das Wasser ist klar. Der Gewässergrund wird hier von Steinen und groben Kies gebildet. Durch Turbulenzen wird das Wasser im Oberlauf aufgewirbelt und stetig mit Sauerstoff aus der Umgebungsluft gemischt. Daher liegt der Sauerstoffgehalt in diesem Bereich meist bei 100 %. Auch die geringen, im Jahr etwas gleichbleibenden Temperaturen zwischen 5 °C und 10 °C tragen zur Sauerstoffspeicherung bei, da kaltes Wasser mehr Sauerstoff speichern kann. Aufgrund der hohen Strömungsgeschwindigkeit und des wenigen Lichtes durch überhängede Pflanzen wachsen in diesem Abschnitt nur wenig Pflanzen. Phytoplankton fehlt gänzlich. Hier lebende Organismen sind somit auf darauf angewiesen, dass organisches Material, z. B. Falllaub, von den am Ufer stehenden Bäumen eingetragen wird. Für die vorkommenden wirbellosen Konsumenten und Destruenten bildet dieses die Nahrungsgrundlage. Gebildete Mineral- und organische Stoffe werden zu einem großen Teil weitergespült.

Die Strömungsstärke nimmt mit dem geringeren Gefälle im **Mittellauf** ab. Kleinere Partikel sinken hier ab und bilden ein feinkörniges Sediment. Die Konzentration an Mineral- und organischen Stoffen steigt langsam. Das Wasser wird trüber. Zudem wird das Flussbett breiter. Durch die größere Wasseroberfläche findet mehr Wärmeaustausch mit der Umwelt statt, wodurch die mittlere Temperatur des Wassers ansteigt. Dadurch wird auch weniger Sauerstoff aus der Luft eingetragen, wodurch der Sauerstoffgehalt des Wassers geringer ist. In diesem Abschnitt dominiert die Sauerstoffbildung durch Algen, Phytoplankton und Wasserpflanzen über die Fotosynthese, was zu tageszeitabhängigen Schwankungen des Sauerstoffgehaltes führt. Mit zunehmendem Lichteinfall und geringerer Strömung wachsen mehr Algen und Wasserpflanzen. Sie produzieren Sauerstoff und bilden die Nahrungsgrundlage für wirbellose Konsumenten und Destruenten.

Im letzten Abschnitt – dem **Unterlauf** – ist die Strömungsgeschwindigkeit aufgrund des niedrigen Gefälles am geringsten. Viele Partikel können sich am Boden absetzen, wodurch der Gewässergrund hauptsächlich aus Sand und Feinsediment besteht. Die Konzentration von Mineral- und organischen Stoffen ist hier am höchsten. Durch die zunehmend größere Wasseroberfläche nimmt auch der Wärmeaustausch weiter zu. Wassertemperaturen von mehr als 20 °C im Sommer sind hier möglich. Gleichzeitig sinkt der Sauerstoffgehalt des Wassers. Wie auch im Mittellauf produzieren hier vor allem Pflanzen und Algen den Sauerstoff im Wasser. In sehr algenreichen Gewässern kann so der Sauerstoffgehalt mittags doppelt so hoch sein wie nachts. Im Unterlauf fällt durch die starke Trübung des Wassers nur wenig Licht auf den Grund. Dadurch nimmt der Algenwuchs dort stark ab. Das Phytoplankton bildet nun die Hauptnahrungsquelle der Wirbellosen. Der Gehalt der organischen Stoffe durch die Zersetzungstätigkeit der Destruenten nimmt weiter zu, was wiederum die Entwicklung des Phytoplanktons begünstigt.

In diesen Abschnitten finden sich jeweils Fischarten, welche sich in Ernährung und dem Anspruchs an den Sauerstoffgehalt an ihre jeweilige Umgebung angepasst haben. Arten, die primär in dem jeweiligen Lebensraum vorkommen, werden als **Leitarten** bezeichnet. Mit ihrer Hilfe können Fließgewässer von der Quelle bis zur Mündung in Forellen- und Äschen-, Barben-, Brachsen- sowie Kaulbarsch- und Flunderregionen unterteilt werden. Wie in den Abschnitten eines Fließgewässers bereits beschrieben, haben sich verschiedene wirbellose Konsumenten und Destruenten in den jeweiligen Abschnitten angesiedelt. Diese können den folgenden Ernährungstypen zugeordnet werden: **Zerkleinerer**, z. B. Köcherfliegenlarven, kommen häufig im Oberlauf am Ufer vor. Dort zerkleinern sie unter anderem Pflanzenteile aus dem Falllaub. Die zerkleinerten Blätter und Ausscheidungen dieser Gruppe strömen flussabwärts und bilden dort aber dem Mittellauf die Nahrungsquelle für **Sedimentfresser**, wie Zuckmückenlarven, die sich vom Detritus und Mikroorganismen ernähren und Filtrierer, wie **Muscheln**, die Plankton und Feindetritus aus dem Wasser filtern. Auch Weidegänger sind im Mittellauf häufig anzutreffen. Schnecken gehören u. a. zu dieser Gruppe. Sie raspeln Algenaufwuchs von Steinen ab. Daneben gibt es auch **Räuber**, z. B. Raubfische oder Rollegel, die Tiere als Nahrung fangen.

Forellenregion:
T: 4-10 °C, geringe Schwankungen im Jahresverlauf
F: hoch
U: Fels, Steine, grober Kies
S: hoch; meist im Sättigungsbereich
N: gering
P: selten (Ausnahme: Waldbäche)

Äschenregion:
T: 8-14 °C
F: mittel
U: Kies, Sand
S: meist hoch; zum Grund hin geringer
N: mäßig
P: wenig

Barbenregion:
T: 12-18 °C, ausgeprägte jahreszeitliche Schwankungen
F: relativ gering
U: Sand, Feinsediment
S: an der Oberfläche hoch, am Grund gering
N: mittel
P: häufig

Brachsen-/Brassenregion:
T: 16-20 °C
F: gering
U: Sand, Ton, Schlick
S: starke Schwankungen im Tages-und Jahresverlauf, Bodenwasser sauerstoffarm
N: relativ hoch
P: oft üppig

Kaulbarsch-Flunder-Region:
T: oft über 20 °C
F: sehr gering
U: Schlamm
S: an der Oberfläche ausreichend; in der Tiefe oft im Mangelbereich
N: meist hoch
P: besonders viel Phytoplankton

Gewässergüte und Selbstreinigung

Die Gewässergüte von Fließgewässern wird anhand ökologischer Zustandsklassen definiert. Dabei lassen sich diese Klassen über eine biologische, eine chemisch-physikalische und eine strukturelle Komponente ermitteln.

Die **biologische Wassergüte** wird mithilfe des Saprobiensystems bestimmt. Dabei wird das Vorkommen von Leitorganismen, auch **Bioindikatoren** genannt, die organische Stoffe im Fließgewässer abbauen, bestimmt. Die verschiedenen Leitorganismen kommen aufgrund ihrer Ernährungsweise, ihres Sauerstoffbedarfs und ihrer Schadstofftoleranz unterschiedlich häufig in den Gewässerabschnitten vor. Ihnen wird ein bestimmter Saprobienwert zugewiesen. Um die Güteklasse zu bestimmen, werden zunächst die Leitorganismen im Fließgewässer ausgezählt. Aus der jeweiligen Häufigkeit der Organismen und ihrem Saprobienwert ergibt sich ein durchschnittlicher Saprobienindex. Zusätzlich wird der Fließgewässertyp bestimmt. Aus beiden Werten, Saprobienindex und Fließgewässertyp, kann der Gütezustand ermittelt werden.

Bei der chemisch-physikalischen Bestimmung der Gewässergüte wird vor allem der chemische Sauerstoffbedarf (CSB) eines Fließgewässers herangezogen. Auch der biochemische Sauerstoffbedarf (BSB_5) wird zur Bestimmung genutzt. Dieser gibt an, wie viel Sauerstoff in einer Wasserprobe innerhalb von fünf Tagen beim vollständigen Abbau von organischen Substanzen durch im Wasser vorkommende Bakterien verbraucht wird. Es gilt: je höher der BSB_5-Wert, desto stärker ist die Belastung des Gewässers. Weitere Parameter zur Bestimmung der chemisch-physikalischen Gewässergüte sind die Konzentrationen an Phosphat-, Nitrat- und Ammonium-Ionen sowie der pH-Wert und die elektrische Leitfähigkeit des Gewässers.

Die Gewässerstrukturgüte ergibt sich aus der Beschaffenheit des Ufers, der Strömungsunterschiede, des Verlaufs des Gewässerbettes und der Gewässerumgebung. sowie die Substratunterschiede des Gewässergrundes. Die Zuordnung zu einer Zustandsklasse wird durch den Parameter bestimmt, der am schlechtesten ausfällt.

Fließgewässer haben eine natürliche **Selbstreinigungskraft**. Durch natürliche physikalische, chemische und biologische Prozesse im Fließgewässer wird verunreinigtes Wasser in einen beinahe ursprünglichen Zustand zurückversetzt. Nach Einleitung des Abwassers vermehren sich zunächst Bakterien, die sich von den organischen Stoffen unter Sauerstoffverbrauch ernähren, stark. Im weiteren Verlauf des Fließgewässers bauen verschiedene Mikroorganismen die organischen Stoffe ab und ernähren sich zudem von den Bakterien. So nimmt auch der Sauerstoffgehalt im Wasser wieder zu. Dazu trägt auch die fortschreitende Verdünnung, die zur Verbesserung der Lichtverhältnisse und damit zum Algenwachstum führt, bei.

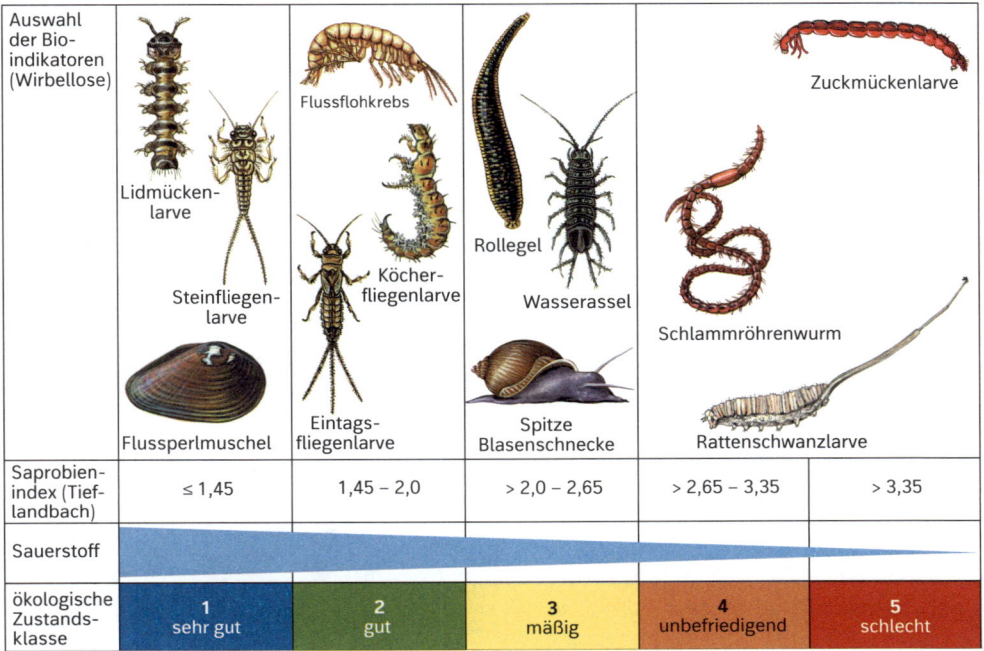

Auswahl der Bioindikatoren (Wirbellose)				
Lidmückenlarve / Steinfliegenlarve / Flussperlmuschel	Flussflohkrebs / Köcherfliegenlarve / Eintagsfliegenlarve	Rollegel / Wasserassel / Spitze Blasenschnecke	Schlammröhrenwurm / Rattenschwanzlarve	Zuckmückenlarve
Saprobienindex (Tieflandbach)	≤ 1,45	1,45 – 2,0	> 2,0 – 2,65	> 2,65 – 3,35	> 3,35
Sauerstoff				
ökologische Zustandsklasse	**1** sehr gut	**2** gut	**3** mäßig	**4** unbefriedigend	**5** schlecht

Ökologische Zustandsklassen und biologische Gewässergüte

Terrestrisches Ökosystem – Wald

a. Gliederung und Diversität eines Waldes

Natürliche Wälder gibt es auf der Erde kaum noch. Selbst in den Tropen nimmt die von Menschen nicht beeinflusste Waldfläche laufend ab. Naturnahe Wälder zeigen durch Mosaikbildung (s. u.) kein einheitliches Aussehen, sind aber aufgrund der jeweiligen Lichtverhältnisse häufig durch eine vertikale Gliederung (Stockwerkbau) gekennzeichnet. Eine bodennahe, mit wenig Licht versorgte Moos- und Krautschicht wächst unterhalb einer Strauchschicht, die wiederum im Schatten der Baumschicht steht. Frühblüher des Waldes sind an die jahreszeitlich unterschiedlichen Lichtverhältnisse der Laubwälder in den mittleren Breiten besonders deutlich angepasst.

Wie andere lebende Systeme auch ist das Ökosystem Wald so stabil, dass seine Lebensbedingungen in gewissen Grenzen langfristig erhalten bleiben. Pflanzen in Wäldern senken durch Verdunstung die Temperatur in der Umgebung, erhöhen die Luftfeuchtigkeit und damit die Niederschlagswahrscheinlichkeit, beeinflussen durch Protonenabgabe der Wurzeln den pH-Wert des Bodens und gehen Symbiosen ein (z. B. Mykorrhiza), mit denen sie ihre ökologische Potenz erhöhen. Dies geschieht zum einen dadurch, dass Pflanzen von bestimmten Pilzen mit Wasser und Mineralstoffen versorgt werden und die

Pflanzen Glucose an den Pilz abgeben. Mykorrhizapilze beeinflussen außerdem auch die Produktion und Konzentration von Pflanzenhormonen und schützen die Partnerpflanze vor schädlichen Bakterien und Pilzen. So produzieren Mykorrhizapilze Wuchsstoffe, die von der Pflanze aufgenommen werden, verbessern die Widerstandskraft gegen Trockenheit und giftige Schwermetalle und schützen vor Schädlingen wie Phytophtora, einem Pilz, der Fäulnis der Pflanzen bewirkt. Die Pflanze produziert nicht nur Glucose, sondern auch Vitamine und Substanzen der Wachstumsförderung, die vom Pilz aufgenommen werden.

Pilze zersetzen das anfallende Totholz. Destruenten, darunter besonders viele wirbellose Tiere (Asseln, Springschwänze, Milben, Bärtierchen) ernähren sich von herabfallendem Laub, Tierkot, Pflanzen- und Tierresten.

Bakterien nutzen u. a. das Angebot an organischen Stickstoffverbindungen (Eiweiße, Aminosäuren) und oxidieren diese unter Energiegewinn zu Nitrat. All diese Mineralisierungsprozesse ermöglichen wiederum das Wachstum der Pflanzen.

b. Die Bedeutung von Mikrostandorten im Wald

Immer wieder wird auf die Bedeutung des Waldes für die Gesundheit des Menschen hingewiesen (s. o.). Wald sorgt für ein ausgeglichenes Klima und reinigt die Luft. Die durch den Wald aus der Luft gefilterten Umweltgifte und Stäube, die unter Umständen eine Belastung für Menschen darstellen, werden dadurch zu einer Belastung für die Pflanzen im Wald.

So fand man heraus, dass sich im Baumfußbodenbereich alter Buchen „Mikrostandortbereiche" befinden, die sich be-

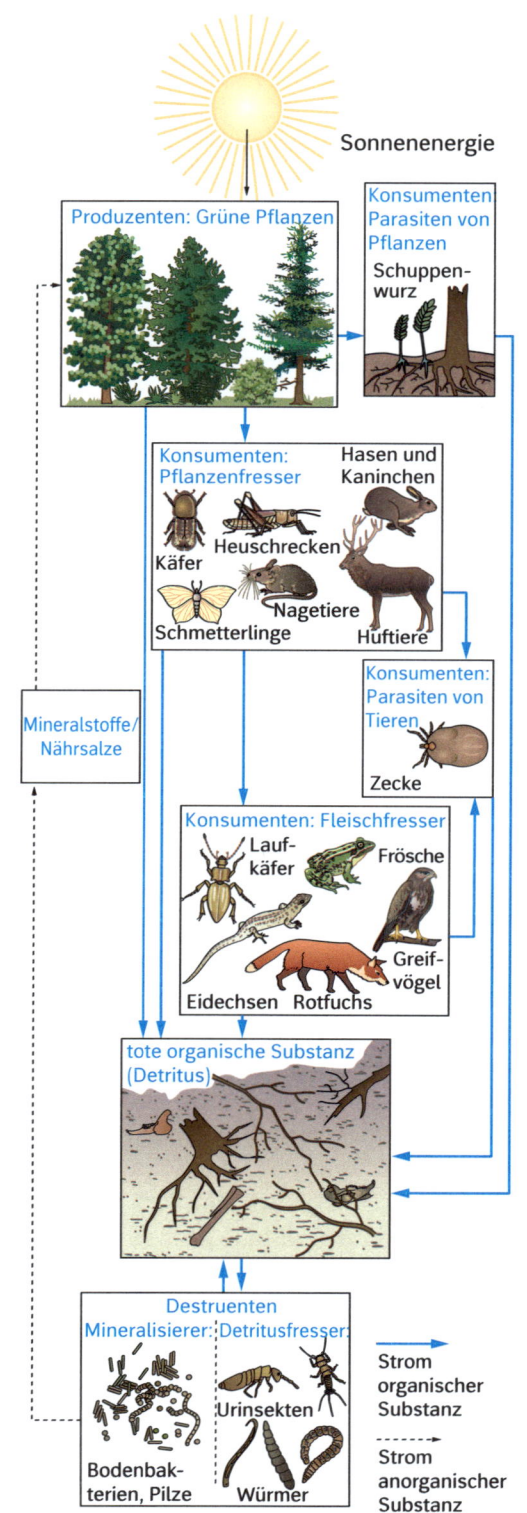

züglich ihrer Eigenschaften signifikant von denen des übrigen „normalen" Waldbodens unterscheiden. Bedingt durch die besondere Gestalt und Oberfläche von Altbuchen werden diesem Bodenbereich mit dem in großen Mengen am Stamm herunterlaufenden Wasser nicht nur die im eigentlichen Niederschlag enthaltenen Fremd- bzw. Schadstoffe zugeführt, sondern auch noch die durch die hoch emporragenden Baumkronen ausgefilterten Stäube und Aerosole. Da der Anteil des Stammablaufs am gesamten Wasser, das den Waldboden erreicht, rund 16 % beträgt, die Fläche, auf der das Wasser einsickert, dagegen nur 2 % des Waldbodens ausmacht, ergibt sich ein gegenüber dem normalen Waldboden achtfach größerer Wassereintrag in den Baumfußbodenbereich. Aus den zusätzlich z. T. erheblich höheren Stoffkonzentrationen im Stammablauf gegenüber dem den übrigen Waldboden erreichenden Wasser (= Kronentraufe) resultieren daraus (durch die Flüssigphase) Stoffeinträge in den Baumfußbodenbereich, die z. B. für Säuren das mehr als 20-fache und für einige Schwermetalle und organische Verbindungen das doppelte bis über 30-fache des Eintrags in den übrigen Waldboden betragen.

Der Baum, der in Abwesenheit von Umweltgiften für eine Anreicherung von Mineralstoffen aus Verrottungsprozessen im Kronenbereich (Tierkot, Detritus, Staub usw.) eine biologisch sinnvolle Sammlungseinrichtung für den Baumfußboden darstellt und somit die eigene Nährsalzversorgung verbessert, fungiert somit bei Umweltbelastung als Schadstoffsammler und gefährdet sich durch diese Umweltgifte, denn er erzeugt im eigenen Wurzelbereich eine Mini-„Abfalldeponie" für Schadstoffe aus der Atmosphäre, in der sich in Humus und Oberboden über viele Jahre hin Schadstoffe ansammeln.

Als Folge des hohen Eintrags und der Akkumulation der o. g. Stoffgruppen unterscheidet sich der Baumfußbodenbereich – der somit einen Anzeiger von Immissionsbelastungen darstellt – bezüglich verschiedener Merkmale ganz wesentlich von dem übrigen Waldboden. Sichtbar sind der Wandel der Vegetation und der Pflanzenartengarnitur (Auftreten ausgesprochener Säurezeiger) sowie die starke Ausbildung eines Humushorizonts, der im normalen – nicht vom Stammablauf betroffenen – Waldboden sehr dünn ist oder ganz fehlt. Unter besonderen Bedingungen können die – z. T. giftigen – Stoffe durch den massiven punktuellen Eintrag bis ins Grundwasser gelangen, weil die Speicher- und Filterfunktion des Bodens bei solchen kleinräumig konzentrierten Stofffrachten überfordert wird. Nur mithilfe von Messgeräten sind die drastischen Änderungen des chemischen Milieus nachweisbar, z. B. der sehr deutlich abgesenkte pH-Wert, erheblich veränderte Elementkonzentrationen in der Bodenlösung und an den Austauscheroberflächen der Bodenteilchen sowie die Minderung der biotischen Aktivität. Aufwändige Untersuchungen offenbaren auch Schädigungen der feinen Baumwurzeln und der Mykorrhiza.
Da der normale Waldboden den gleichen Schadstoffen ausgesetzt ist wie der Stammfußbereich, nur eben in viel geringeren Mengen, dürfte eine über Jahrzehnte anhaltende Belastung mit Fremdstoffen später auch auf der gesamten Fläche ähnliche Folgen haben, wie sie sich schon jetzt im Baumfußbodenbereich zeigen. Dieser stellt mithin einen Indikator für die zukünftigen Wirkungen andauernder Immissionsbelastung (auf den Bodenzustand) dar.

Im Wald führt die laufende Änderung der abiotischen Faktoren Licht, Wasser, Temperatur sowie der biotischen Faktoren Konkurrenz und Fressfeinde wegen der unterschiedlichen Konkurrenzstärke, der jeweiligen Fitness und Reproduktionsform zu einer sich ständig veränderten Artenzusammensetzung bis ein lang anhaltender Endzustand (Klimaxphase) erreicht ist.

Die meisten Arten eines Waldes in der Klimaxphase gehören wegen ihrer ausgeprägten Fähigkeit, einen Lebensraum dauerhaft zu besiedeln und ihn bis an seine Kapazitätsgrenzen zu besetzen, zu Organismen mit einer K-Strategie. Unter natürlichen Bedingungen wären große Flächen Mitteleuropas von Rotbuchenwald bedeckt.

Bei Störungen (z. B. Extremstörungen wie Windbruch, Waldbrand, Kahlschlag, aber auch „sanfte" Störungen wie Formen der nachhaltigen Forstwirtschaft) besiedeln kurzfristig Arten, die sich schnell vermehren und eine kurze Generationsdauer haben, als „r-Strategen" die gestörten Räume.

Die Neubesiedlung einer Fläche ist ein Prozess, bei dem die unterschiedliche Angepasstheit der Organismen an die jeweils herrschenden Bedingungen das Bild der Sukzession bestimmt. Voraussetzung für die jeweiligen Angepasstheiten ist die genetische Variabilität einer Art. Sogenannte Pionierpflanzen zeigen andere Eigenschaften und Merkmale als die langlebigen Pflanzen einer Klimaxgesellschaft: Die Pionierpflanzen haben eine kurze Lebensdauer, wachsen schnell in die Höhe, sind wenig verzweigt, aber auch leicht fressbar. Sie bilden Früchte nach kurzer Zeit und in großer Zahl. Ihre Samen werden häufig über große Entfernungen

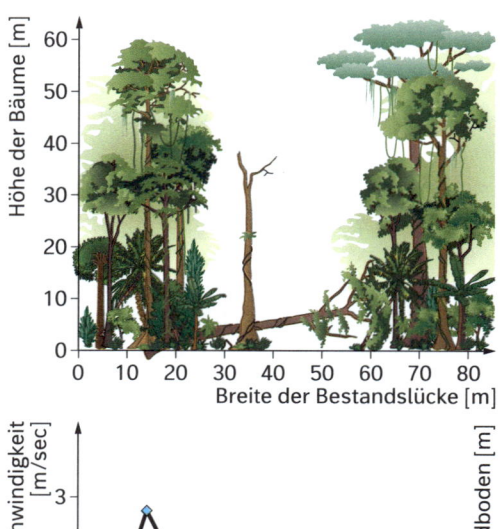

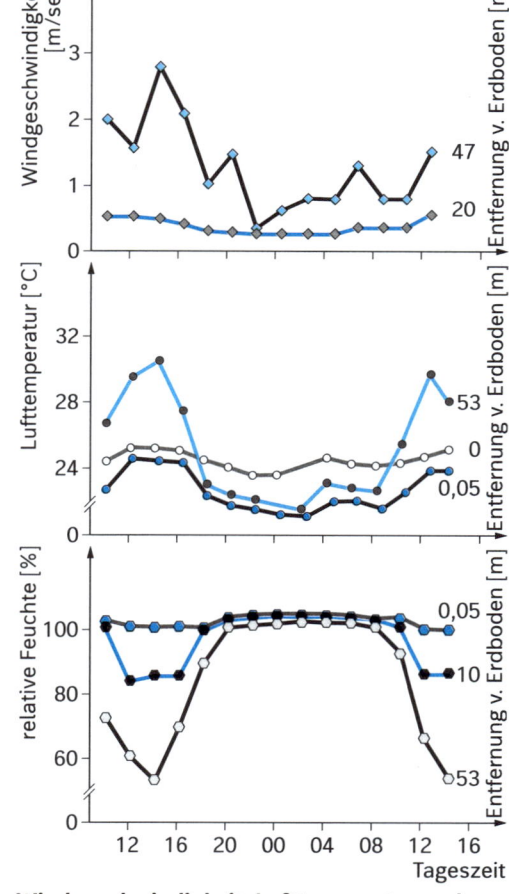

Windgeschwindigkeit, Lufttemperatur und relative Luftfeuchte in verschiedenen Entfernungen vom Boden in einer Bestandslücke im tropischen Regenwald. Die sich relativ schnell ändernden abiotischen Faktoren in der Lücke fördern die Existenz von r-Strategen.

transportiert. Sämlinge von Pionierpflanzen gehen im Schatten schnell ein bzw. keimen nur in Bestandslücken.

Die Artenzusammensetzung eines Waldes wird einerseits von der Angepasstheit und Konkurrenzstärke der Pflanzen bestimmt. Andererseits wird die Artenzusammensetzung durch die abiotischen Verhältnisse im Boden (Wasserverfügbarkeit, Wassergehalt, Temperatur, pH, Nährsalzgehalt) festgelegt.

Die Artenvielfalt (Diversität) in den Wäldern der Erde ist sehr unterschiedlich. In vielen tropischen, nicht oder wenig durch menschlichen Einfluss veränderten und alten Wäldern der Tropen ist sie sehr hoch, in nicht nachhaltig wirtschaftenden Forstbetrieben mit Monokulturen niedrig.

Die Artenzahl hängt aber auch vom Entwicklungszustand des Waldes ab. Nach einer Störung steigt die Diversität und auch die Produktivität, sinkt aber nach einer bestimmten Zeit, wenn die konkurrenzstarken langlebigen „K-Strategen" den Raum zunehmend besiedeln. So gibt es Befunde, nach denen die Diversität eines durch nachhaltige Forstwirtschaft beeinflussten mitteleuropäischen Waldes, der sich unter natürlichen Bedingungen in seiner Klimaxphase zu einem artenarmen Rotbuchenwald entwickeln würde, höher ist als das Endstadium des Waldes in der Klimaxphase.

Aber auch die Produktivität des Waldes ist, wie in anderen Ökosystemen auch, in der „mittleren" Phase seiner Entwicklung höher als im Klimaxstadium. Diese Fähigkeit wird vom Menschen sowohl beim Ackerbau wie auch in der Forstwirtschaft genutzt.

Die Gesamtbiomasse eines mitteleuropäischen Waldes steigt unter natürlichen Bedingungen aufgrund zunehmender Produktivität bis zur Klimaxphase der Sukzession an und verharrt bei allmählich wieder abnehmender Produktivität auf hohem Niveau. In der Klimaxphase wird genauso viel Biomasse abgebaut wie neu produziert. Eine Zunahme der Biomasse erfolgt aufgrund der zurückgegangenen Produktivität nicht mehr.

Je länger die Klimaxphase anhält, desto größer ist die Gesamtzahl abgelaufener kleinräumiger Störungen. Auf diese Weise entsteht ein Mosaik aus unterschiedlich weit entwickelten Sukzessionsphasen. Dieses Mosaik aus Sukzessionsinseln ist typisch für natürliche und naturnahe Wälder in einer lang andauernden Klimaxphase. Auf diese Weise verjüngt sich das Ökosystem.

Terrestrisches Ökosystem – Wiese

Wiesen sind terrestrische, lichtreiche Ökosysteme der gemäßigten Zonen ohne Strauch- und Baumschicht (Ausnahme: Streuobstwiesen). Das Fehlen der Strauch- und Baumschicht ist in einigen Fällen auf abiotische Faktoren wie Wasserüberschuss und/oder physiologischen Wassermangel in Form hohen Salzgehalts im Überflutungswasser oder im Boden (bei Salzwiesen an der Küste des Wattenmeeres) oder auf Trockenheit zurückzuführen. Häufiger aber werden sie durch kulturelle Faktoren wie das wiederholte Abmähen (Mahd) bestimmt. Während Wiesen und mitteleuropäische Weiden, die nicht unter Wasserüberschuss oder Wassermangel leiden, unter natürlichen Bedingungen sich im Rahmen der natürlichen Sukzession zu Wäldern weiter entwickeln würden, gilt dies nicht für Steppen. Diese findet man in bestimmten Klimaten, die sich durch eine geringe Jahresniederschlagsmenge (300 – 450 mm) mit trockenen heißen Sommern und kalten, niederschlagsarmen Wintern auszeichnen.

Wiesen unterscheiden sich von Weiden dadurch, dass die pflanzliche Jahresproduktion auf Wiesen vergleichsweise gering ist, die Produktivität andererseits unter guten Bedingungen relativ hoch ist. Die relativ hohe Produktivität ist Ergebnis von Anpassungsprozessen an die durch die Mahd bestimmte Kurzlebigkeit der oberirdischen Pflanzenteile und stellt somit die Form einer r-Strategie dar. Der hohe Selektionsdruck durch ein- oder mehrmaliges Mähen im Jahr lässt Pflanzen, deren oberirdische Teile aufgrund eines unten am Spross liegenden Wachstumsgewebes schnell nachwachsen können (z. B. Gräser und Pflanzen der Trittrasengesellschaften), sowie Pflanzen mit unterirdischem Nährstoffspeicher (Speicherwurzeln und Zwiebeln) und Lichtkeimer besser als andere Formen überleben.

Wachstum und Fortpflanzung der Wiesenpflanzen werden durch die Häufigkeit und den Zeitpunkt der Mahd bestimmt. Bei geringer Produktivität auf nährsalzarmen Böden und bei Wassermangel kann nur einmal im Jahr gemäht werden, weil sonst der Boden zu schnell verarmen würde. Es bilden sich unter diesen Bedingungen Pflanzengesellschaften aus, deren Arten viele ökologische Nischen sehr differenziert besetzen und sich in ihrer jeweiligen Konkurrenzfähigkeit ähneln, sodass keine Art überhand nehmen kann.

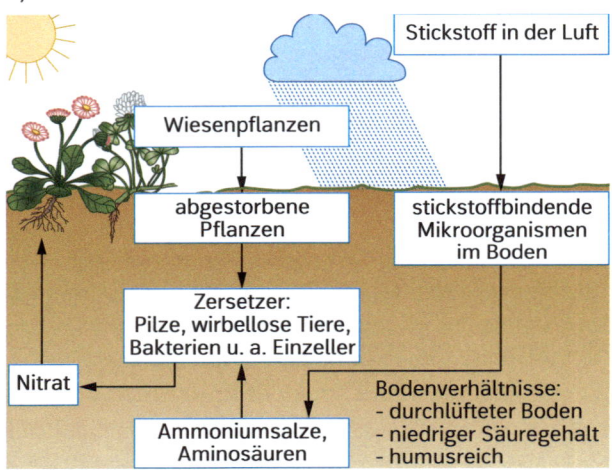

Stickstofffluss im Ökosystem Wiese

In den europäischen Kulturlandschaften finden sich auch Mischformen zwischen Wiesen und Weiden sowie Mischformen zwischen landwirtschaftlich genutzten Wiesen und natürlich vorkommenden Magerrasen.

Wie im Wald lässt sich das Biotop einer Wiese in „Stockwerke", also vertikal nach Luftfeuchtigkeit, Lichtmenge, Luftbewegung, in der Tiefe nach Sauerstoff- und CO_2-Gehalt, Menge des organischen Materials, pH-Wert und Feuchte gliedern.

Im Boden lebt zwischen und an den Pflanzenwurzeln eine artenreiche Gruppe von Destruenten (Springschwänze, Regenwürmer, Asseln) und Mineralisierern (Bakterien, Pilze). Unterirdisch wühlende Wirbeltiere (Mäuse als Primär-, Maulwurf als Sekundärkonsument) verändern laufend die oberen Bodenschichten und beeinflussen das Wurzelwachstum durch Fraß oder Störung des Kontakts der Wurzeln mit dem Boden. Mäuse dienen tag- und nachtaktiven Vögeln (Turmfalke, Mäusebussard, Wiesenweihe) und Säugern (Wiesel, Fuchs) als Nahrung.

Auf dem Boden in der vergleichsweise dünnen Streuschicht und auf dem untersten Stockwerk leben neben vielen Destruenten Lauf- und Aaskäfer, Tausend- und Hundertfüßer und Kletterer wie Ameisen und Wolfsspinnen. Im mittleren Stockwerk eines Wiesenbiotops findet man überwiegend obligate Pflanzenbewohner, die als Primär- oder Sekundärkonsumenten diesen Raum besiedeln (Ameisen, Blattläuse, Heuschrecken, Zikaden, Marienkäferlarven). Die obere lichtreiche Schicht mit Blüten und Fruchtständen wird besonders von Web- und Krabbenspinnen, Hummeln und anderen Wildbienen, Raubwanzen und Schmetterlingen bevölkert.

Wiesen gehören zu den sehr dynamischen Ökosystemen, weil sich die Lebensbedingungen im Laufe des Jahres sehr schnell ändern. Insekten, die in Pflanzenteilen leben, können sich auf Dauer auf einer Wiese nicht halten, wenn mit der Mahd ihre Habitate entfernt werden. Erfolgt eine Mahd kurz vor der Blüte, hat das erhebliche Auswirkungen auf die Existenz der Populationen von Blüten besuchenden Insekten. Durch das schnelle Pflanzenwachstum nach einer frühsommerlichen Mahd wird das Populationswachstum von bestimmten Pflanzenfressern wie Wanzen und Blattläusen, die ihrerseits ja Teil von Nahrungsnetzen sind, positiv beeinflusst. Wird nach der Fruchtreife der meisten Pflanzen gemäht, können sommerliche Lebensräume sowie die Pflanzenvielfalt erhalten werden. Pflanzen, die zwischen einer ersten (z. B. Mai) und zweiten (z. B. September) Mahd schnell wachsen und sich fortpflanzen können, sind gut an das Wiesenleben angepasst. Andere fruchten kurz vor der ersten Mahd (z. B. Löwenzahn), weitere Arten entwickeln sich erst nach der ersten Mahd aus einer dicht am Boden liegenden Blattrosette (z. B. Wilde Möhre). Auch eine Blüte nach der zweiten Mahd und die Samenbildung im folgenden Jahr (Herbstzeitlose) zeigt die Angepasstheit an die Lebensbedingungen einer Wiese. Um die Artenvielfalt einer Wiese zu erhöhen, ist also der richtige Zeitpunkt einer Mahd ausschlaggebend.

Nur wenige Vogelarten können auf einer Wiese dauerhaft leben. Gut angepasste Vögel sind z. B. Wiesenpieper, Braunkehlchen, Feldlerche und Ammern. Aber alle diese Arten sind durch eine intensive Nutzung von Wiesen stark gefährdet. Für die Erhaltung dieser Arten ist also ebenfalls der richtige Zeitpunkt der Mahd von größter Bedeutung.

Terrestrisches Ökosystem – Moor

Moore sind Lebensräume, die sich durch einen hohen Grundwasserstand und geringen Nährsalzgehalt auszeichnen. Sie unterscheiden sich hauptsächlich in ihrer Gestalt (Nieder- oder Flachmoor, Zwischenmoor und Hochmoor). In Niedersachsen sind besonders Flachmoore und Hochmoore verbreitet. Beide Moortypen stellen Ausschnitte einer Sukzession dar. Voraussetzung für die Entstehung und andauernde Existenz eines Moores ist einerseits ein dauernd feuchtes Klima mit kühlen Sommern. Die Temperaturen können im Winter zwischen 0 °C und starkem Frost schwanken. Andererseits herrschen in einem Moor charakteristische Pflanzen vor. Besonders Torfmoose der Gattung Sphag-

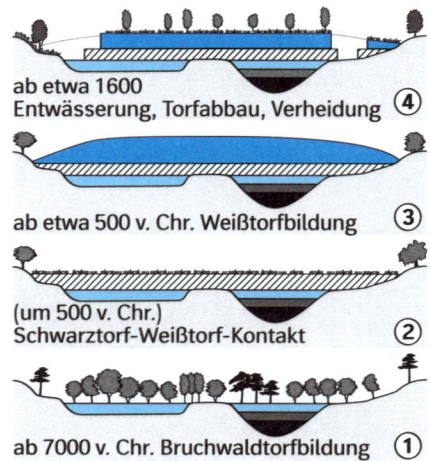

ab etwa 1600
Entwässerung, Torfabbau, Verheidung ④

ab etwa 500 v. Chr. Weißtorfbildung ③

(um 500 v. Chr.)
Schwarztorf-Weißtorf-Kontakt ②

ab 7000 v. Chr. Bruchwaldtorfbildung ①

Moorbildung in Niedersachsen. Die Darstellung der verschiedenen Stadien zeigt beispielhaft den Ablauf einer Sukzession.

num, die die Eigenschaft haben, sehr gut Wasser speichern zu können, erhalten das Moor.

Die Torfmoose bilden aufgrund ihrer besonderen Wasserspeicherfähigkeit Polster aus und sorgen allmählich dafür, dass sich die Oberfläche des Moores über die nicht vernässte Umgebung oder den Grundwasserstand erheben kann, sodass das Moor eine uhrglasförmige Oberflächenform bildet. Der zusätzliche Anstieg des Meeres- und damit auch des Grundwasserspiegels aufgrund des Abschmelzens der Gletscher aus der letzten Eiszeit begünstigte die Entwicklung der norddeutschen Moore.

Bei Bohrungen im Moor lässt sich das Alter der verschiedenen Moorschichten mit der C14-Methode sowie die Zusammensetzung bestimmen. Die Bohrkerne können durch einen Vergleich auch deutlich machen, wo

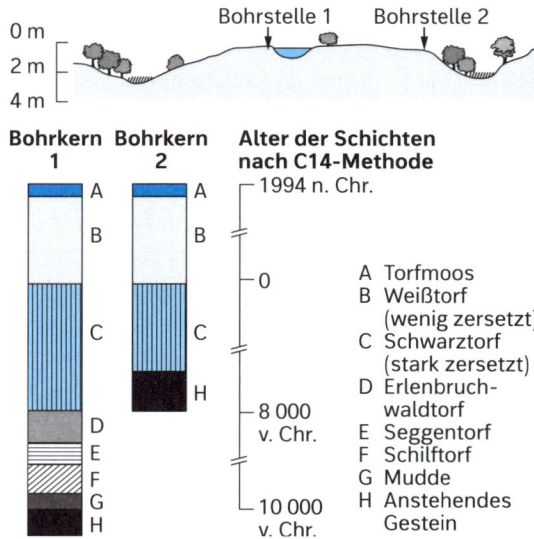

Zwei an verschiedenen Stellen gewonnene Bohrkerne aus dem Moor lassen Rückschlüsse auf die Entstehung des Moors zu.

die Moorbildung begonnen hat. (Abb. Vergleich von Bohrkernen)

Moore werden aufgrund ihres geringen Nährsalzgehalts und aufgrund der Tatsache, dass sie durch Niederschlagswasser gespeist werden, als oligotroph und ombrogen bezeichnet. Die meisten Moore, die seit dem Beginn ihrer Entstehung in der Nacheiszeit vor etwa 10 000 Jahren in Niedersachsen existierten, sind in den letzten Jahrhunderten aufgrund des Bevölkerungsdrucks und der Notwendigkeit, Flächen landwirtschaftlich nutzen zu können, verschwunden.

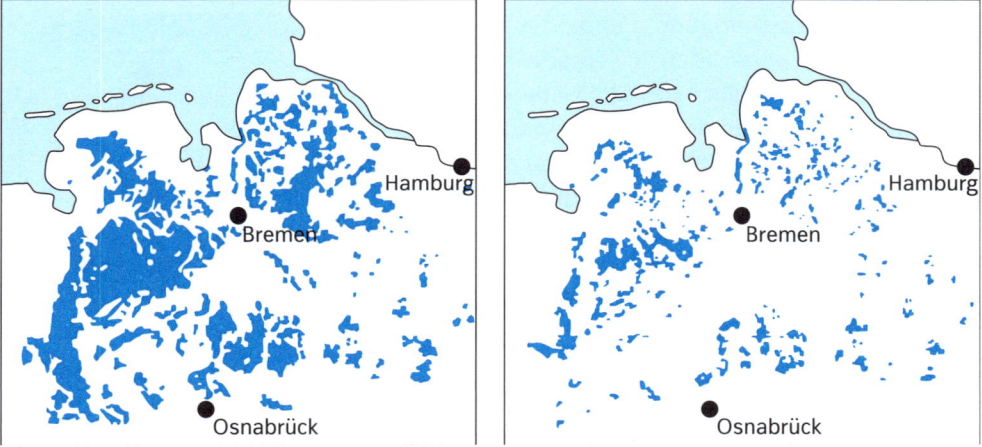

Umwandlung von Moorflächen in landwirtschaftlich genutzte Flächen in den letzten 200 Jahren in Niedersachsen

In einem ganzjährig feuchten Klima fällt mehr Niederschlag als Oberflächenwasser verdunstet (N > V). In den Moorgebieten entsteht so eine Wasserbewegung von oben nach unten, sodass Kalksalze, die im mineralischen Untergrund gelöst sein könnten, und die die meisten Pflanzen brauchen, nicht nach oben gelangen. Während Pflanzen auf kalkreichen Böden bis zu 6 % Kalk in der Trockenmasse enthalten können, finden sich im Hochmoortorf nur 0,2 bis 0,4 % Kalk in der Trockenmasse.

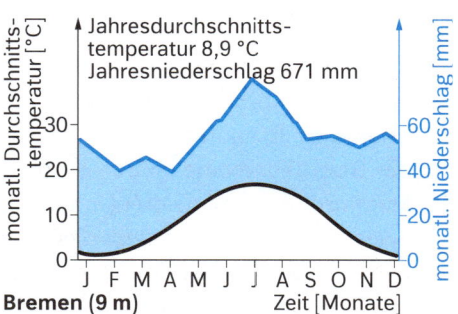

Klimadiagramm von Bremen zeigt die für die Moorbildung in Norddeutschland klimatischen Bedingungen

Verschiedene Torfmoosarten zeigen unterschiedliche Fähigkeiten der Wasserspeicherung, die es ihnen erlauben, unterschiedlich hoch über den Grundwasserspiegel zu wachsen. So finden sich an der höchsten Stelle eines Hochmoores andere Arten als im Bereich von Schlenken oder im Randbereich.

Torfmoose sind an eine nährsalzarme Umgebung angepasst. Bei einem pH-Wert von 3,5 – 4,0 können Torfmoose gut gedeihen. Pflanzen scheiden Hydroniumionen (H_3O^+) bzw. Protonen (H^+) aus und nehmen dafür Mineralsalze (z. B. Ca^{2+}, NH_4^+, Ammonium, oder NO_3^-, Nitrat) auf. Die besonders starke Abgabe der Hydrogeniumionen bzw. Protonen bei Torfmoosen führt allerdings zu einer so starken Ansäuerung des Umgebungswassers, dass ein Aufkommen von nitrifizieren-

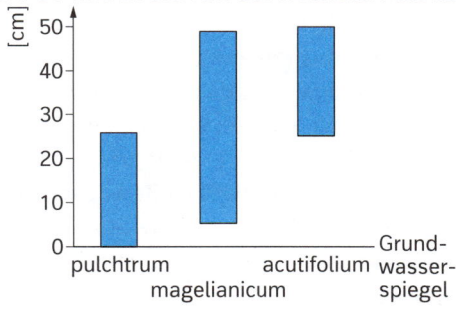

Wachstum verschiedener Sphagnum-Arten in unterschiedlichen Höhenbereichen über dem Grundwasserspiegel

den Bakterien, die bei einem pH zwischen 7 und 8 ihr Wirkungsoptimum haben und unter einem pH-Wert von 5 nicht wachsen können, verhindert wird. Organisch gebundener Stickstoff kann also im Hochmoor durch Mineralisierer nicht über Nitrit zu Nitrat oxidiert werden.

Der hohe Wassergehalt verhindert ein Wachstum von Pilzpopulationen. Die geringen Möglichkeiten für Destruenten und Mineralisierer verhindern aufgrund des Mangels an verfügbarem Stickstoff das Aufkommen einer geschlossenen Pflanzendecke, die den Torfmoosen das Licht rauben könnten. Nur in Randbereichen oder auf lokal begrenzten trockeneren Standorten entwickeln sich Bulten aus Gräsern, bei längerer oberflächlicher Trockenheit können sich auch Birken und Kiefern ansiedeln, die an die Nährsalzarmut angepasst sind (Kiefern) bzw. die ähnlich wie Sphagnum große Mengen an Hydrogeniumionen abgeben können (Birken). So gelangen sie an die wenigen Nitrat-Ionen.

Torfmoose zeigen ein andauerndes Wachstum. Während sich die Sprossspitze weiter entwickelt, sterben die unteren Pflanzenteile ab und verrotten kaum, weil dazu im Untergrund der Sauerstoff fehlt. Es bilden sich unter Sauerstoffmangel bzw. Sauerstoffabschluss aus den Pflanzenbestandteilen Gerbsäuren, die das Moor zusätzlich ansäuern und Proteine denaturieren, also wasserunlöslich machen. Die Gerbsäuren sind damit Ursache für die teilweise Erhaltung der proteinhaltigen Bestandteile von tierischen und menschlichen Körpern, die im Moor versunken sind („Moorleichen"). Der Kalk an den Knochen wird im sauren Milieu allerdings größtenteils gelöst.

An der Oberfläche eines Moores überleben besonders angepasste Pflanzen, die die Stickstoffarmut kompensieren, indem sie Harnstoff oder Ammonium aus abgestorbenen Lebewesen, das an die Umgebungsluft gelangt, aufnehmen oder im Niederschlagswasser gelöste Stickstoffverbindungen oder Stickstoff aus tierischen Lebewesen gewinnen („Fleisch fressende Pflanzen").

Ein Vergleich zwischen der Stickstoffversorgung im Ökosystem Wiese und dem Ökosystem Moor zeigt deutliche Unterschiede: Sauerstoffversorgung und pH-Wert gewährleisten im Ökosystem Wiese eine gute Nitratbildung, weil Nitrosomonas und Nitrobacter optimale Lebensbedingungen haben. Das ist im Ökosystem Moor nicht der Fall. Diese Unterschiede zwischen den beiden Ökosystemen bedingen eine höchst unterschiedliche Artenzusammensetzung hinsichtlich der Individuenzahl der Populationen wie auch der Artenvielfalt. Beide sind jedoch Beispiel für artenreiche terrestrische Ökosysteme, wobei die Wiese das Ergebnis von Kultivierungsmaßnahmen und/oder natürlichen Prozessen, das Moor das Ergebnis ausschließlich natürlicher Prozesse ist. Moore stellen damit in Mitteleuropa die einzigen noch verbliebenen Naturlandschaften dar.

Somit ist das Moor ein Sonderfall unter den terrestrischen Ökosystemen, das nur unter bestimmten klimatischen Bedingen entstehen und sich halten kann. Moore speichern langfristig mehr CO_2 als sie abgeben. Sie stellen sogenannte Kohlenstoffsenken dar und sind von großer Bedeutung für die Reduzierung des CO_2-Gehalts der Atmosphäre. Werden wesentliche abiotische Faktoren dieses Ökosystems verändert, wie es z. B. in der nordwestdeutschen Fehnkultur durch Entwässerung (Drainage), Vermischung mit dem sandigen, mineralischen Untergrund, Düngung und Kalkung geschah, wird dieses Ökosystem vollständig zerstört. Die „Inwertsetzung" von Moorgebieten durch landwirtschaftliche Kultivierung und Nutzung war also nur ökonomisch sinnvoll, aber ökologisch für die Stabilität des globalen Klimas kontraproduktiv. Der ökologische Schaden einer Kultivierung von Moorflächen ist unter heutigen Bedingungen höher als der ökonomische Gewinn.

Methoden der Bestandsaufnahme

a. Abiotische Faktoren

Luftfeuchtigkeit bzw. Temperaturunterschiede zwischen einem Laubwald, einem Nadelwald, einer offenen Ackerfläche und einer versiegelten Fläche (z. B. Straße) lassen sich mit einem Hygrometer bzw. Thermometer, das jeweils in gleichem Abstand vom Boden gehalten wird, feststellen. Datum und Wetter sollten bei der Messung mit erfasst werden; nach Möglichkeit sollten die Messungen unter gleichen Bedingungen stattfinden. Die Lichtmengen in verschiedenen Schichten des Waldes können mit einem Photometer bestimmt werden. Auch hier ist bei einem Vergleich zwischen verschiedenen Biotopen auf gleiche Messbedingungen zu achten.

Der pH-Wert der verschiedenen Bodenschichten kann annäherungsweise mit Messstreifen, die an den feuchten (bzw. angefeuchteten) Boden gehalten werden, bestimmt werden. Genauere Angaben erfordern ein labormäßiges Vorgehen, indem z.B. nach einer Laboranweisung titriert wird.

Die Lichtmengen in verschiedenen Schichten des Waldes können mit einem Photometer bestimmt werden. Auch hier ist bei einem Vergleich zwischen verschiedenen Biotopen auf gleiche Messbedingungen zu achten.

b. Biotische Faktoren

Mikroorganismen können in geschlossenen Gefäßen (Hohlschliffobjektträger mit Ring und Deckglas bzw. geschlossenen Petrischalen), in die eine Probe auf ein Nährmedium gegeben wird, untersucht werden (Mikroskop bzw. Stereolupe). Die Gefäße müssen nach dem Bebrüten im Trockenschrank bei etwa 30 °C geschlossen bleiben, da sich in ihnen auch gesundheitsschädliche Keime entwickeln können.

Wirbellose Tiere (oberirdisch lebende) Milben, Spinnen, Insekten, Würmer usw. lassen sich tagsüber mit einer Schüttelprobe bestimmen: Unter einen Ast oder Gesträuch wird ein weißes Tuch ausgebreitet und dann wird auf den Ast geschlagen bzw. der Ast oder das Strauchwerk kräftig geschüttelt. So können Kleintiere auf das Tuch geschüttelt und dann mit einer Bestimmungshilfe und einer Lupe bestimmt bzw. gezählt werden. Die Tiere der Streuschicht sind mit einem Berlese-Apparat aus der Streuschicht in ein Auffanggefäß zu treiben und können dann bestimmt und gezählt werden.

Pflanzen können mit einer Bestimmungshilfe (Bestimmungsbuch oder App im Smartphone) identifiziert werden. Für die Feststellung des Bedeckungsgrades der verschiedenen Schichten ist mit einer Schnur eine quadratische Fläche von 10 x 10 m abzugrenzen. In dieser Fläche wird dann der Bedeckungsgrad durch Individuen der vorher bestimmten Pflanzenart geschätzt.

Das zahlenmäßige Vorkommen von Pflanzen kann auch dazu verwendet werden, den Vegetationstyp bzw. den Standort in ökologischer Hinsicht genauer festzulegen. Dazu existieren vereinfachte Tabellen der Ellenbergschen Zeigerwerte, in denen Pflanzen mit ihren Zeigerwerten dargestellt sind. Die Auswertung der Zeigerwerte aller Pflanzen gibt Auskunft über den Standort hinsichtlich Licht- und Wasserbedarf bzw. -toleranz der Pflanzen, Mineralstoffgehalt des Bodens, pH-Wert usw. Die Auswertung der Zeigerwerte erspart die Messungen des pH-Wertes, der Bodenfeuchte, des Nitratgehaltes im Boden usw.

Nachhaltige Nutzung und Erhaltung von Ökosystemen

Alle lebenden Systeme, von der Zelle bis zum Ökosystem, sind dynamisch. Sie haben Entwicklungspotenzial, zeigen Selbstregulation und Flexibilität. Sie können auf Einflüsse von außen reagieren, sodass trotz aller Dynamik das System stabil bleibt. Das gilt aber nur innerhalb bestimmter Grenzen.

Wälder z. B. haben eine herausragende ökologische und wirtschaftliche Bedeutung für den Menschen. Sie liefern Holz und erneuerbare Energien, filtern Schadstoffe aus der Luft, regulieren das Klima und speichern Wasser. Im Gebirge bieten sie Schutz vor Lawinen. Menschen erholen sich im Wald und gestalten dort ihre Freizeit. Sie bieten Arbeitsplätze und Nahrung. Die nachhaltige Bewirtschaftung von Wäldern kennt man in Europa schon Hunderte von Jahren, weil man schon früh erkannt hat, dass übermäßige

Nutzung des Waldes nicht nur zu schwer wieder rückgängig zu machenden Veränderung der Kulturlandschaft führt, sondern diese Veränderungen große Nachteile für die dort lebenden Menschen mit sich bringt. Aktuelle Beispiele sind die Abholzungen in den tropischen Wäldern zur Gewinnung von Edelhölzern sowie zum Anbau von Ölpalmen, Sojabohnen oder Schaffung von Viehweiden. Hohes Bevölkerungswachstum führt z. B. in Afrika zu verstärkten Brandrodungsmaßnahmen; Industrieunternehmen ersetzen in Südostasien den tropischen Regenwald durch riesige Plantagen, auf denen Ölpalmen angebaut werden. Das Öl dieser Palmfrüchte wird hauptsächlich für Treibstoffe und zur Energieerzeugung verwendet.

Der Waldverlust kann zu klimatischen Änderungen führen. Der Brennholzbedarf der Landbevölkerung besonders in Westafrika und Südamerika führt zum völligen Fehlen einer Dauervegetation. Dadurch kommt es zu verstärkter Bodenerosion und einer Abnahme der wirtschaftlichen Tragfähigkeit. Wanderungsbewegungen sowohl in die Städte wie auch in andere landwirtschaftlich genutzte Regionen führen zu ethnischen Konflikten vor Ort. Weitere Wanderungsbewegungen führen zu globalen Migrationsproblemen. Eine nachhaltige Bewirtschaftung orientiert sich an dem langfristigen Ziel, die natürlichen Ressourcen der Erde so zu verwerten, dass sie sich regenerieren können und den Menschen dauerhaft zur Verfügung stehen.

Die Verschmutzung aller Gewässer der Erde, von Bächen über Flüsse bis hin zu den Meeren nimmt auch heute noch zu. Dadurch wird in vielen Ländern der Erde u. a. die Versorgung der Bevölkerung mit Trinkwasser gefährdet. Industrieländer verringern seit Ende des 19. Jahrhunderts die Verschmutzung von Süßwasserseen und Fließgewässern, indem Kanalisations- und Kläranlagen gebaut wurden und die Abwässer nicht mehr direkt in Fließgewässer, Seen oder Meere geleitet werden. Aber nicht jede vom Menschen verursachte Verschmutzung wird durch Technik wieder beseitigt. So verschmutzt auch heute noch das Abwasser der Kali-Industrie in Thüringen und Südniedersachsen das Wasser der Werra und der Weser. Die Verschmutzung dort ist so stark, dass Süßwasser-Organismen kaum in diesen Flüssen leben können und die Gewässer tot wirken. Kläranlagen findet man in den Ballungsräumen der Schwellenländer wenig, in den Entwicklungsländern so gut wie gar nicht. Bergbauunternehmen hinterlassen häufig große Mengen an chemisch verseuchtem Wasser (z. B. Quecksilber bei der Goldgewinnung), welches durch den biologischen Abbau in Kläranlagen nicht gereinigt werden kann und auf chemischem Weg aufwendig saniert werden müsste.

Der hohe Lebensstandard, an den wir uns gewöhnt haben, ist nur mit einem sehr hohen Energieeinsatz und dem Umsatz großer Stoffmengen möglich. So benötigt z. B. die Produktion eines PKW etwa 300 000 l Wasser, welches aber nach Möglichkeit im Produktionsprozess gereinigt und wieder verwendet wird. Durch Entnahme von Ressourcen (Bodenschätze, Wasser, Sauerstoff, Biomasse, pflanzliche und tierische Nahrungsmittel) sowie Abgabe von nicht benötigten Substanzen in die Umwelt (z. B. CO_2 bei allen Verbrennungsprozessen, Giftstoffe, Antibiotika, radioaktive Substanzen usw.) kommt es zu Veränderungen in Ökosystemen, die nicht mehr ausgeglichen werden können. Aquatische Ökosysteme eutrophieren und „kippen um", durch das Abholzen tropischer Regenwälder gehen die Artenvielfalt und damit genetische Ressourcen verloren. Der globale Temperaturanstieg entsteht unter anderem durch zu hohen CO_2-Ausstoß (Verbrennung von Gas, Erdölprodukten, Kohle, Torf) sowie durch verstärkte Methanproduktion (Rinderhaltung, Reisanbau).

Schon jetzt wird die globale CO_2-Produktion nicht mehr durch globale CO_2-Fixierung beim Prozess der Fotosynthese oder durch das Lösen im Meerwasser ausgeglichen. Ziel menschlichen Wirtschaftens muss daher sein, die Produktionskapazitäten ökologischer Systeme, aber auch sozialer Systeme (Bevölkerungen) dauerhaft und über die Generationen hinweg zu erhalten. Da sich Umwelt, Wirtschaft und Gesellschaft gegenseitig beeinflussen, wird es langfristig keine positive wirtschaftliche und gesellschaftliche Entwicklung für alle Menschen auf der Erde ohne sich selbst erhaltende Ökosysteme geben. Wenn sich möglichst viele Menschen jetzt und zukünftig nicht nur als Teil ihrer Gesellschaft und Kultur, sondern auch ihrer Natur, die sie umgibt und von der sie leben, verstehen, wird es gelingen, Umweltschäden auch global zu meistern. Das Nachhaltigkeitskonzept erfordert ein weltweites Zusammenwirken aller Staaten auf ökologischer, ökonomischer und sozialer Ebene.

Steuerungs- und Regulationsmechanismen im Organismus

Neurobiologische Grundlagen

a. Bau und Funktion eines Neurons (vgl. Aufg. 5, 6)

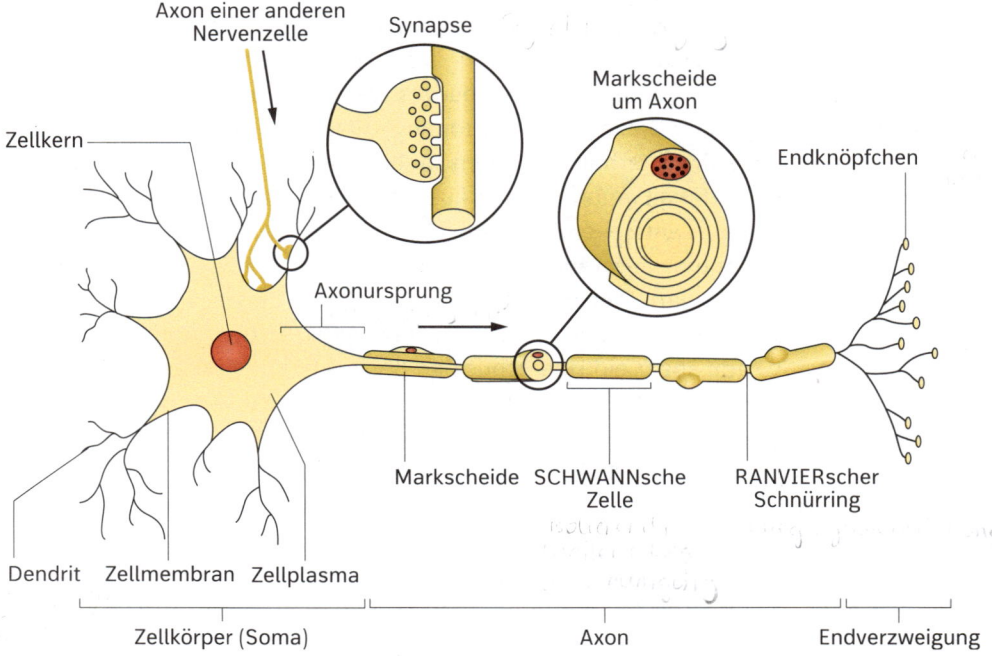

Bau eines Neurons

Bauelemente eines Neurons mit ihren Definitionen

Axon (wird auch als Neurit bezeichnet): Fortsatz von Nervenzellen, der Aktionspotenziale fortleitet. Die Erregung wird **am Endknöpfchen** mittels **Neurotransmitter** auf weitere Zellen übertragen.

Endknöpfchen: verbreitertes Ende eines Axons, enthält synaptische Vesikel, die mit Neurotransmitter gefüllt sind

Glia: Gewebe aus Zellen, das für die Festigkeit des Nervengewebes, die Informationsverarbeitung, den Stofftransport im Nervensystem und die Isolierung der Axone von Bedeutung ist

Mark- bzw. Myelinscheide: schützende Hülle aus **Gliazellen**, die mehrfach um das Axon einer Nervenzelle gewickelt sind. Axone mit dieser Hülle bezeichnet man als markhaltig. Diese Gliazellen nennt man **SCHWANNsche Zellen**. Sie grenzen nicht ganz aneinander. Die Unterbrechungen nennt man **RANVIERsche Schnürringe**.

RANVIERscher Schnürring: An markhaltigen Axonen in regelmäßigen Abständen auftretender Bereich, an denen die Mark- bzw. Myelinscheide unterbrochen ist. Derartige Axone weisen nur dort spannungsgesteuerte Ionenkanäle auf, sodass bei ihnen nur an diesen Stellen Aktionspotenziale auftreten können.

Synapse: Kontaktstelle zwischen zwei Nervenzellen bzw. zwischen einer Nervenzelle und einer Muskel-, Sinnes- oder Drüsenzelle. Die meisten Synapsen übermitteln durch chemische Neurotransmitter Information. Zwischen den Zellen, die eine chemische Synapse bilden, befindet sich ein schmaler Spalt, der sogenannte synaptische Spalt.

b. Erregungsentstehung, Erregungsleitung, Synapsenvorgänge einschließlich molekularer Grundlagen (vgl. Aufg. 5, 6)

Die Aufgabe der Neuronen ist die Aufnahme, Weiterleitung und Verarbeitung von Informationen in Form von elektrischen Impulsen. Daran sind Ionen beteiligt, deren Konzentrationen innerhalb und außerhalb des Neurons, getrennt durch die Zellmembran, meist unterschiedlich sind. Diese ungleiche Ionenverteilung wird durch die Natrium-Kalium-Pumpe aktiv aufrechterhalten. Die im Innern herrschende negative Ladung kann von den vielen K^+-Ionen im unerregten Zustand nicht ausgeglichen werden. Die dadurch an der Membran entstehende elektrische Spannung wird als Ruhepotenzial bezeichnet. Das Ruhepotenzial verändert sich, wenn ein Neuron z. B. durch Einwirkung eines Reizes beeinflusst wird. Dieser Einfluss führt zu einem Einstrom von Na^+-Ionen aus dem Außenmedium ins Zellinnere. Hier kann die negative Ladung nicht nur ausgeglichen werden; es kann sogar ein Überschuss an positiver Ladung entstehen. Dieser Vorgang wird als Depolarisation bezeichnet. Sie entsteht lokal und breitet sich unter Abschwächung (Dekrement) über die Zelle aus. Durch einen erhöhten Ausstrom von K^+-Ionen aus der Zelle nach außen kehrt dann das veränderte Membranpotenzial zum Ruhepotenzial zurück. Erfolgt eine Depolarisation über einen Schwellenwert hinaus, so entsteht ein kurzzeitiges Aktionspotenzial, das sich nur im Axon bildet und dann rasch bis zur Synapse weitergeleitet wird.

Depolarisation: Veränderung des Membranpotenzials zu Werten, die positiver als das Ruhepotenzial der Zelle sind

Hyperpolarisation: Veränderung des Membranpotenzials zu Werten, die negativer als das Ruhepotenzial der Zelle sind

Ionenkanal: Protein in der Zellmembran, das Ionen passieren lässt. Das Öffnen eines Ionenkanals kann durch eine Spannungsänderung über der Membran (spannungsgesteuerte Ionenkanäle, z. B. Natriumkanäle), durch Bindung bestimmter Moleküle (Liganden gesteuerte Ionenkanäle) oder durch mechanische Einflüsse (mechanisch gesteuerte Ionenkanäle) ausgelöst werden.

Ionenpumpe: aktives Transportsystem, das unter ATP-Verbrauch Ionen gegen das Konzentrationsgefälle durch Biomembranen schleust

Membranpotenzial: elektrische Spannung über der Zellmembran. Sie kommt durch die unterschiedlichen Ladungen beiderseits der Membran zustande. Die Ladungsdifferenz beruht auf der unterschiedlichen Verteilung der Ionen zwischen dem Cytoplasma (u. a. viel K^+, wenig Na^+) und dem Außenmedium (u. a. wenig K^+, viel Na^+).

Ruhepotenzial: Membranpotenzial von erregbaren Zellen im unerregten Zustand.

Erregungsleitung

Die Erregung eines Neurons wird, wenn sie überschwellig ist, als Aktionspotenzial weitergeleitet. Die Leitung erfolgt in Nervenfasern ohne Myelinscheide als kontinuierliche, relativ langsame Erregungsleitung, in myelinisierten Nervenfasern als saltatorische, relativ schnelle Erregungsleitung mit Bildung von Aktionspotenzialen nur an den RANVIERschen Schnürringen. Dabei sorgt die Refraktärzeit dafür, dass das Aktionspotenzial nur in eine Richtung weitergeleitet wird und nicht zurücklaufen kann. Als Refraktärzeit bezeichnet man den kurzen Zeitraum nach einem Aktionspotenzial, währenddessen die Membran des Axons zunächst unerregbar (absolute Refraktärzeit) und anschließend vermindert erregbar ist (relative Refraktärzeit).

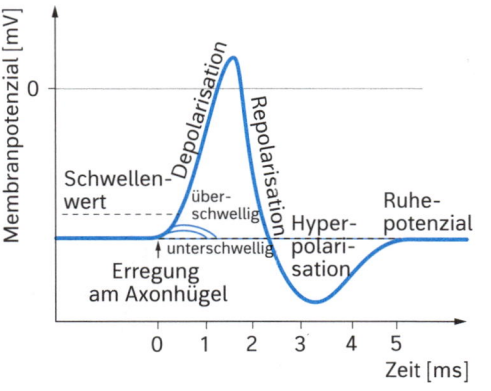

Phasen des Aktionspotenzials

Synapsenvorgänge mit molekularen Grundlagen

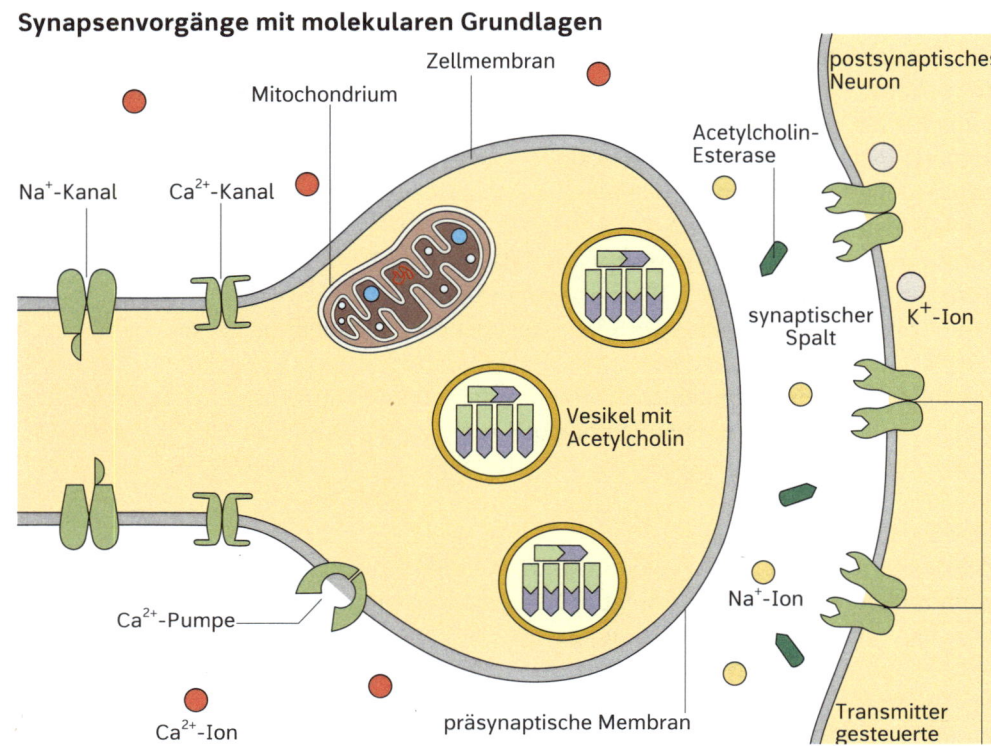

Bau einer Synapse

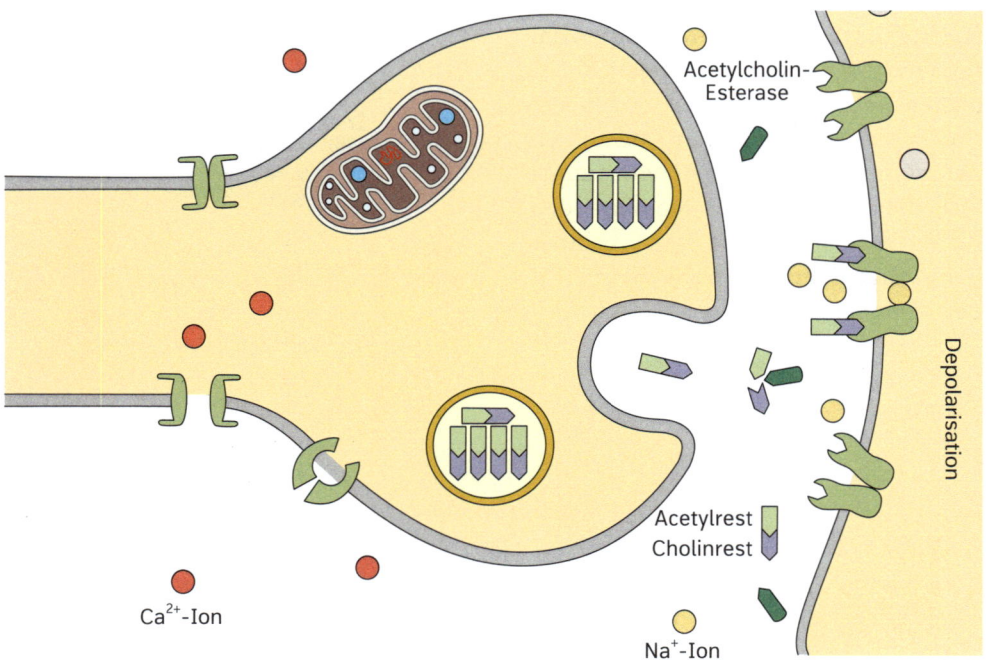

Ankommende APs bewirken das Verschmelzen der Vesikel mit der Membran

Erreicht ein Aktionspotenzial (AP) das Endknöpfchen, öffnen sich kurzzeitig spannungs-abhängige Calciumionen-Kanäle: Calciumionen strömen in das Zellinnere, da für diese ein Konzentrationsgefälle zwischen der extrazellulären Flüssigkeit und dem Cytosol der Nervenzelle besteht. Calciumionen-Pumpen transportieren eingedrungene Calciumionen unter ATP-Verbrauch wieder nach außen. Der Anstieg der Calciumionen-Konzentration bewirkt, dass sich ein Teil der synaptischen Bläschen mit der präsynaptischen Membran verbindet. Acetylcholinmoleküle werden aus den synaptischen Bläschen freigesetzt und diffundieren durch den Spalt bis zur postsynaptischen Membran. Dort besetzen sie die Bindungsstellen der Acetylcholinrezeptoren, sodass benachbarte Ionenkanäle geöffnet werden. Entlang ihres starken Konzentrationsgefälles strömen nun Natriumionen in die postsynaptische Zelle. Gleichzeitig wandern nur wenige Kaliumionen nach außen. Die-se Ladungsveränderung an der postsynatischen Membran wird als EPSP, erregendes postsynaptisches Potenzial, bezeichnet. Es breitet sich über die postsynaptische Zelle aus. Wenn es am Axonhügel bzw. Axonursprung den Schwellenwert erreicht, wird die Erregung in Form eines Aktionspotenzials bis zur nächsten Synapse weitergeleitet. Das postsynaptische Potenzial wirkt nur über kurze Zeit. Die Acetylcholinmoleküle lösen sich schnell von ihren Rezeptoren und die Kationenkanäle schließen sich wieder, sodass der Einstrom von Natriumionen in die postsynaptische Zelle unterbleibt. Im synaptischen Spalt befindet sich das Enzym Acetylcholinesterase. Sobald die Acetylcholinmoleküle an dieses Enzym gelangen, werden sie in ein Acetation und einen Cholinrest gespalten. Beide Stoffe werden wieder in die Nervenendigungen aufgenommen, wo aus ihnen er-neut Acetylcholin gebildet und in Vesikel verpackt wird.

erregendes postsynaptisches Potenzial (EPSP): Depolarisation der postsynaptischen Membran aufgrund der Bindung eines Neurotransmitters an einen entsprechenden Rezeptor; erhöht die Wahrscheinlichkeit für die Ausbildung eines Aktionspotenzials

hemmendes postsynaptisches Potenzial (IPSP): Hyperpolarisation der postsynapti-schen Membran aufgrund der Bindung eines Neurotransmitters an einen entsprechen-den Rezeptor; erschwert die Ausbildung eines Aktionspotenzials

Neurotransmitter: chemische Substanz („Botenstoff"), z. B. Acetylcholin, die in der Synapse Information auf eine andere Zelle überträgt; wird von Nervenzellen hergestellt und an der präsynaptischen Membran der Synapse freigesetzt. Nach Diffusion durch den synaptischen Spalt bindet er an spezifische Rezeptoren in der postsynaptischen Membran.

postsynaptische Membran: zum synaptischen Spalt hin weisende Zellmembran der postsynaptischen Zelle

postsynaptische Zelle: Zielzelle für die Information in einer Synapse

präsynaptische Membran: zum synaptischen Spalt hin weisende Zellmembran der präsynaptischen Zelle

präsynaptische Zelle: Zelle, die in einer Synapse die Information weitergibt

synaptischer Spalt: Raum zwischen prä- und postsynaptischer Membran in einer che-mischen Synapse

Schwellenwert oder Schwellenpotenzial: Potenzial, das eine Nervenzelle am Axon-hügel erreichen muss, damit ein Aktionspotenzial ausgelöst wird

synaptische Vesikel: kleine, mit Neurotransmitter gefüllte Membranbläschen, die in den Endknöpfchen von Axonen gebildet werden und ihren Inhalt in den synaptischen Spalt freisetzen, wenn ein Aktionspotenzial das Axonende erreicht

c. Synaptische Verschaltung und Verrechnung (vgl. Aufg. 5, 6)

Ein Neuron einer Nervenfaser wird nicht nur über eine einzelne Synapse erregt. Es werden vielmehr die Signale von zahlreichen Synapsen in einer Nervenzelle registriert. Die an den Synapsen ausgelösten postsynaptischen Potenziale (PSPs) breiten sich anders als Aktionspotenziale unter Abschwächung (Dekrement) über die Zelle aus. Sie können erregend oder hemmend wirken und dazu von unterschiedlicher Stärke sein. Diese PSPs unterschiedlicher Synapsen werden alle dann miteinander verrechnet, wenn sie nahezu gleichzeitig auftreten (räumliche Summation). Erreichen sie am Axonhügel den Schwellenwert, lösen sie gemäß ihrer Erregungsstärke ein oder mehrere Aktionspotenziale aus. Auch die PSPs an einer einzigen Synapse können summiert werden, wenn präsynaptisch mehrere Aktionspotenziale kurz hintereinander einlaufen. Dies nennt man zeitliche Summation.

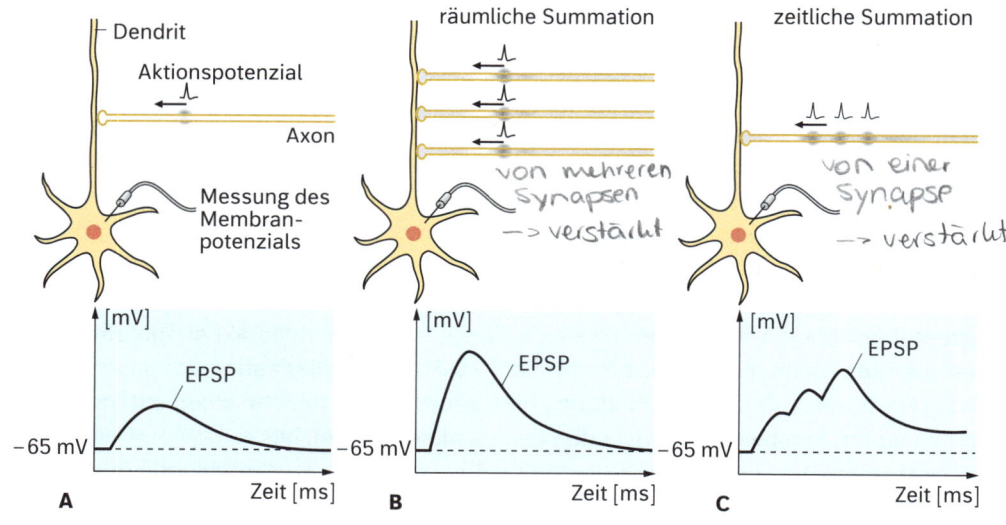

Summation

Ein einzelnes Aktionspotenzial löst ein geringeres EPSP aus (A). Wenn einzelne Aktionspotenziale an verschiedenen Synapsen gleichzeitig eintreffen (B) oder viele Aktionspotenziale rasch nacheinander an derselben Synapse (C), tritt Summation auf. Anmerkung: Nicht die Aktionspotenziale werden summiert, sondern deren Wirkungen, d. h. hervorgerufene PSPs.

Hormone

a. Chemische Kommunikation durch Hormone

Die ursprünglichste aller innerartlichen Kommunikationsformen bei Lebewesen besteht im Ausscheiden von Substanzen, die von anderen Zellen desselben Körpers oder Individuen derselben Art über molekulare Rezeptoren wahrgenommen werden und über die damit verbundene Informationskette kurz- und längerfristige Veränderungen beim Empfänger auslösen können. Ein Beispiel für diese chemische Kommunikation sind die Neurotransmitter, die im vorhergehenden Abschnitt in ihrer Funktion als Signalüberträger innerhalb von Nervensystemen vorgestellt wurden.

Während die chemische Kommunikation zwischen Individuen, wie z. B. im Rahmen der Fortpflanzung von Säugetieren oder im Bereich der Sexuallockstoffe bei Insekten oder den Gameten vieler im Wasser lebender Wirbelloser, aber auch von Algen, durch **Pheromone** gesteuert wird, erfolgt die chemische Kommunikation zwischen Zellen eines vielzelligen Individuums über **Hormone**. Beispiele bei Pflanzen sind das Reifungshormon Etylen, die Wachstums- und Entwicklungshormone der Gruppe der Auxine und Gibbereline sowie bei Säugetieren einschl. des Menschen die Geschlechtshormone und die den Stoffwechsel regulierenden Hormone Thyroxin und Insulin. Auch die Stresshormone Adrenalin und Noradrenalin greifen, vom zentralen Nervensystem beeinflusst, in den Stoffwechsel und viele weitere Organfunktionen ein. Dabei bestehen bei Wirbeltieren wie wirbellosen Tieren in vielen Fällen enge Beziehungen zwischen dem Nervensystem und Hormondrüsen. Besonders deutlich werden diese Zusammenhänge im Wirkungskreis von Geschlechtshormonen und beim Auftreten von Stress.

Hormone gehören zu Substanzgruppen im Tier- und Pflanzenreich, die von anderen Wirkstoffen nicht streng zu trennen sind. Sie wirken in sehr geringer Konzentration auf andere Zellen nach dem Schlüssel-Schloss-Prinzip, wenn sie als **hydrophile** Hormone an den Zellmembranen der Zielzellen auf entsprechende, in die Membran eingebaute Rezeptoren (Membranproteine) treffen oder als **lipophile** Hormone durch die Zellmembran diffundieren und im Cytoplasma an entsprechende Rezeptoren andocken. Hinsichtlich ihrer chemischen Struktur unterscheidet man also hydrophile (wasserlösliche) Aminosäureabkömmlinge (z. B. Adrenalin, Thyroxin), hydrophile Peptidhormone (z. B. Erythropoetin / EPO, Glucagon, Insulin, Oxytocin, Follikel stimulierendes Hormon, luteinisierendes Hormon) und lipophile (fettlösliche, hydrophobe) Steroidhormone der Nebennierenrinde (z. B. Cortisol, Cortison,) und der Keimdrüsen (Progesteron, Testosteron, Östradiol).

Viele hydrophile Hormone lösen nach dem Andocken an den Rezeptor in der Zellmembran eine Signalkette im Cytoplasma aus, die durch die Aktivierung mehrerer Enzyme und das Signalmolekül cyklisches Adenosinmonophosphat (cAMP) charakterisiert ist. Adrenalin z. B. löst in der Leberzelle eine Signalkette aus, die zu einer sehr schnellen, lawinenartig ablaufenden Erhöhung der Enzymaktivität führt, sodass es zu einer starken Glucosebildung kommt. Der Einfluss eines einzigen Adrenalinmoleküls bewirkt so innerhalb kürzester Zeit die Ausschüttung von etwa 10 Millionen Glucosemolekülen.

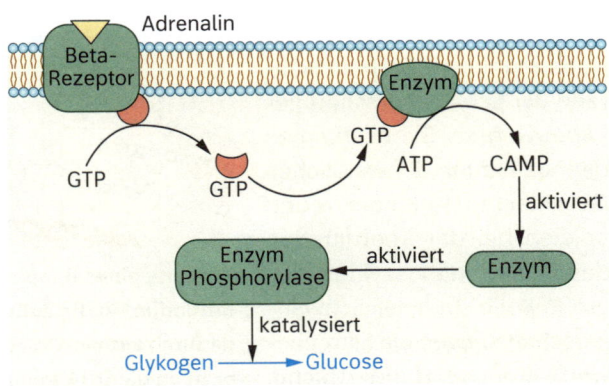

Wirkung des Adrenalins auf Leberzellen

Viele Organe des Menschen enthalten Zellgruppen (Gewebe), die Hormone und hormonähnliche Substanzen erzeugen wie z. B. Bauchspeicheldrüse, Magen, Dünndarm, Herz, Nieren und Leber. Hormone werden auch in bestimmten Bereichen des zentralen Nervensystems (Hypothalamus, Hypophyse) in besonderen Drüsen bzw. Drüsengeweben gebildet.

Viele Hormone können heute künstlich hergestellt werden. Sie werden für medizinische Zwecke, z. B. bei Zwergwuchs, bei Schilddrüsenüber- oder -unterfunktion sowie als Empfängnis verhütendes Mittel verwendet. Die industrielle Herstellung von Hormonen führt in vielen Fällen, besonders im Sport und aus ästhetischen Gründen, zu Missbrauch, der erhebliche Nebenwirkungen auf den Körper und die Psyche des Menschen hat.

Anabolika sind Substanzen mit stimulierender Wirkung auf die Proteinsynthese. Zum Aufbau von Muskelmasse werden häufig synthetische Steroide verabreicht, die Muskelmasse aufbauen. Das Gesundheitsrisiko besteht bei Frauen in einer Vermännlichung (Bartwuchs, Stimmbruch, Skelettaufbau, Umbau der Geschlechtsorgane bis hin zur Veränderung der Keimdrüsen), bei männlichen Personen in vorzeitiger Pubertät, Hemmung der Spermatogenese und Überlastungsschäden an Sehnen, Gelenken und Bändern.

Doping ist die Einnahme unerlaubter Substanzen oder der Gebrauch anderer Methoden, die möglicherweise gesundheitsgefährdend sind und die die sportliche Leistung des Athleten verbessern sollen. Beim Doping werden unterschieden: verbotene Wirkstoffe, nicht erlaubte Methoden sowie Wirkstoffe, die bestimmten Einschränkungen unterliegen. Die Gruppe der verbotenen Wirkstoffe unterteilt sich in Anabolika, Diuretika, Hormone (Peptid- und Glykoproteinhormone), Stimulanzien und Narkotika. Verboten sind weiterhin auch alle Stoffe, die in ihrer Wirkung oder chemischen Struktur mit den oben genannten Stoffen verwandt sind.

Endohormone sind alle Hormone, die für ihre Funktion nicht die Körpergrenzen überschreiten. Die Unterscheidung zwischen Endo- und Ektohormonen ist eine Möglichkeit, z. B. Pheromone in ihrer Produktion und Wirkung genauer zu beschreiben.

Estrogene sind Steroidhormone, die in den Graaf'schen Follikeln und dem Gelbkörper der Eierstöcke sowie in der Gebärmutterschleimhaut während der Schwangerschaft gebildet werden. Sie bestimmen die Ausbildung der weiblichen Geschlechtsmerkmale und spielen bei der Koordination des Menstruationszyklus eine große Rolle. In einer Schwangerschaft steigen die Estrogenwerte um das Hundertfache. Hormone des Hypophysen-

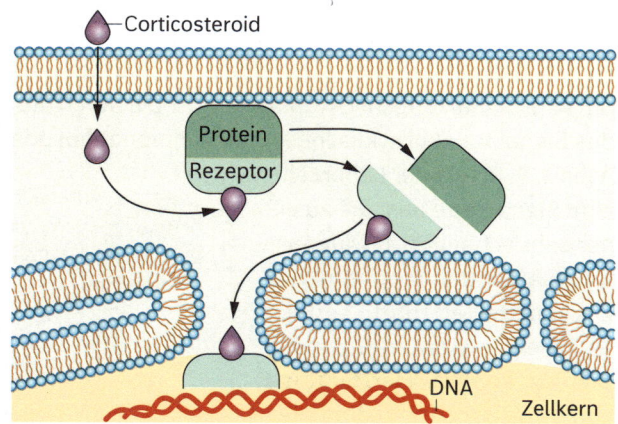

Wirkung eines lipophilen Corticosteroids. Das Hormon diffundiert in die Zelle und bindet an einen Rezeptor, der dadurch aktiviert wird und durch die Poren der Kernmembran an die DNA gelangt. Dort löst dieser die Bildung eines Proteins, z. B. eines Enzyms, aus.

vorderlappens regulieren ihre Bildung und Freisetzung; in der Leber erfolgt die Inaktivierung. Die Ausscheidung der inaktivierten Hormone erfolgt über die Niere, sodass im Harn der jeweilige Estrogenspiegel leicht zu messen ist.

Testosteron wird aus Cholesterin in den Hoden gebildet. Das Steroidhormon wirkt wie alle Steroidhormone am Zellkern seiner jeweiligen Zielzellen und stimuliert dort die RNA-Synthese. Es ist für die Ausbildung der sekundären Geschlechtsmerkmale und die Spermatogenese bestimmend. Als Anabolikum kann es die Proteinsynthese, z. B. der Muskulatur, steigern und wird häufig als Dopingmittel oder zum Aufbau vom Muskelmasse bei Nichtsportlern – in der Regel unsachgemäß – verwendet.

Thyroxin ist ein Peptidhormon aus 2 Tyrosinresten, welches in der Schilddrüse produziert wird und vielfältige Wirkungen in der generellen Aktivierung des Kohlenhydrat-, Fett- und Proteinstoffwechsels zeigt. Es fördert Wachstums- und Entwicklungsprozesse, stimuliert den Sauerstoffumsatz und erhöht insgesamt den Grundumsatz. Die Thyroxinbildung in der Schilddrüse wird durch Thyreotropin (TSH), ein Neurosekret des Hypothalamus, im Rahmen einer negativen Rückkopplung gehemmt.

Steuerungsvorgänge sind Bestandteile von Regelkreisen und beruhen auf einer quantitativen Beeinflussung der Richtung oder Intensität von Prozessen oder Zuständen. Steuerungen berücksichtigen nicht eine mögliche Rückwirkung auf die Ursache. So wird z. B. die Glucoseaufnahme von Zellen durch die Insulinkonzentration im Blut beeinflusst; Steuerungshormone der Hypophyse wirken umso stärker, je höher die Konzentration dieser Hormone im Blut ist.

b. sekundäre Messenger

Neben den Hormonen als „primärer messenger" gilt eine Reihe von Substanzen in den Signalketten im Cytoplasma als „sekundärer messenger". Sie zeichnen sich dadurch aus, dass sie als zweiter Botenstoff das Hormonsignal vom Rezeptor in der Plasmamembran zu den Stoffwechselketten im Cytoplasma leiten. Beispiele dafür sind cAMP, Inositoltriphosphat (IP3, s. u.) und membrangebundene Proteine (G-Proteine), die entweder hemmend oder fördernd auf die Weiterleitung der Signale wirken.

c. Regulation von Stoffwechselprozessen durch Hormone: Beispiel Hoden

Viele Stoffwechselprozesse werden durch Hormone gesteuert. Besonders komplex ist dabei die Steuerung der Fortpflanzung, weil das Geschehen auch durch äußere Faktoren wie Tageslänge und Raumtemperatur beeinflusst wird. Aber auch die Regulation des Blutzuckerspiegels und die Steuerung von vielen Stoffwechselprozessen durch Hormone der Schilddrüse und ihre Steuerungshormone zeigen vielfältige Einflüsse auf den Körperzustand.

Ein relativ einfaches Beispiel für Rückkopplungsmechanismen ist am Steuerungssystem der Hoden zu erkennen, auch weil ein Vergleich mit dem Hormonsystem der Fortpflanzung bei Frauen interessante Ergebnisse zeigt.

Die Funktion der Hoden wird durch zwei Hormone aus der Hypophyse beeinflusst: Luteinisierendes Hormon („Gelbkörperhormon", LH) regt die Produktion von Testosteron an. Das „Follikel stimulierende Hormon" (FSH) stimuliert die Produktion von Samenzellen in den Hoden.

FSH und LH werden sowohl bei Männern wie auch bei Frauen dann gebildet, wenn Freisetzungshormone aus dem Hypothalamus ausgeschüttet werden. Die Konzentration der Freisetzungshormone sowie von LH und FSH wird beim Mann durch die Konzentration des Testosterons durch negative Rückkopplung gesteuert. Bei Frauen erfolgt eine negative Rückkopplung über die Hormone des Eierstocks, die Estrogene und Progesteron.

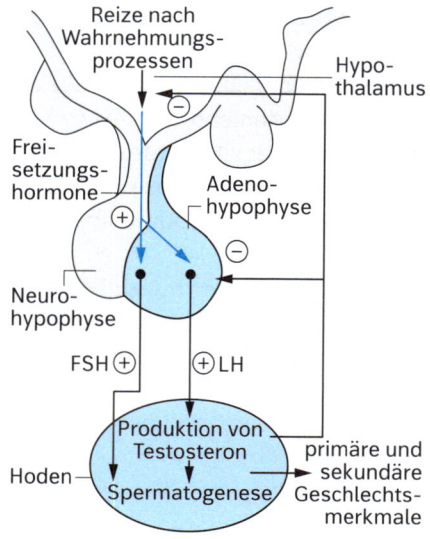

Steuerungssystem der Geschlechtshormone beim Mann

Stress

Stress kann als physiologischer Anpassungsprozess an äußere und innere Faktoren (Infektionen, Operationen, emotionale Belastungen positiver wie negativer Art) beschrieben werden, der mit einer starken Umstellung im Hormonsystem einhergeht. In der Alarmreaktion werden vom ZNS Hormone ausgeschüttet. Gleichzeitig erfolgt eine Erhöhung des Adrenalinspiegels, verbunden mit einer Steigerung des Blutdrucks, einer Erhöhung der Blutzirkulation sowie einer Umsteuerung der Blutmengen hin zur Muskulatur auf Kosten der Eingeweide und der Haut. Cortisol schwächt gleichzeitig die Immunabwehr und erhöht damit die Gefahr einer Infektion.

In der Widerstandsphase kann es zu Magen- und Darmgeschwüren kommen, z. B. zu Morbus Crohn. Im Erschöpfungsstadium bricht die hormonelle Steuerung zusammen, die Nebennierenrinde wird abgebaut. Der Organismus wird dadurch so anfällig, dass der am Ende dieser Phase folgende Tod verschiedenste Ursachen haben kann.

Evolution der Vielfalt des Lebens in Struktur und Verhalten

Grundlagen evolutiver Veränderung

Eine Population ist eine Gruppe von artgleichen Individuen, die eine Fortpflanzungs-
gemeinschaft bilden, also einen gemeinsamen Genpool besitzen. Die Mitglieder der
Population unterscheiden sich nicht nur in ihren Genen (Genotyp), sondern auch im
Aussehen (Phänotyp) voneinander. Die daraus resultierende Variabilität kann durch
neue Mutationen und zusätzlich durch unterschiedliche Kombinationen der Allele des
gesamten Genpools vergrößert werden. Die genotypische Variabilität und somit auch
die phänotypische ist die Grundlage für evolutive Veränderungen.

Verhalten, Fitness und Angepasstheit (vgl. Aufg. 3, 4, 8)

Pflanzen sich Individuen fort, geben sie ihre Gene in den Genpool der nächsten Generation weiter. Das Ausmaß dieser Weitergabe ist abhängig von der Anzahl eigener Nachkommen im Vergleich zu denen anderer Artgenossen und wird als Fitness bezeichnet.
Neben der direkten Weitergabe eigener Gene (direkte Fitness) werden diese auch indirekt
durch Verwandte weitergegeben (indirekte Fitness). Je näher dabei die Verwandtschaft,
desto größer ist die Wahrscheinlichkeit, dass deren Gene mit den eigenen übereinstimmen. Die Summe aus direkter und indirekter Fitness bezeichnet man als Gesamtfitness
eines Individuums. Deswegen lässt sich uneigennütziges (altruistisches) Verhalten
Verwandten gegenüber damit erklären, dass die Gesamtfitness durch indirekte Fitness
erhöht wird. Darunter fällt z. B. die Versorgung der Nachkommen der Bienenkönigin durch
die unfruchtbaren Arbeiterinnen im Bienenstaat oder die Verwandtenunterstützung von
Vogeleltern beim Füttern der Jungen.
Alle Lebewesen, die ihre Energie besonders stark in Fortpflanzungsprodukte investieren,
also sehr reproduktiv sind, haben zahlreiche Nachkommen. Man bezeichnet diese Form
der Weitergabe genetischen Materials als r-Strategie. Der Vorteil dieser Strategie besteht
darin, dass die Art durch viele Nachkommen in einer sich stark verändernden Umwelt
(z. B. Pfütze, Kahlschlag) überleben kann. Der Nachteil besteht in der gering ausgeprägten Fähigkeit der Individuen, erfolgreich um Ressourcen zu konkurrieren. Während die
individuelle Fitness gering ist, zeigen die Populationen insgesamt eine hohe Fitness,
weil sie durch die hohe Fortpflanzungsrate und kurze Generationsdauer und dem damit
verbundenen erhöhten Auftreten von Mutationen sowie der großen Anzahl von Rekombination des genetischen Materials anpassungsfähiger sind. Eine K- Strategie besteht
darin, dass Lebewesen die ihnen zur Verfügung stehende Energie in die eigene Existenz
investieren. Sie leben länger und konkurrieren erfolgreicher um Ressourcen, indem sie
die Größe ihrer Population bis an die Grenze der Kapazität (=K) ausdehnen. Die Populationen der Rotbuchen Mitteleuropas sind ein Beispiel für K-Fortpflanzungsstrategien,
denn die Rotbuchen leben sehr lang, sind sehr konkurrenzstark und bilden dann eine
Klimaxgesellschaft. Sie haben eine hohe individuelle Fitness.

Angepasstheit ist das Ergebnis des gemeinsamen Wirkens der Evolutionsfaktoren Mutation, Selektion und Gendrift auf die Individuen einer Population. Während also Angepasstheit den Zustand einer Art bezeichnet, wird unter Anpassung der Prozess verstanden, der zu diesem Zustand führt. Je nach Wirkung der verschiedenen Evolutionsfaktoren kann dieser Prozess u. U. keine Änderungen im Genpool einer Population hervorrufen (z. B. durch stabilisierende Selektion, sodass sich der Zustand der Angepasstheit unter den jeweils herrschenden Bedingungen nicht ändert.

In einem anderen Fall (z. B. Veränderung der Selektionsformen und -intensitäten bei gegebener Variabilität) führt die Wirkung dieser Faktoren zu einer Veränderung der Allelzusammensetzung in einer Population, sodass bestimmte Genotypen eine höhere, andere eine geringere Fitness haben. Eine solche transformierende oder spaltende Selektion verändert die Angepasstheiten in einer Population. Ein Beispiel ist die immer wieder neu entstehende Resistenz von Bakterien gegenüber Antibiotika. Jedes neu erfundene oder gefundene Antibiotikum wirkt als starker Selektionsfaktor und führt im Laufe der Zeit zu einer Resistenz. Multiresistente Keime besonders in Krankenhäusern sind ein Beispiel für die Anpassungsfähigkeit von Bakterien, die bei verändertem Selektionsdruck durch neue Antibiotika Resistenzen entwickeln und damit überleben.

Art und Artbildung (vgl. Aufg. 8)

Zu einer Art werden diejenigen Individuen zusammengefasst, die unter natürlichen Bedingungen miteinander fruchtbare Nachkommen haben. Zwischen diesen Individuen findet also innerhalb der Population ein Genfluss statt. Eine Art wird mit ihrem Gattungs- und Artnamen bezeichnet (z. B. *Homo sapiens*, *Homo neanderthalensis*). Einflüsse, die einen Artenwandel hervorrufen können, werden als **Evolutionsfaktoren** bezeichnet. Dazu zählen:

Mutation und Rekombination: Mutationen liefern neue Allele. Sie verändern damit die Allelfrequenz in einer Population. Sexuelle Rekombination erhöht die Variabilität einer Population, ohne allerdings die Häufigkeit der Allele (Allelfrequenz) in einem Genpool zu verändern.

Selektion: Durch die am Phänotyp angreifende Auslese wird die Allelfrequenz im Genpool verändert. Der künstlichen Selektion, die vom Menschen ausgeht (Züchtung), steht die natürliche gegenüber. Sie kann sowohl von abiotischen Faktoren wie Temperatur, Wind etc. hervorgerufen werden als auch von biotischen wie Fressfeinden, Parasiten (zwischenartliche Selektion) sowie von Artgenossen (innerartliche Selektion), die z. B. zum Sexualdimorphismus führt. Bei der Auswirkung der Selektion auf eine Population unterscheidet man die stabilisierende von einer gerichteten (= transformierenden) und einer aufspaltenden (= disruptiven) Selektion.

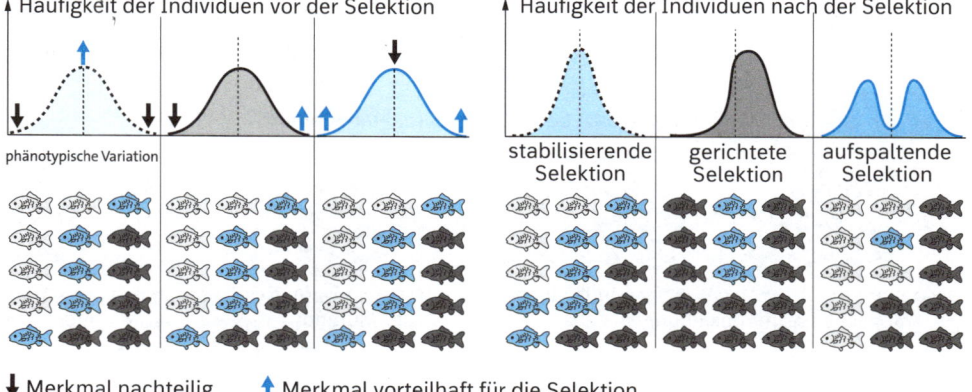

↓ Merkmal nachteilig ↑ Merkmal vorteilhaft für die Selektion

Auswirkungen der Selektion auf eine Population

Gendrift: Dieser Evolutionsfaktor bewirkt die zufallsbedingte Änderung eines Genpools und damit der Allelfrequenz. Er ist für kleine Populationen bedeutend und spielt z. B. bei kleinen Inselpopulationen (Gründerpopulationen) eine große Rolle.

Migration: Eine Veränderung des Genpools kann durch Zu- und Abwanderungen von artgleichen Individuen hervorgerufen werden.

Isolation: Werden Individuen von anderen Individuen derselben Art räumlich, zeitlich oder allgemein durch Änderungen, die sich auf den Bereich der Fortpflanzung auswirken, getrennt, so kann dies unterschiedliche Veränderungen für den einzelnen Genpool hervorrufen. Aufgrund des zunächst gebremsten und schließlich unterbrochenen Genflusses können z. B. unterschiedliche Neumutationen nicht mehr ausgetauscht werden. Die Isolation der Genpools kann durch vielfältige Faktoren bewirkt werden:

* geografisch (Kontinentalverschiebung, Insel- oder Flussbildung, Autobahn etc.),
* ökologisch (unterschiedliche Nahrung, Paarungszeiten, Nistplätze etc.),
* ethologisch (Balzrituale, Gesänge, Gefiederfarbe, Sexuallockstoffe etc.),
* genetisch (Genomunverträglichkeit, unfruchtbare Nachkommen etc.),
* mechanisch (Geschlechtsorgane passen nicht mehr zusammen, kommt z. B. häufig bei Insekten vor).

All diese Isolationsformen verhindern die Fortpflanzung zwischen Gruppen von Individuen und führen zur Aufspaltung eines vormals gemeinsamen Genpools.

Dabei unterscheidet man grundsätzlich zwischen zwei Formen der Artenbildung: Bei der **sympatrischen** Artenbildung entstehen in einem Lebensraum ohne geografische Isolation zwei neue Arten durch Ausbildung einer biologischen Fortpflanzungsschranke aufgrund ökologischer, ethologischer, mechanischer oder genetischer Isolationsfaktoren. Bei der **allopatrischen** Artenbildung führt die räumliche Trennung von Teilpopulationen zu einer Aufspaltung und Veränderung der beiden Genpools aufgrund unterschiedlicher Mutationen und Selektionen, die von den unterschiedlichen Umwelteinflüssen ausgehen. Bei beiden Formen der Artbildung kommt es zu einer genetischen Separation, also der Auftrennung des Genpools. Bei einer allopatrischen Artbildung zeigt sich dies aber unter Umständen erst, wenn nach einem Wegfall der geografischen Isolationsschranken die zuvor getrennten Populationen keine gemeinsamen Nachkommen mehr erzeugen.

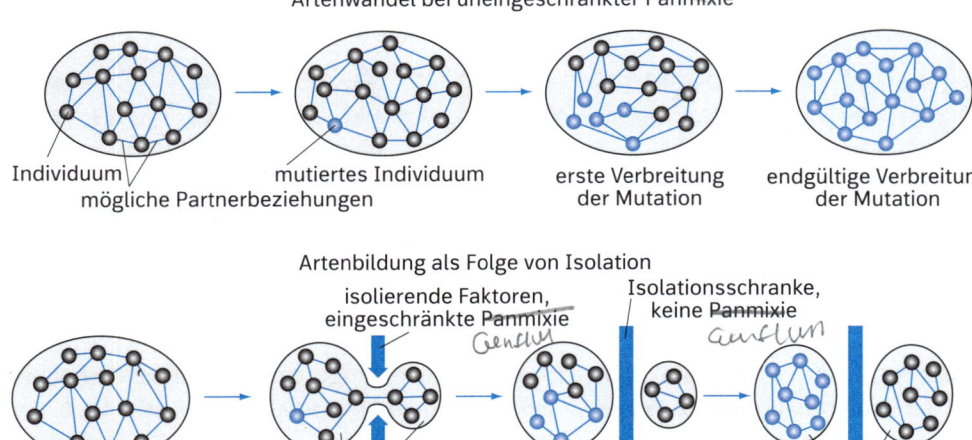

Entwicklung von Arten

Gelangen Gründerindividuen in einen Raum, in dem noch wenige ökologische Nischen ausgebildet sind, verändert sich die neue Stammpopulation aufgrund vielfältiger Evolutionsfaktoren sehr schnell und bildet viele Teilpopulationen. Diese bilden viele unterschiedliche ökologische Nischen aus (Einnischung). Eine derartige Entwicklung wird adaptive Radiation genannt. Beispiele hierfür sind die Darwinfinken auf dem Galapagos-Archipel, die Kleidervögel auf Hawaii, die Beuteltiere Australiens oder die Tanreks auf Madagaskar, aber auch die vielen heimischen Hummelarten.

Evolutionshinweise und Evolutionstheorie

a. Rezente und paläontologische Hinweise (Homologie der Wirbeltiergliedmaßen

Aus allen Bereichen der Biologie gibt es Belege (Hinweise) für die Evolution. Die Paläontologie kennt Fossilien von Pflanzen und Tieren, die heute nicht mehr existieren. Darunter gibt es auch Übergangsformen, die Merkmale verschiedener Tiergruppen besitzen (z. B. Archaeopteryx mit Merkmalen von Reptilien und Vögel). Auch die Merkmale rezenter (heutiger) Lebewesen, vor allem der Brückentiere, geben Hinweise auf die stammesgeschichtliche Entwicklung von Organismen. Rudimente und Atavismen sind nur erklärbar unter der Annahme von Evolution. Nur so können auch die Ähnlichkeiten in der Keimentwicklung (Ontogenese) mit denen in der Stammesentwicklung (Phylogenese) erklärt werden. Die Menge von Ähnlichkeiten zwischen zwei Formen entspricht dem Grad ihrer Verwandtschaft, die durch vertikalen Genfluss entstanden ist. Belege für die Evolution sind deswegen auch Ähnlichkeiten im Aufbau der Proteine, bei Nukleinsäuren oder Zellorganellen sowie Organen unterschiedlicher Lebewesen. Obwohl nach dem gleichen Grundmuster aufgebaut, können sie eine unterschiedliche Funktion besitzen.

Ist dagegen der Aufbau von Organen unterschiedlich, ihre Funktion aber gleich, handelt es sich um eine Analogie (z. B. Auge des Menschen und Auge des Tintenfisches). Diese Ähnlichkeit hinsichtlich der Funktion ist eine Folge der Anpassung an ähnliche Umweltbedingungen (Konvergenz) und kein Ausdruck von Verwandtschaft. Eine Ähnlichkeit des Bauplans trotz unterschiedlicher Funktion nennt man Homologie. Sie ist mit einer gemeinsamen Abstammung zu erklären. Ein bekanntes Beispiel sind die Homologien bei den Extremitäten der Wirbeltiere.

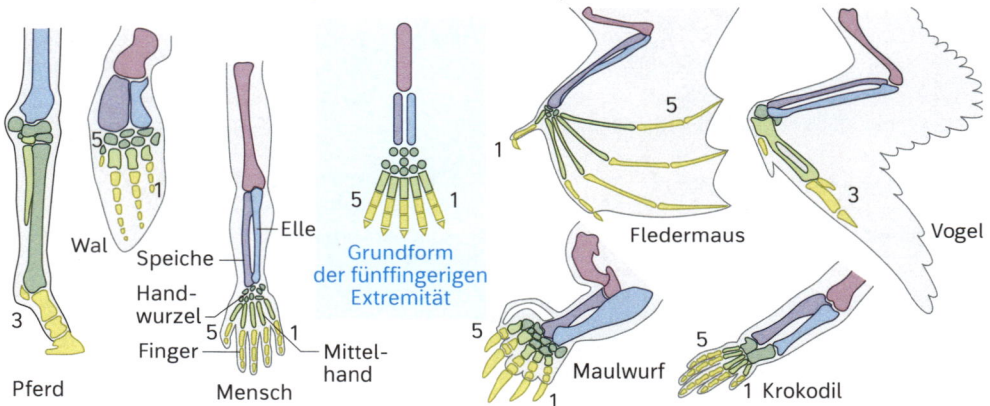

Homologie bei Wirbeltierextremitäten

Obwohl die Vorderextremitäten unterschiedlichen Funktionen (fliegen, graben, laufen oder schwimmen) dienen, haben sie einen gemeinsamen Grundbauplan. Ohne die Annahme der stammesgeschichtlichen Entwicklung könnte dies nur mit Zufällen erklärt werden. Die Annahme einer Evolution der Wirbeltierarten führt zu der Vorstellung einer früheren Existenz eines gemeinsamen Vorfahrens.

b. Systematik und phylogenetischer Stammbaum am Beispiel der Wirbeltiere und insbesondere der Primaten (vgl. Aufg. 8)

Die heute benutzte Systematik der Pflanzen und Tiere geht auf CARL VON LINNÉ (1707 – 1778) zurück. LINNÉ ging von der Konstanz der Arten aus. Er gab den Lebewesen zweiteilige Namen (Gattung und Art) und ordnete sie auf der Basis von morphologischen Ähnlichkeiten. So fasste er ähnliche Arten zu Gattungen, ähnliche Gattungen zu Familien usw. zusammen. Dieses System von LINNÉ wird heute noch fast unverändert benutzt. Die Wirbeltiere werden z. B. traditionell in fünf Klassen gegliedert: Fische, Amphibien, Reptilien, Vögel und Säuger. Diese Einteilung wird allerdings heute diskutiert, da beispielsweise die Krododile enger mit den Vögeln als mit den Eidechsen verwandt sind.

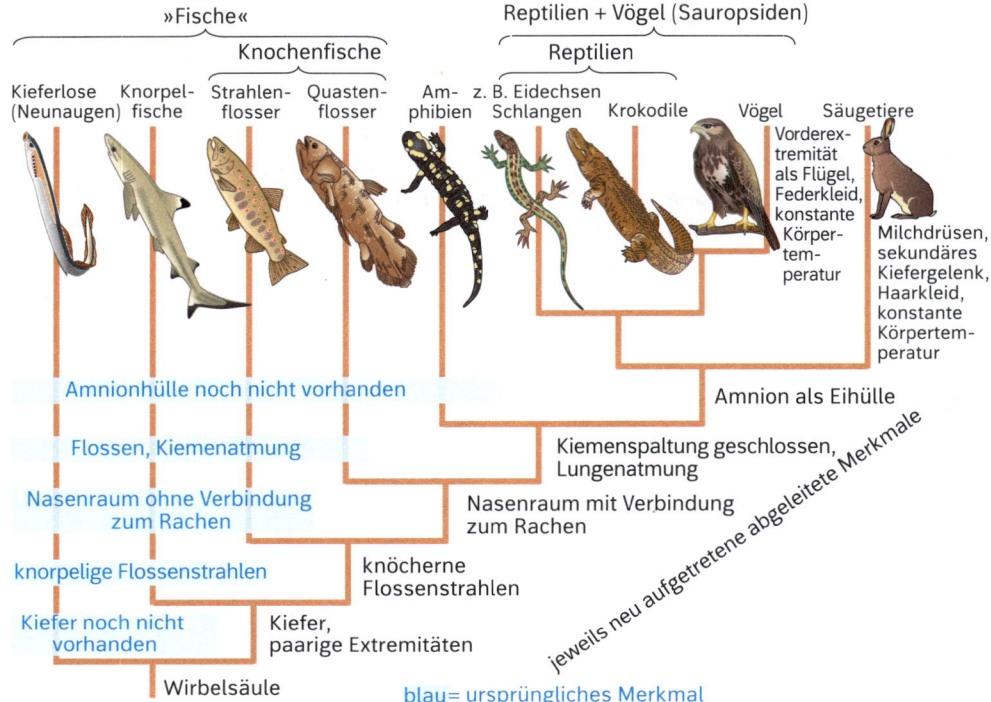

Stammbaum der Wirbeltiere

Stammbäume, wie sie in der Abbildung Stammbaum der Wirbeltiere dargestellt sind, können immer nur eine Hypothese darstellen. Stammbäume werden prinzipiell durch Vergleich erstellt, weil sich Abstammung und Verwandtschaft damit begründen lassen.

Vergleich der Baupläne von Organen
- **Homologien** deuten auf eine divergente Entwicklung aus gemeinsamen Vorfahren hin und sind ein Beleg für Verwandtschaft. Homologiekriterien sind die Lage, die spezifische Qualität und die Stetigkeit, d. h. die Verknüpfung durch Zwischenformen. Analogien deuten auf eine konvergente Entwicklung hin und machen keine Aussage über den Grad der Verwandtschaft. Die Knochen der Vorderextremitäten von Fledermaus und Vogel sind als homolog anzusehen, wenn man die Entwicklung der Vorderextremitäten der Säuger und Vögel aus den Vorderextremitäten der Reptilien als gemeinsamen Vorfahren betrachtet. Die Vorderextremitäten sind als analog anzusehen, wenn die Organe betrachtet werden, die zur Flugfähigkeit beisteuern: Die Flughaut ist also analog zu den Federn.
- **Rudimente** sind zurückgebildete Organe, die i. d. R. funktionslos sind oder einen Funktionswechsel erfahren haben. Reste des Beckengürtels bei Bartenwalen sind ein Hinweis dafür, dass ihre Vorfahren funktionierende Hintergliedmaße besaßen und somit Landbewohner waren. Heute dient dieser Knochenrest als Haltevorrichtung für den Penis. Bei Menschen gilt z. B. das Steißbein als Hinweis dafür, dass unsere Vorfahren eine längere Wirbelsäule in Form eines Schwanzes besaßen.

- **Atavismen** sind relativ seltene Abweichungen in der Ausbildung von anatomischen oder verhaltensbiologischen Merkmalen, die Ähnlichkeiten mit den Eigenschaften der Vorfahren aufweisen. Beim Menschen kennt man z. B. die schwanzartige Verlängerung des Steißbeins (seltener als 1 : 1 000 000), zusätzliche Brustwarzen oder eine Ganzkörperbehaarung. Sie sind ein Hinweis darauf, dass im Genom Gene der Vorfahren enthalten sind, deren Ausprägung im Regelfall unterdrückt wird.

Embryologie

Nach HAECKELS biogenetischer Grundregel ist die Ontogenese (Keimesentwicklung) ein kurzer Abriss der Phylogenese (stammesgeschichtliche Entwicklung). Nach heutigem Verständnis richtet sich die Individualentwicklung nur teilweise nach Entwicklungsprogrammen der stammesgeschichtlichen Vorfahren, sodass nur wenige Stadien der Embryonalentwicklung Anklänge an die stammesgeschichtliche Entwicklung zeigen. In wenigen Ausnahmefällen lassen sich ausgebildete Einzelmerkmale entdecken, die Übereinstimmungen mit Merkmalen der Vorfahren zeigen und somit Hinweise auf eine stammesgeschichtliche Entwicklung darstellen. Beispiele sind die Zahnanlagen im Kiefer von Bartenwal-Embryonen und die als Kiemenanlagen anzusehenden Furchen bei Landwirbeltieren.

Paläontologie

In seltenen Fällen wurden durch glückliche Zufälle Reste von Organismen (tiefgefrorene Mammuts, in Bernstein eingeschlossene Insekten, Knochen, Kalkschalen etc.) gefunden, die viele hunderttausende oder Millionen Jahre überdauert haben. Hinzu kommen Abdrücke, Versteinerungen oder Inkohlungen. Diese Fossilien können uns Hinweise über den Weg der Evolution geben. Hierbei sind besonders Reste von Lebewesen von Bedeutung, die Ausgangspunkte von divergierenden Entwicklungen (z. B. Ur-Säuger) oder Übergangsformen unterschiedlicher Gruppen waren.

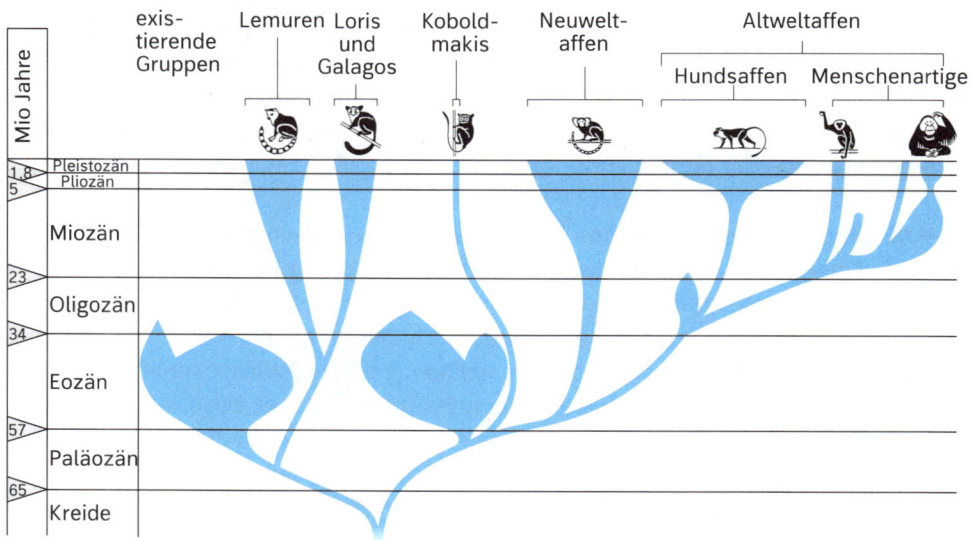

Stammbaum der Primaten (Die Breite der Zweige deutet die relative Artenzahl an.)

Schon LINNÉ hat den Menschen problemlos in sein System eingeordnet und ihn mit den Affen und Halbaffen zur Ordnung der Primaten (Herrentiere) zusammengefasst. Durch neuere Erkenntnisse konnte die Klassifikation der Primaten verfeinert und mithilfe weiterer Methoden zu einer Erstellung des Stammbaumes der Primaten genutzt werden. Oft unterstützen unterschiedliche Hinweise die gleiche Hypothese über die stammesgeschichtliche Entwicklung. Manchmal können diese Hinweise auch widersprüchlich sein. Dann können verschiedene Hypothesen aufgestellt werden und somit unterschiedliche Stammbäume erstellt werden. Wichtig ist: Stammbäume sind nur Hypothesen und sind nicht immer widerspruchsfrei. Sie können je nach Gewichtung der verschiedenen Hinweise unterschiedlich sein und sich im Laufe der Zeit ändern.

c. Vergleich und Beurteilung der Ergebnisse weiterer Analysemethoden: Vergleich von Nukleotid- und Aminosäure-Sequenzen

Vergleiche von Nukleinsäureabschnitten (DNA- und RNA-Vergleiche) geben genauso wie Proteinvergleiche (Abbildung Cytochromvergleich siehe S. 87) und Vergleiche von Aminosäuresequenzen Hinweise auf die stammesgeschichtliche Distanz von Arten. Große Ähnlichkeit bestimmter DNA-Abschnitte deutet auf geringe stammesgeschichtliche Distanz (hoher Verwandtschaftsgrad), geringere Ähnlichkeiten auf größere Distanz (geringerer Verwandtschaftsgrad) hin. Nicht codierende Abschnitte der DNA unterliegen in geringerem Maße der Selektion, weisen somit mehr Mutationen pro Zeit auf und sind exakter in der Bestimmung des Verwandtschaftsgrades.

Die DNA-Unterschiede können sowohl qualitativ als auch quantitativ ausgewertet werden. Ein geeignetes Verfahren ist die **DNA-Hybridisierung**. DNA-Doppelstränge unterschiedlicher Arten werden durch Erhitzen voneinander getrennt (Schmelzen der DNA). Nach dem Abkühlen können homologe Abschnitte von DNA-Einzelsträngen unterschiedlicher Arten hybridisieren, indem sich zwischen komplementären Basen der beiden Einzelstränge Wasserstoffbrücken ausbilden. Beim erneuten Schmelzen dieser Hybridstänge trennen sich diese umso schneller, je weniger komplementäre Basen sie aufweisen. Gemessen wird die Temperatur, bei der die Hälfte aller Brücken aufgelöst ist (Schmelzpunktbestimmung). Je niedriger dieser Schmelzpunkt ist, desto geringer ist somit die Ähnlichkeit der beiden hybridisierten DNA-Einzelstränge und desto geringer die Verwandtschaft der untersuchten Arten.

d. Erklärungsmodelle für Evolution (Synthetische Evolutionstheorie; vgl. Aufg. 8)

Nachdem Linné in der 2. Hälfte des 18. Jahrhunderts damit begann, die Vielfalt des Lebendigen zu erfassen und sie im Wesentlichen entsprechend der Baupläne systematisierte, stellte CUVIER fest, dass die Organismen in der Vergangenheit nicht immer nur in der Form vorkamen, in der sie uns heute erscheinen. Beide Wissenschaftler konnten aufgrund ihrer Vorstellung, dass die Erde erst 6000 Jahre alt sei, keine oder keine hinreichende Erklärung für die Vielfalt des Lebens geben. Erst LAMARCK entwarf die Idee von der stammesgeschichtlichen Entwicklung des Lebendigen, mit der er die Vielfalt begründete. Zur Bekräftigung seiner Idee entwickelte er die Vorstellung von der Weitergabe erworbener Eigenschaften (durch Gebrauch oder Nicht-Gebrauch von Organen) von den Eltern an ihre Nachkommen. Diese Hypothese von der willentlichen und aktiven

Anpassung des Individuums an die Umwelt konnte den späteren Erkenntnissen der Genetik nicht standhalten. 50 Jahre später, 1859, lieferte DARWIN eine neue Theorie für die stammesgeschichtliche Entwicklung des Lebendigen. Er übernahm eine Idee von MALTHUS und erkannte, dass Lebewesen mehr Nachkommen haben als zum Überleben der Art nötig wären. Diese weisen Unterschiede auf, die als Varianten für den Kampf ums Dasein („struggle for life") unterschiedlich geeignet sind. Der Bestangepasste pflanzt sich erfolgreich fort und überlebt in seinen Nachkommen als Tüchtigster („survival oft the fittest"). Die Individuen werden mit ihren Eigenschaften der Umwelt ausgesetzt. Im Wechselspiel zwischen Umwelteinfluss und individueller Ausstattung ergibt sich der Grad ihrer Angepasstheit. Darwin bezog diese Erkenntnisse auf alle Lebewesen und formulierte sie als Selektionstheorie. Heute weiß man, dass auch der Umwelteinfluss auf Individuen zu vererbbaren Änderungen im Genom führen kann (Epigenetik, vgl. Aufg. 7, jedoch nicht willentliche oder aktive Anpassung, wie von Lamarck gedacht. Zahlreiche Belege aus vielen Disziplinen der Biologie, z. B. der Genetik, der Paläontologie, Ethologie, Ökologie und Biochemie bestätigten DARWINS Selektionstheorie. Alle diese Erkenntnisse aus den unterschiedlichen Fachgebieten erweiterten die Selektionstheorie zur Synthetischen Evolutionstheorie.

Die aus den Verhaltenswissenschaften stammenden Begriffe der **„proximaten"** und **„ultimaten"** Ursachen ermöglichen es, Erklärungen für hochkomplexe biologische Phänomene zu formulieren. Wenn biologische Phänomene in Form einer physikalisch und/oder chemisch beschreibbaren Ursache-Wirkungskette erklärbar sind, spricht man von proximaten Ursachen. Ultimate Ursachen sind solche, die wegen ihrer Komplexität im Ergebnis als Anpassungsprozesse zu beschreiben sind und mit der synthetischen Evolutionstheorie erklärt werden. Dabei darf Angepasstheit nicht als ein Zustand aufgefasst werden, der in der Evolution durch zielgerichtete Prozesse entstanden ist. Evolution ist „blind"; ein zielgerichteter Prozess setzt die Kenntnis eines zukünftigen Ergebnisses voraus und entspräche aus menschlicher Sicht einem Schöpfungsakt.

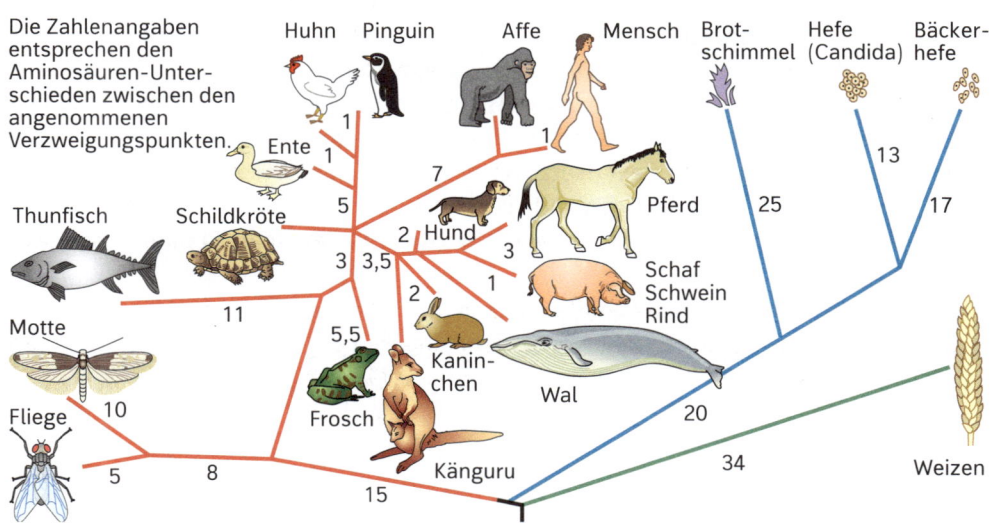

Stammbaum nur auf Basis des Vergleichs der Aminosäuresequenz des Enzyms Cytochrom

Transspezifische Evolution der Primaten

Die Einordnung des Menschen in die Ordnung der Primaten stellte von Anfang an kein Problem dar. Die Stellung der einzelnen Menschenaffen zum Menschen und die damit verbundene Einordnung der Vorfahren der heutigen Menschen in den Stammbaum der Hominiden (Große Menschenaffen und Mensch) haben sich dagegen aufgrund neuer Erkenntnisse immer wieder verändert. So zeigen Fossilfunde,

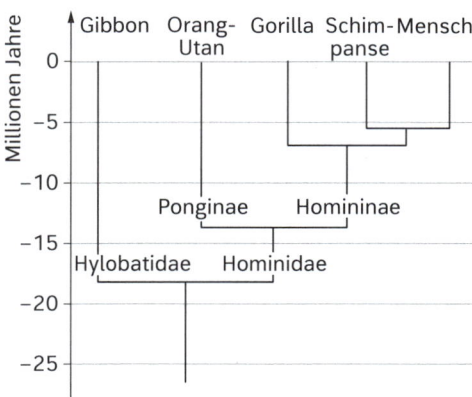

Stammbaum der Hominoiden

dass die Vorstellung, die Vorfahren der Menschen hätten schimpansenähnlich ausgesehen, falsch ist. Die frühen Homininen waren weitaus weniger spezialisiert als die späteren Schimpansen und Menschen. Die vor etwa vier Millionen Jahren lebenden Homininengruppen zeigten eine große Fülle an Formen; auch der aufrechte Gang dürfte in verschiedenen Entwicklungslinien entstanden sein und wäre demnach kein Merkmal, das nur den Menschen zuzuordnen ist.

Folgende **fossile** anatomisch-morphologische Merkmale spielten bei der Erstellung des Stammbaums der Menschen und Menschenaffen eine Rolle:

- Die Lage des Hinterhauptloches in der Schädelbasis ist ein Hinweis auf die Angepasstheit an den aufrechten Gang (je mehr das Loch senkrecht über der Wirbelsäule liegt, desto fortgeschrittener ist der Grad der Angepasstheit).
- Form des Schädels: Kräftige Überaugenwülste, eine weit vorspringende Schnauze (Prognathie) und ein fliehendes Kinn sind Merkmale der Menschenaffen. Größeres Hirnvolumen, Stirn und ein spitz zulaufendes Kinn sind Menschenmerkmale.
- Das Becken als Ansatzstelle für die Muskulatur gibt Hinweise über die Angepasstheit an den aufrechten Gang. Auch die schüsselartige Form ist ein Hinweis auf den aufrechten Gang. Diese mit dem aufrechten Gang verbundenen anatomischen Merkmale sind aber nicht allein frühen Menschenformen zuzuordnen.
- Menschenaffen haben im Gegensatz zum Menschen parallele Zahnreihen und eine Lücke zwischen Schneidezähnen und Eckzähnen.
- Die Füße können mehr als Greiffuß (Menschenaffe) oder mehr als Standfuß (Mensch) entwickelt sein.
- Die Hände sind beim Menschenaffen mit einem kurzen fast funktionslosen Daumen mehr ans Hangeln, bei Menschen mit einem längeren gegenübergestellten Daumen mehr ans Greifen angepasst. ~ opponierbarer Daumen

Cytologisch-biochemische Untersuchungen an **rezenten** (heute lebenden) Menschen und Menschenaffen können ebenfalls Hinweise zur Erstellung eines Stammbaumes geben. Dabei kommen die oben aufgeführten Methoden wie z. B. Protein-, RNA- und DNA-Vergleich zum Einsatz.

In den letzten Jahren wurde nicht nur die Methodik der RNA-Vergleiche (aus Mitochondrien) oder von DNA-Resten in Fossilien verfeinert. Gebrauchsspuren an Zähnen und Gebiss sowie die Isotopenverhältnisse mancher chemischer Elemente lassen Rückschlüsse auf die Ernährung zu. So nehmen z. B. C_3-Pflanzen weniger schwere ^{13}C Atome auf als in der Luft vorhanden sind; C_4-Pflanzen nehmen relativ die Mengen an ^{13}C wie ^{12}C auf, wie diese in der Luft vorhanden sind. Da C_4-Pflanzen besser an heiße Klimate und Stickstoffarmut angepasst sind, ergeben sich wichtige Rückschlüsse auf die Ernährung des Menschen, weil sie unter solchen Bedingungen verstärkt Grassamen verzehrten.

Verstärkt konnten so auch ökologische Fragestellungen in Verbindung mit ernährungsphysiologischen und anatomischen Untersuchungen zur Klärung des Evolutionsprozesses verschiedener Homininenformen herangezogen werden.

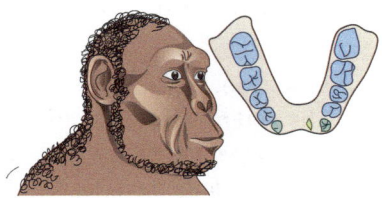

Name: Homo rudolfensis
Größe: bis 1,55 m
Fundort:
Turkana-(Rudolf-)See

Alter:
2,5 bis 1,8 Mio. Jahre
Gehirnvolumen:
600 bis 800 cm^3

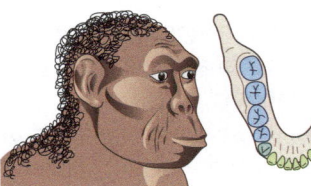

Name: Homo habilis
Größe: bis 1,65 m
Fundort:
Olduvai-Schlucht

Alter:
2,1 bis 1,5 Mio. Jahre
Gehirnvolumen:
500 bis 650 cm^3

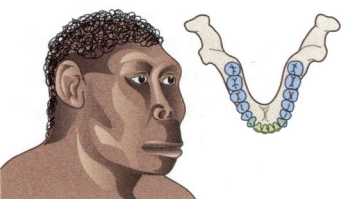

Name: Homo erectus
Größe: bis 1,65 m
Fundort:
Turkana-See,
Java. China

Alter:
1,8 Mio. bis 40000 Jahre
Gehirnvolumen:
750 bis 1250 cm^3

Merkmale und Lebend-Rekonstruktion dreier Arten der Gattung Homo

Biologische und kulturelle Evolution des modernen Menschen

a. Biologische Evolution

Klimageschichtliche und pflanzensoziologische Untersuchungen zeigen, dass die Vorfahren des heutigen Menschen in Afrika und nach jüngsten Erkenntnissen auch in Europa unter tropischen Bedingungen lebten. Sie ernährten sich als Sammler und Jäger von Früchten, Knollen und Wurzeln, in denen Stärke gespeichert war, und von jungen Pflanzentrieben und Samen. Sie mussten keine Vorräte anlegen, da ihnen Nahrung das ganze Jahr über zur Verfügung stand. Auch Eier oder frisches Aas verschmähten sie nicht. Mit einfachen Waffen versuchten sie, Tiere zu töten, um sie zu verzehren. Sowohl das Aas als auch die von ihnen getöteten Tiere bereiteten sie mithilfe von Feuer zu. Da durch Erhitzen die Nahrung besser erschlossen wird, können so mehr Menschen ernährt werden bzw. die Nahrung reicht länger.

Es gab verschiedene früh- und mittelpleistozäne *Homo*-Arten in Afrika. Alle Ethnien des modernen Menschen stammen von einem frühen *H. sapiens* aus Afrika ab. Einige von ihnen wanderten wiederholt von Afrika nach Europa und Asien aus. *H. sapiens*, der ebenfalls in mehreren Wellen nach Europa und Asien einwanderte, verdrängte schließlich alle anderen Homo-Arten, die sich durch adaptive Radiation (s. u.) in Afrika gebildet haben. Eine adaptive Radiation in der Evolution des Menschen kann angenommen werden, wenn Teilpopulationen unterschiedlichen Umweltbedingungen ausgesetzt sind. Diese veränderten Umweltbedingungen entstehen entweder durch Klimaänderungen, durch Wanderungen in andere Klimate oder durch beides. Die Annahme einer adaptiven Radiation der Hominiden in Afrika während der Klimaveränderungen vor etwa sechs Millionen Jahren ist also sowohl durch Klimaveränderungen wie auch Wanderungen von Teilpopulationen in dieser Zeit nachvollziehbar. Rasche Klimaveränderungen führten zur „mediterranen Salzkrise", d. h. nach Absinken des Meeresspiegels und unter tektonischen Bewegungen kam es zur Schließung der Meerenge zwischen Atlantik und Mittelmeer. Dies führte zur Austrocknung des Mittelmeers unter Erhöhung der Salzkonzentration im Mittelmeer und Absenken der Salzkonzentration in den Weltmeeren. Die Aussüßung der Weltmeere führte zur beschleunigten Eisbildung in der Antarktis, da Süßwasser schneller als Salzwasser gefriert, und zu geringeren Niederschlägen auf der Erde insgesamt. Folge war eine beschleunigte Abkühlung der Erde, ein Zerfall der Waldflächen in Afrika in einzelne Inseln und damit eine Isolierung der einzelnen Hominiden- bzw. Homininenpopulationen. Diese Isolierung führte während des Quartärs (Beginn vor ca. 2,5 Mio Jahre) zur adaptiven Radiation mit Ausbildung mehrerer Arten der Gattung *Homo*.

Immer wieder kam es während der verschiedenen Eiszeiten zu Wanderungsbewegungen in Regionen, die sich durch gemäßigtes oder kaltgemäßigtes Klima auszeichnen. Eine regelmäßige Versorgung mit pflanzlicher Nahrung war dort nicht möglich, aber wenn sich Tiere in der Nähe aufhielten, konnten diese erbeutet werden.

In den außertropischen Regionen können Pflanzenfresser nur dann leben, wenn sie in Symbiose mit Bakterien leben, die für sie die groben, zellulosehaltigen Pflanzen verdauen. Denn nur während der Vegetationsperiode steht zartes und unverholztes Pflanzenmaterial zur Verfügung. Im Winter ernähren sich die meisten Pflanzenfresser nur mithilfe der Bakterien, die in ihrem Verdauungssystem leben und die in der Lage sind,

Cellulose abzubauen. Dazu muss auch im Winter genügend Wasser zur Verfügung stehen. So ernähren sich also Pflanzenfresser mehr von den Bakterien und weniger direkt von Pflanzen.

Während der Eiszeiten wuchsen Wälder außerhalb der inneren Tropen nur selten. Zwischen den von Gletschern bedeckten Regionen Europas und Asiens und den Tropen herrschten Steppen und Tundren vor, in denen eine große Zahl von Pflanzenfressern leben konnte. Menschen jagten diese Tiere, indem sie sich zu Gruppen zusammenschlossen und gemeinsam die Tiere verfolgten, töteten und verzehrten. Dabei zogen sie hinter den großen Tierherden her. Während der Vegetationsperiode sammelten sie Früchte, stärkehaltige Knollen und junge Sprosstriebe. Sowohl das Fleisch wie auch die meisten Pflanzen wurden erhitzt, um sie besser verdauen zu können.

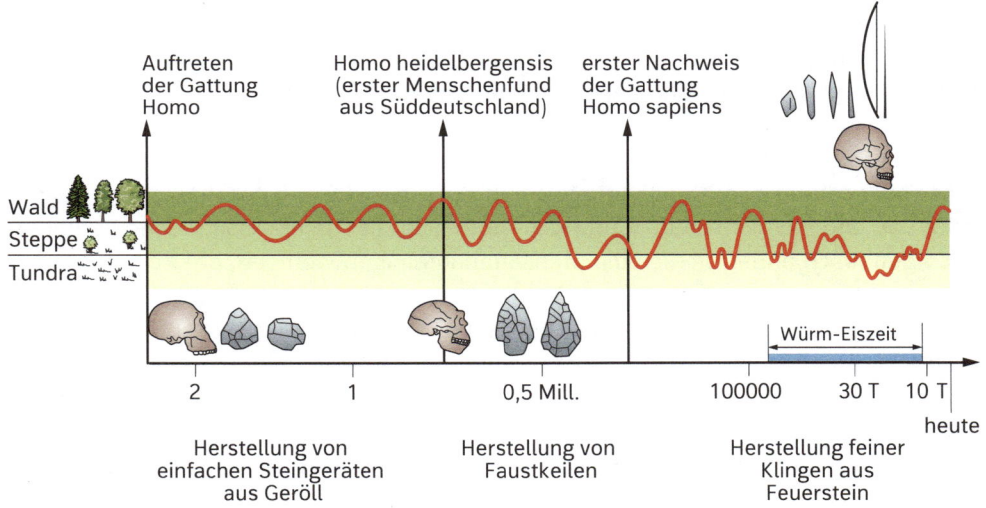

Klimabedingte Vegetationsänderungen in Mitteleuropa und Entwicklung des modernen Menschen. Die rote Linie deutet die jeweiligen Jahresdurchschnittstemperaturen an, die maßgeblich die Vegetationsverhältnisse in Mitteleuropa bestimmte.

H. sapiens wanderte seit Beginn der letzten Eiszeit vor 100 000 Jahren in mehreren Wellen über NW-, besonders aber über NO-Afrika nach Asien und Europa, bevorzugt entlang der Küsten. Sowohl in Asien wie auch in Europa verdrängte *H. sapiens* die schon lange vor ihm eingewanderten Hominiden (*H. erectus, H. heidelbergensis, H. neanderthalensis, H. floresiensis*), deren Existenz in Asien und Europa für die Zeit vor etwa 1 500 000 und 400 000 Jahren nachgewiesen ist. Am Ende der letzten Eiszeit vor etwa 10 000 Jahren waren große Flächen Westeuropas durch *H. sapiens* besiedelt.

Die seit langem bekannte Nutzung von Werkzeugen, Waffen und Schmuck wurde verfeinert. Während sich die Menschen in Europa und Asien am Ende der Eiszeit vor etwa 19 000–13 000 Jahren vor allem von Rentieren ernährten, begannen mit zunehmender Erwärmung die Menschen in Südeuropa auch neue Ressourcen in Form von Zugvögeln, Wassersäugetieren und Fischen zu nutzen. Als Wildbeutergesellschaften lebten sie wie ihre Vorfahren auch von Wildfrüchten, Knollen und Nüssen, die sie teilweise für den Winter einlagerten.

b. Kulturelle Entwicklung

Schon die Vorfahren des *H. sapiens* kannten Bestattungsriten und Grabbeigaben. Sie weisen darauf hin, dass es intensive menschliche Beziehungen zwischen Angehörigen einer Sippe gab, die über reines Nützlichkeitsdenken hinausgingen. Nicht nur Empathie, auch große Zuneigung und religiös geprägte Vorstellungen von einem Leben nach einem Tod können die Ursachen für diese Grabbeigaben gewesen sein. Intelligentes Verhalten und Lernfähigkeit bestimmte die Stellung des Einzelnen in der Sippe. Höhlenmalereien und Tierfiguren werden heute als Jagdzauber und Ausdruck von Schamanismus, altsteinzeitliche weibliche Figuren als Fruchtbarkeitssymbole gedeutet.

In Vorderasien begann vor etwa 13 000 Jahren mit Zunahme der **Sesshaftigkeit** die Nutzung von Grassamen, wodurch sich der Ackerbau und das damit verbundene Handwerk entwickelten. Mit der Sesshaftigkeit und der Entwicklung des Ackerbaus entwickelten sich größere Siedlungen, in denen nicht nur eine Sippe lebte. Erste Überschüsse des Ackerbaus konnten auf Märkten verkauft werden.

Diese sogenannte **neolithische Revolution** war einerseits mit der Umstellung auf den Ackerbau und Viehwirtschaft verbunden. Aber nicht nur im überkommenen Verhalten, auch genetisch änderten sich die Menschen in einigen wenigen, aber bedeutsamen Genorten. So vervielfachte sich das Gen für das Enzym Amylase. Dadurch verbesserte sich die Stärkeverdauung erheblich. Menschen produzieren in ihrem Speichel etwa sechs- bis achtmal so viel Amylase wie Schimpansen. Mutationen im Bereich des Gens für Lactase, welches den Milchzucker spaltet und so für den Energiestoffwechsel aufbereitet, sorgten dafür, dass nicht nur Kleinkinder, sondern auch bestimmte Populationen des Menschen (z. B. Menschen im südlichen Skandinavien und nördlichen Mitteleuropa) auch als Erwachsene besser als andere Menschen Milchzucker verdauen konnten und keine Verdauungsstörungen bekamen. Ohne die Mutationen im Bereich des Lactasegens wäre eine dauerhafte Besiedlung von Regionen, die auf Milchviehhaltung angewiesen sind, nicht möglich gewesen, da Milch nicht nur als Energiespender, sondern auch als wichtiger Calcium- und Vitaminspender dient, der die lichtarme Zeit im Winter überdauern hilft. Die Milchzuckerverträglichkeit in den Regionen Europas ist dort besonders hoch, wo die Zusammensetzung der Proteine in der Kuhmilch besonders vielfältig ist. In derselben Region tauchte in der Steinzeit zum ersten Mal Rinderzucht auf.

Aufgrund verbesserter landwirtschaftlicher Produktionsweisen und durch die Zucht von Pflanzen und Tieren ergab sich eine Überproduktion, die auf Märkten verkauft werden konnte. Handwerk und Handel entwickelten sich, schließlich entstanden im heutigen Irak und Syrien die ersten Städte. Das Streben des Menschen nach einem guten oder besseren Leben in größeren Gesellschaften führte zur Notwendigkeit, Konflikte möglichst aggressionsfrei auszutragen: Regeln des Zusammenlebens mussten in Form von Gesetzen formuliert, geschützt und durchgesetzt werden. Dazu war nicht nur mündliche, sondern auch schriftliche Kommunikation notwendig. In Mesopotamien entwickelte sich die Keilschrift, in Ägypten entstanden die Hieroglyphen, später Buchstabenschriften. Mit der Entwicklung einer Kultur, die durch Normen und Werte, durch Medizin, Wissenschaft und Kunst bestimmt war, wurde es dem Menschen möglich, sich von seiner biologischen Evolution zu emanzipieren.

Energiestoffwechsel

Pflanzen und einige Bakterien sind in der Lage, Lichtenergie in chemische Energie umzuwandeln, diese Organismen nennt man fototrophe Organismen. Unter Verwendung von den energiearmen Stoffen Kohlenstoffdioxid und Wasser können sie die Lichtenergie nutzen und in organischen Verbindungen (Zuckern) speichern. Wird Kohlenstoffdioxid (CO_2) als Kohlenstoffquelle genutzt, nennt man die Organismen autotrophe Organismen. Bei den Reaktionen der meisten fotoautotrophen

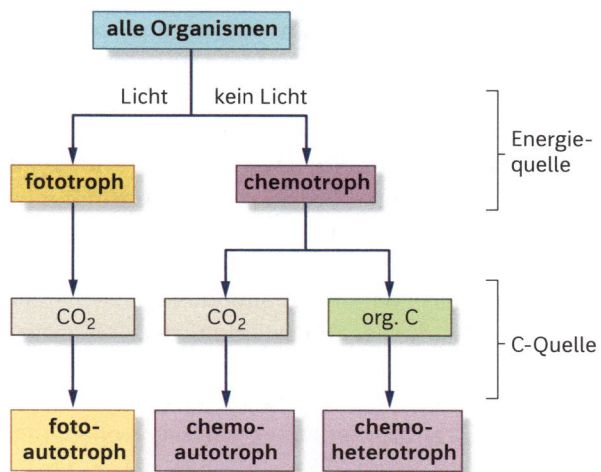

Energie- und Kohlenstoff (C)-Quellen von Organismen

Organismen wird Sauerstoff (O_2) freigesetzt. Damit schaffen die fotoautotrophen Organismen eine nachhaltige Grundlage für die vielen (chemo)heterotrophen Organismen, die diese energiereichen organischen Kohlenstoffverbindungen mithilfe von Sauerstoff wieder vollständig zu CO_2 abbauen. Chemotrophe Organismen können keine Energie aus Licht gewinnen und sind auf Energie aus chemischen Verbindungen angewiesen. Sie lassen sich je nach Kohenstoffquelle in chemo-autotrophe (CO_2 als C-Quelle) und chemo-heterotrophe (organische Kohlenstoffverbindungen als C-Quelle) Organismen einteilen. In den Organismen wird die Energie in Form von ATP als universeller Energieträger in den energiereichen Phosphatbindungen des ATP gespeichert.

Gärung und Zellatmung: Energieumwandlung bei Pro- und Eukaryoten

a. Energiegewinn bei heterotrophen Prokaryoten: Glykolyse und Gärung
Bei der Glykolyse wird ein energiereiches Substrat (Glucose) ohne Beteiligung von Sauerstoff oxidiert. Im Cytoplasma des Organismus wird zunächst Aktivierungsenergie durch Phosphorylierung auf Glucose übertragen. Dadurch kommt es zu einer Destabilisierung des Glucosemoleküls und die Glucose kann so mithilfe von Enzymen gespalten und oxidiert werden. Die dabei entzogenen Wasserstoffatome werden auf das Coenzym NAD^+ übertragen und es entsteht NADH + H^+. Bei der Oxidation wird Energie frei, die für die

Bindung einer Phosphatgruppe an ADP genutzt werden kann. ATP entsteht und kann für verschiedene Lebensvorgänge genutzt werden.

Obligat gärende Prokaryoten können mit der Energie, die im Wasserstoff enthalten ist (vgl. Knallgasreaktion) nichts anfangen. Deswegen wird bei der alkoholischen Gärung der Wasserstoff vom reduzierten Reduktionsäquivalent NADH + H⁺ auf Acetaldehyd, bei der Milchsäuregärung auf Pyruvat übertragen und somit das NAD⁺ regeneriert, sodass weitere Glukosemoleküle oxidiert werden können. Insgesamt ist der Energiegewinn bei der Gärung / Glykolyse mit 2 Mol ATP / Mol Glucose sehr gering. Dies liegt daran, dass die Energie durch Substratkettenphosphorylierung gewonnen wird.

b. Energieumwandlung nach erfolgter Endosymbiose zwischen gärenden Organismen und aeroben Prokaryoten: Zellatmung (vgl. Aufg. 9)

Einigen Prokaryoten gelang es im Laufe der Evolution den Wasserstoff zur Energiegewinnung zu nutzen. Diese Organismen nahmen die Endprodukte der Gärung (Ethanol und Essigsäure) auf und spalteten sie enzymatisch so, dass sie im Cytoplasma den C2-Körper Acetat decarboxylierten, also CO_2 entfernten, und den verbleibenden Wasserstoff zur Energiegewinnung nutzten. Der damit verbundene Vorteil des zusätzlichen Energiegewinns war nur möglich durch die Entstehung von Redoxsystemen, die Elektronen transportieren und einen Protonengradienten aufbauen können, und eine membrangebundene ATPase, die die Energie des Protonengradienten zur ATP-Bildung nutzen kann. Grundlage für diese Entwicklungen war die Endosymbiose von aeroben Prokaryoten in gärende Organismen. So entstanden verschiedene Reaktionsorte innerhalb des Organismus, getrennt durch eine Membran, in welche die benötigten Enzyme eingelagert sind. Die räumliche Trennung ist Voraussetzung für den Aufbau eines Protonengradienten, der zur Produktion von ATP benötigt wird. Aus den aufgenommenen aeroben Prokaryoten entwickelten sich im Laufe der Zeit die heutigen Mitochondrien eukaryotischer Zellen.

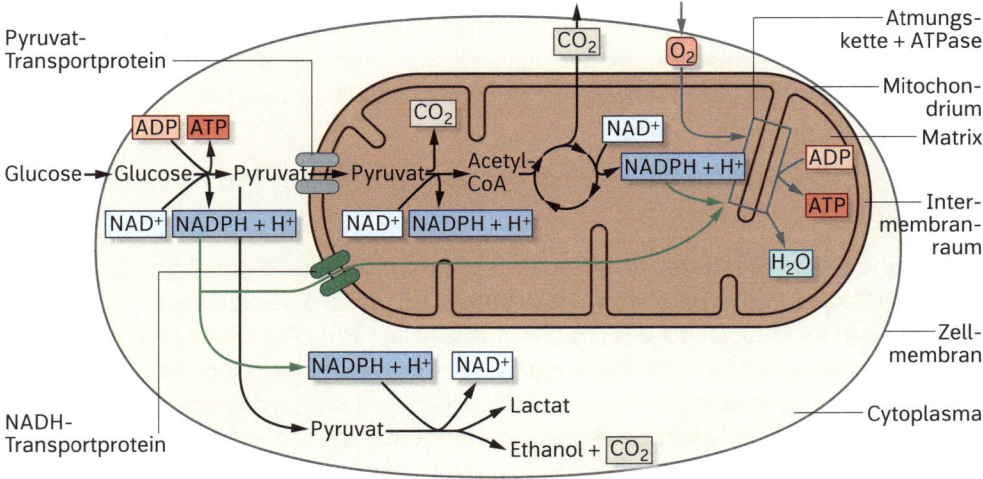

Reaktionsorte der Zellatmung in einer eukaryotischen Zelle

Die Glykolyse findet in eukaryatischen zellen im Cytoplasma Statt. Die weitere aerobe Energiebereitstellung unter Verwendung von Sauerstoff läuft überwiegend in den Mitochondrien ab und führt zum Abbau der organischen Verbindungen in vier Schritten:

1. **Glykolyse:** Glucose (C_6) wird zu 2 Molekülen Pyruvat (C_3) oxidiert. (vgl. Ablauf der Glykolyse bei heterotrophen Prokaryoten)
2. **Oxidative Decarboxylierung:** Pyruvat wird über Transportproteine in das Mitochondrium gebracht und dort an CoA gebunden. Durch Wasserstoffentzug findet eine Oxidation statt und das Molekül wird zum C_2-Körper Acetat decarboxyliert. Pro Mol Glucose entstehen 2 Mol CO_2 und 2 Mol NADH + H$_+$.
3. **Citratzyklus:** Das Acetyl-CoA wird enzymatisch an den C_4-Körper Oxalacetat gebunden und es entsteht Citrat (C_6). Citrat wird im Citratzyklus zweimal decarboxyliert und viermal oxidiert. Pro Mol Acetat werden 4 Mol reduzierte Reduktionsäquivalente (NADH + H$^+$) und 1 Mol ATP gebildet. Es bleibt ein C_4-Körper (Oxalacetat), auf den erneut ein Acetyl-CoA aus dem Pyruvatabbau übertragen wird. Pro Mol Glucose werden also 8 Mol Reduktionsäquivalent gewonnen.
4. **Atmungskette:** Die Redoxsysteme der Atmungskette an der inneren Mitochondrienmembran erzeugen einen Protonengradienten über die Membran. Dabei werden Elektronen von NADH + H$^+$ auf die Redoxsysteme der inneren Mitochondrienmembran übertragen und über eine Elektronentransportkette auf den terminalen Elektronenakzeptor Sauerstoff übertragen. Während des Elektronentransports wird stückweise Energie frei gegeben und kann genutzt werden, um Protonen gegen das Konzentrationsgefälle in den Intermembranraum zu pumpen. Der so aufgebaute Protonengradient kann von der ATPase zur Produktion von ATP genutzt werden.

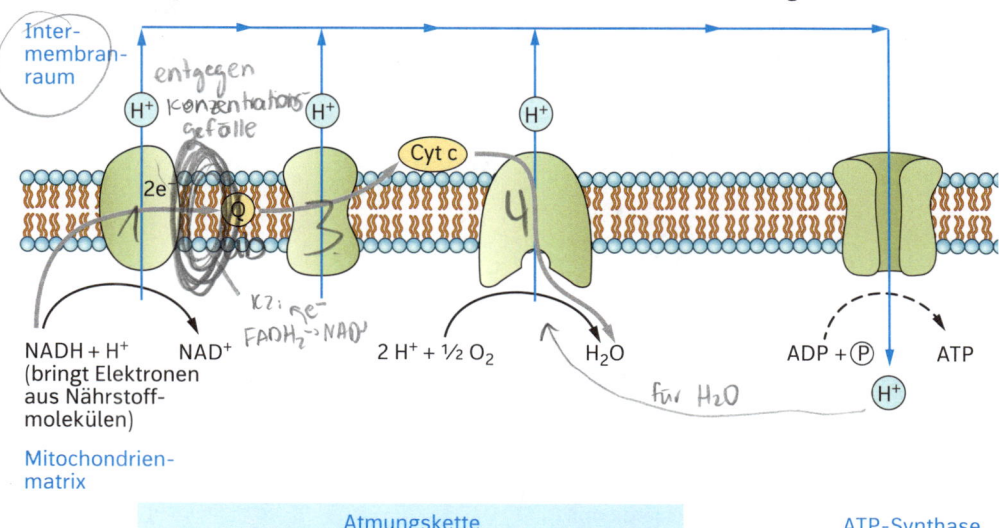

Atmungskette und ATP-Synthase

c. Regelung der Zellatmung

Die Produktion von ATP durch die Zellatmung lässt sich durch allosterische Enzyme, wie die Phosphofuktokinase, zu Beginn des Stoffwechselwegs (während der Glykolyse) regulieren. Wird viel Energie umgesetzt, beschleunigt sich dadurch die ATP-Produktion. Ist jedoch genügend ATP vorhanden, geht die Zellatmung zurück, wodurch energiereiche organische Verbindungen für andere Zwecke zur Verfügung stehen. Die Regulation erfolgt über Rückkopplung, ATP und Citrat hemmen das Enzym Phosphofructokinase und ADP stimuliert es.

d. Glykolyse und Citratzyklus als Drehscheibe

Glykolyse und Citratzyklus stehen mit vielen Stoffwechselprozessen im Körper in Verbindung. Aus Zwischenprodukten des Citratzyklus einstehen verschiedene Stoffe, wie körpereigene Proteine, Fettsäuren (Lipide) oder Glucose (Gluconeogenese). Für diese anabolen (stoffaufbauenden) Prozesse muss ATP aus der Zellatmung geliefert werden. Außerdem werden über die Glykolyse und den Citratzyklus Moleküle aus der einen Stoffklasse in Moleküle aus einer anderen Stoffklasse umgewandelt, wie beispielsweise Glucose in Lipide.

Fotosynthese: Energiegewinnung bei Pflanzen

a. Bau und Funktion des Blattes)

Die Umweltfaktoren Licht, Wasser und Kohlenstoffdioxid werden in den Chloroplasten der Pflanzen zur Bildung von Glucose verwendet. Dieser wird zunächst als Stärke gespeichert und schließlich aus den Chloroplasten über die Leitbündel zu Orten des Energie- oder Baustoffbedarfs transportiert. Hauptorgane der Fotosynthese sind die grünen Blätter, die im Palisadengewebe (und Schwammgewebe) Chloroplasten enthalten. Zwei Schließzellen auf der Blattunterseite bilden eine Spaltöffnung, durch die Wasserdampf und Sauerstoff nach außen und CO_2 nach innen diffundiert.

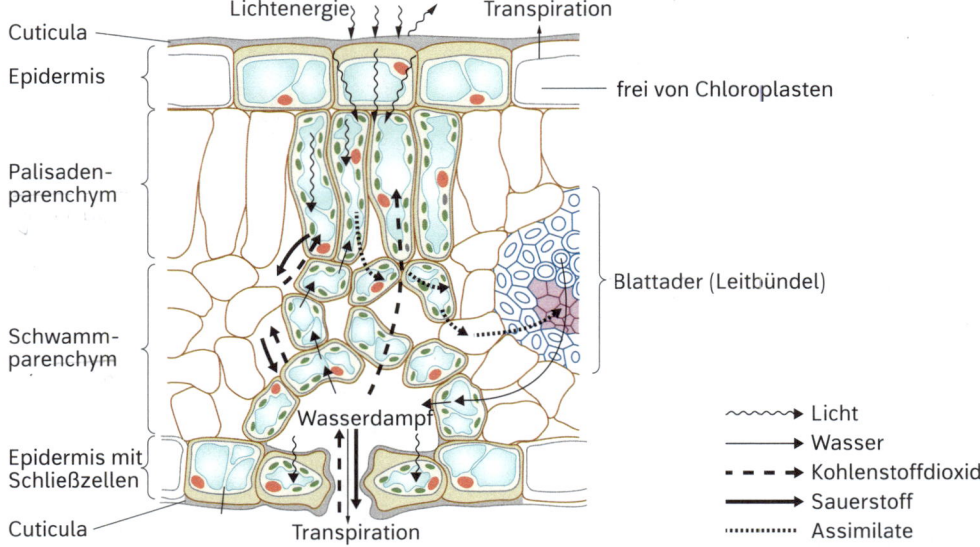

Schematischer Ausschnitt aus einem bifazialen Laubblatt (Sonnenblätter enthalten ein mehrschichtiges, Schattenblätter ein einschichtiges Palisandengewebe)

Die Rate der Fotosynthese hängt besonders von den abiotischen Faktoren CO_2-Konzentration, Licht und Temperatur ab. Je mehr CO_2 zur Verfügung steht und je mehr Licht auf die Blätter fällt, desto mehr Stärke und Sauerstoff werden gebildet. Die Temperatur beeinflusst die Reaktionsgeschwindigkeit der Stoffwechselprozesse, da die Funktionsfähigkeit der beteiligten Enzyme stark temperaturabhängig ist (RGT-Regel).

Bauelemente eines Blattes mit ihren Funktionen

Interzellulare /Atemhöhle: großräumige Interzellulare (Zwischenräume) im Inneren des Blattes angrenzend an die Spaltöffnung, durchziehen in der Regel das Schwammgewebe; bei Blättern auf der Wasseroberfläche (Seerose) sind die Interzellularen besonders groß, um dem Blatt Auftrieb zu bieten

Cuticula: eine für Wasser schwer durchlässige Schicht, die der Epidermis aufliegt, sie schützt weitgehend vor Verdunstung und Infektion, um Wasserverlust an heißen Standorten zu verhindern, kann die Cuticula verdickt sein (xerompephes Blatt)

Epidermis: Abschlussgewebe der Blätter aus einer oder mehreren Zellschichten, in der Regel sind hier keine Chloroplasten vorhanden (Ausnahme: Schließzellen) und mit häufig verstärkten Zellwänden, bietet mechanischen Schutz

Palisadengewebe: bei vielen Pflanzenarten unter der oberen Epidermis liegendes Gewebe aus länglichen, eng aneinander liegenden Zellen, deren Cytoplasma reich an Chloroplasten ist, die Zellachse verläuft senkrecht zur Blattoberfläche, in Sonnenblättern beispielsweise kann es mehrschichtig sein

Schwammgewebe: lockeres, von vielen Interzellularen durchzogenes Gewebe aus unregelmäßig gebauten Zellen, deren Cytoplasma häufig weniger Chloroplasten als im Palisadengewebe anzutreffen sind, es liegt zwischen Palisadengewebe und unterer Epidermis

Spaltöffnungen/Stomata/Schließzellen: paarig angeordnete Epidermiszellen bilden die Schließzellen des Spaltöffnungsapparats, zwischen denen sich die Spaltöffnung befindet; Tugorschwankungen in den Schließzellen (durch das Pumpen von Kalium und Nachströmen von Wasser) bewirken das Öffnen und Schließen der Spaltöffnung; entlang eines Konzentrationsgefälles diffundieren bei geöffneten Spaltöffnungen Gase und ein Gasaustausch findet statt; der Gasaustausch kann über die Öffnungsweite der Spaltöffnungen (Stomata) geregelt werden und ist z. B. von Licht und Luftfeuchtigkeit abhängig; um Transpiration zu vermeiden können Spaltöffnungen eingesenkt sein (bei Nadelblatt und beim xeromorphen Blatt); bei Schwimmpflanzen, deren Blätter auf der Wasseroberfläche schwimmen, befindet sich die Spaltöffnung auf der Blattoberseite.

Sklerenchym: Schicht toter Zellen unter der Epidermis von Nadelblättern, dient der mechanischen Festigung

Armpalisadenparenchym: beinhaltet die Chloroplasten in Nadelblättern

Mesophyll- und Leitbündelscheidezellen: bei Mais und anderen sutropischen und tropischen Grasarten findet die CO_2-Fixierung in den Mesophyllzellen statt, CO_2 wird durch die PEP-Carboxylase an PEP (Phosphoenolpyruvat) gebunden, es entsteht Oxalacetat, das schließlich in Malat umgewandelt wird (C_4-Pflanzen); das Malat wird in die Chloroplasten der Leitbündelscheidezellen transportiert und hier fixiert das Enzym Rubisco aus Malat produziertes CO_2 und schleust es in den CALVIN-Zyklus ein

b. Bau und Funktion der Chloroplasten

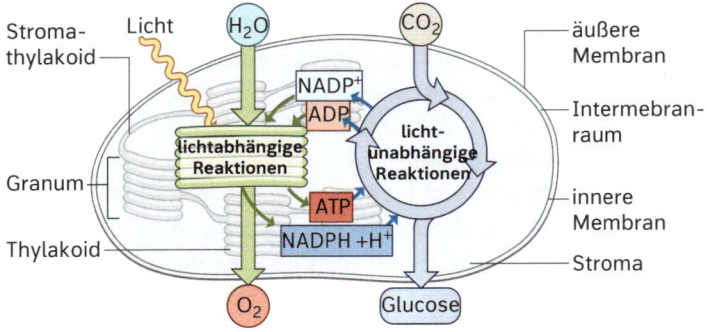

Übersichtsschema zu Stoffwechselleistungen des Chloroplasten

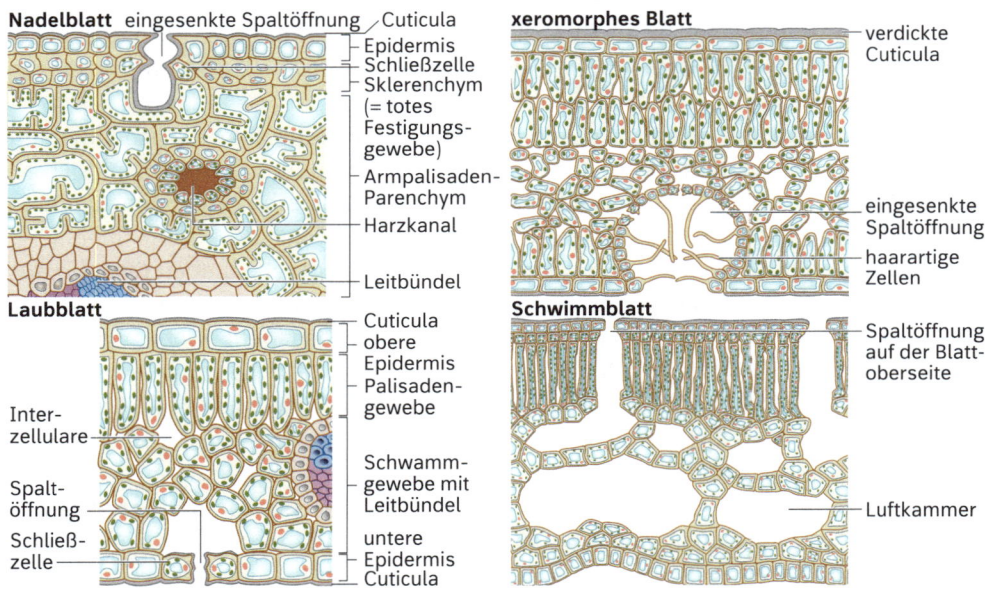

Lage von Spaltöffnungen bei verschiedenen Blättern

Die wesentlichen Funktionselemente eines Chloroplasten sind:

Stroma (auch Matrix genannt): das Plasma des Chloroplasten, enthält Ionen, Enzyme, Ribosomen, ringförmige DNA

Thylakoidmembran: trennt die Matrix von der nicht plasmatischen Phase ab, enthält fotosynthetische Pigmente (Chlorophylle) und andere Redoxsysteme mit denen an der Seite zum Thylakoidinnenraum durch Lichtenergie Wasser gespalten werden kann (Fotolyse des Wassers). Die so gewonnenen Elektronen werden entlang der membrangebundenen Redoxsysteme transportiert. Hierbei wird ein Protonengradient aufgebaut, der für die ATP-Produktion genutzt wird. Schließlich werden die Elektronen auf $NADP^+$ übertragen und die so entstandenen Reduktionsäquivalente (sowie das entstandene ATP) werden für die Sekundärreaktionen verwendet.

Die Zellen von grünen Blättern enthalten in ihrem Cytoplasma Chloroplasten (im Palisaden- und Schwammgewebe und den Schließzellen). Unter ATP-Verbrauch fixieren sie CO_2 aus der Luft und bilden energiereiche, speicherfähige Kohlenhydrate, die in die restlichen Zellen der Pflanze transportiert werden und dort als Baustoff (z. B. für Zellwände oder Membranen) oder zur Energiegewinnung (Zellatmung in den Mitochondrien) genutzt werden. Die Fixierung von CO_2 und Produktion von Kohlenhydraten ist energieaufwändig und findet im Stroma der Chloroplasten im sogenannten CALVIN-Zyklus statt. Daher wird in der Primärreaktion der Fotosynthese Lichtenergie von Blattpigmenten absorbiert und in chemische Energie (ATP) umgewandelt. Dazu wird die absorbierte Lichtenergie von Chlorophyll auf Redoxsysteme in der Thylakoidmembran übertragen und für den Aufbau eines Protonengradienten über die Thylakoidmembran genutzt. Dies führt zu einem Protonenstrom aus dem Thylakoidinnenraum ins Stroma. Dieser Protonenstrom kann von dem membrangebundenen Enzym ATP-Synthase zur Gewinnung von ATP aus ADP + P genutzt werden. Die Protonen, die den Protonengradienten aufbauen, werden aus der Fotolyse des Wassers gewonnen. Hierbei entsteht als Abfallprodukt Sauerstoff, der nach außen diffundiert. Die entstandenen Elektronen und Protonen werden für die Produktion von Reduktionsäquivalenten genutzt.

c. Bau und Funktion der Thylakoidmembranen: Gewinn von ATP und Elektronen bzw. Wasserstoff

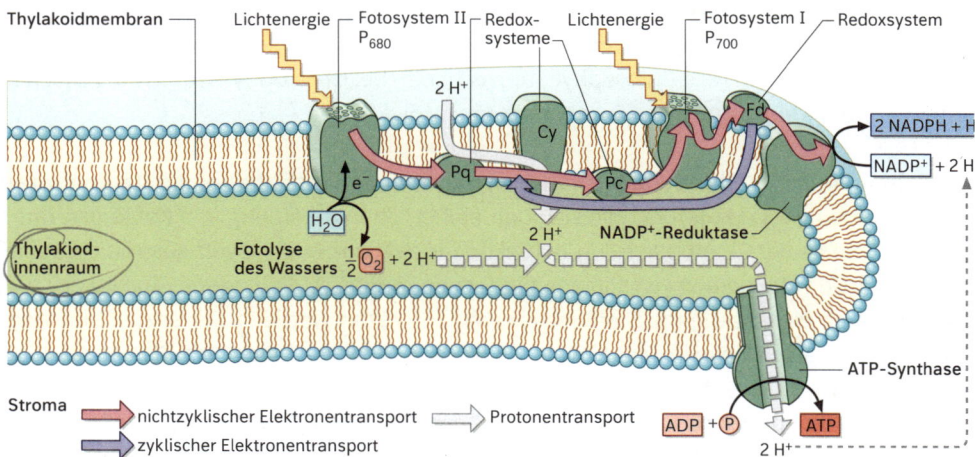

Schematischer Bau der Thylakoidmembran und Primärvorgänge

Die Thylakoidmembran setzt sich aus folgenden Bau- und Funktionselementen zusammen:

Phospholipid: Grundbaustein der (Thylakoid-) Membran, besteht aus einem polaren und einem unpolaren Bereich, so dass sich eine zweischichtige Phospholipid-Doppelschicht bildet, die aufgrund ihrer chemischen Eigenschaften zwei wässrige Lösungen voneinander trennen kann, so ist es möglich, dass Stoffgradienten über die Membran aufgebaut werden können

ATP-Synthase (auch ATPase genannt): membrangebundenes Enzym, das einen Tunnel über die Thylakoidmembran bildet, Protonen können (entlang eines Protonengradienten)

durch das Enzym strömen und so die Bindung von einem Phosphatrest an ADP kataly-sieren, so dass ATP entsteht

Fotosystem II: Fotosystem mit zentralem Chlorophyll a, Absorptionsmaximum bei 680 nm (P680), Anregung mit Licht führt zur Weitergabe von Elektronen vom zentralen Chlorophyll a an ein Akzeptormolekül, das Teil einer Elektronentransportkette ist, die Elektronenlücke im P680 wird mit Elektronen aus Wasser gefüllt (Fotolyse des Wassers)

Fotosystem I: Fotosystem mit zentralem Chlorophyll a, Absorptionsmaximum bei 700 nm (P700), Anregung mit Licht führt zur Weitergabe von Elektronen vom zentralen Chlorophyll a an ein Akzeptormolekül, das die Elektronen dann an die $NADP^+$-Reduktase weiter gibt, Reduktionsäquivalent ($NADPH + H^+$) entsteht, die Elektronenlücke im P700 wird mit Elektronen aus der Elektronentransportkette ausgehend von P680 gefüllt, sind nicht genug Protonen vorhanden, wird das Reduktionsäquivalent $NADPH + H^+$ nicht ge-bildet, die Elektronen gelangen zurück in die Elektronentransportkette zwischen P680 und P700 (zyklischer Elektronentransport)

Reduktionsäquivalent: Bezeichnung für das Coenzym $NADPH + H^+/NADP^+$

Redoxpotential und Redoxsystem: charakteristische Redoxsysteme können Elektronen aufnehmen und weitergeben, je größer das Bestreben Elektronen weiterzugeben, desto größer (negativer) das Redoxpotential, so können Redoxsysteme mit einem negative-ren Redoxpotential Elektronen auf ein Redoxsystem mit einem kleineren (positiveren) Redoxpotential übertragen

System konjugierter Doppelbindungen: Doppelbindungen und Einfachbindungen, die sich in einem Molekül (wie Chlorophyll) abwechseln, bei Chlorophyll treten sie zwischen den C-Atomen des ringförmigen Abschnitts im Molekül auf

d. Nicht membrangebundene Vorgänge in der Matrix: Synthese von Kohlenhydraten

Die lichtunabhängige Fixierung von CO_2 und einhergehende Bildung von Kohlenhydraten findet im Stroma der Chloroplasten statt (Sekundärreaktion). Mithilfe von Autoradiographie, der radioaktiven Markierung von Kohlenstoffatomen, konnte die Bildung von Glucose aus CO_2 und der damit einhergehende Stoffwechselweg aufgeklärt werden. Das Enzym Ribulose-bisphosphat-carboxylase-oxidase, auch **„Rubisco"** genannt, bindet ein CO_2-Molekül an den C_5-Körper Ribulose-1,5-bisphosphat. Der entstandene C_6-Körper zerfällt sofort in zwei C_3-Körper 3-Phosphoglycerat und dieser werden im **CALVIN-Zyklus** weiter mithilfe von Re-duktionsäquivalenten und ATP aus den Primärreaktionen reduziert und umgebaut, so dass Glucose und neue CO_2-Akzeptoren (Ribulose-1,5-bisphosphat) entstehen. Die Sekundärvor-gänge sind also die Prozesse, die im Stroma ablaufen um aus CO_2 Glucose zu produzierten. Hierzu sind die Produkte der Primärreaktion (ATP und $NADPH + H_+$) notwendig.

e. Fotosynthese bei Bakterien

Es gibt einige fotoautotrophe Bakterien, die verschiede Pigmente mit unterschiedlichen Absorptionseigenschaften besitzen. Sie besiedeln zahlreiche Lebensräume mit verschie-denen Lichtintensitäten. Meist verwenden sie organische Verbindungen, Schwefelwas-serstoff (H2S) oder Wasserstoff (H2) als Elektronen-Donator. Lediglich Cyanobakterien verwenden ebenfalls Wasser als Elektronen-Donator. Darüber hinaus haben außer den Cyanobakterien alle weiteren fotoautotrophen Bakterien nur ein Fotosystem.

4 Übungsaufgaben

Aufgabe 1: CODIS, das genetische Fingerabdruck-system des FBI

Angewandte Genetik: Werkzeuge und Verfahrensschritte der Gentechnik am Beispiel der PCR und des genetischen Fingerabdrucks

Einleitung

CODIS bedeutet COmbined DNA Index System und ist entwickelt worden, um möglichst alle Individuen einer Population unterscheiden zu können.

Basis dafür sind 13 verschiedene DNA-Abschnitte mit Wiederholungseinheiten. Die Molekulargenetiker bezeichnen diese sich wiederholenden DNA-Muster, deren Wiederholungseinheiten eine Länge von 2 bis 7 Basenpaaren haben, als STRs (short tandem repeats). In den untersuchten DNA-Anschnitten enthalten diese STRs etwa 10 – 100 Wiederholungseinheiten. Als VNTRs (variable number of tandem repeats) bezeichnet man DNA-Abschnitte, die eine Länge von insgesamt nur etwa 10 – 100 bp (Basenpaaren bzw. Nukleotiden) besitzen.

VNTRs und STRs macht man sich in der Forensik bei der Identifikation von Personen zunutze. Sie liegen in bekannten DNA-Abschnitten, die mit Symbolen bezeichnet werden. Ein solcher Abschnitt heißt z. B. D7S280. Er liegt auf dem Chromosom 7. In der Bevölkerung der USA kann er zwischen 310 und 346 Basenpaaren lang sein.

AUFGABENSTELLUNG

1 **Untersuchen** Sie die Basensequenz des DNA-Abschnitts D7S280 aufgrund der Abbildung M1:

(a) **Geben** Sie **an**, um welche Wiederholungseinheit es sich hier handelt und wie oft sie in der Abbildung M1 wiederholt wird.

(b) **Leiten** Sie aufgrund der Angaben im Text und der Abbildung M1 alle variablen STRs mit der exakten Anzahl ihrer Wiederholungseinheiten im DNA-Abschnitt D7S280 für die amerikanische Bevölkerung **ab**. (Tipp: Ermitteln Sie dazu die Länge des DNA-Abschnitts D7S280, also die Gesamtzahl der Nukleotide, sowie die Anzahl der Repeats in M1. Die unterschiedliche Länge von D7S280 kommt in der Bevölkerung der USA ausschließlich durch eine unterschiedliche Anzahl an Repeats zustande. Rechnen Sie nun mit den Zahlen im letzten Satz der Einleitung.)

2 **Beschreiben** Sie, wie man aufgrund einer DNA-Spur in der Forensik experimentell vorgehen muss, um für eine bestimmte Person die STRs des DNA-Abschnitts D7S280 zu ermitteln, also einen genetischen Fingerabdruck herzustellen. Wählen Sie folgende Methoden:

(a) PCR,

(b) Gelelektrophorese. Zeichnen Sie das Ergebnis der Gelelektrophorese für den DNA-Abschnitt D7S280 von Peter.

3 **Erläutern** Sie den Rechenweg für die Bestimmung der Wahrscheinlichkeit, einem Menschen zu begegnen, der das gleiche CODIS-STR-Muster aufweist wie Peter (vgl. M1).

4 (a) **Erklären** Sie, welche Schlussfolgerung ein Molekulargenetiker aufgrund des CODIS-STR-Musters bezüglich der Eigenschaften oder der Persönlichkeit der untersuchten Personen ziehen kann.

(b) **Beurteilen** Sie Möglichkeiten und Grenzen dieses gentechnischen Verfahrens in der Kriminalistik.

Material

M1 **Nukleotidlänge mit darin enthaltenen Wiederholungseinheiten von D7S280**

3'-Ende	1	[AATTTTTGTA	TTTTTTTTAG	AGACGGGGTT	TCACCATGTT
	41	GGTCAGGCTG	ACTATGGAGT	TATTTTAAGG	TTAATATATA
	81	TAAAGGGTAT	GATAGAACAC	TTGTCATAGT	TTAGAACGAA
	121	CTAACGATAG	ATAGATAGAT	AGATAGATAG	ATAGATAGAT
	161	AGATAGATAG	ATAGACAGAT	TGATAGTTTT	TTTTTATCTC
	201	ACTAAATAGT	CTATAGTAAA	CATTTAATTA	CCAATATTTG
	241	GTGCAATTCT	GTCAATGAGG	ATAAATGTGG	AATCGTTATA
	281	ATTCTTAAGA	ATATATATTC	CCTCTGAGTT	TTTGATACCT
	321	CAGATTTTAA	GGCC] 5'-Ende		

M1 Nukleotidsequenz des DNA-Abschnitts D7S280 auf dem Chromosom 7 eines Amerikaners. Die Zahlen am Beginn der Zeile kennzeichnen die Nummer der ersten Base bzw. des ersten Nukleotids des folgenden DNA-Abschnitts. Nach jeder 10. Base wurde zur besseren Übersichtlichkeit eine Lücke gesetzt.

M2 Die CODIS-DNA-Abschnitte

DNA-Abschnitt	D3S1358	vWA	FGA	D8S1179	D21S11	D18S51	D5S818
STR-Muster (Peter)	15, 18	16,16	19, 24	12, 13	29, 31	12, 13	11, 13
Häufigkeit USA	8,2 %	4,4 %	1,7 %	9,9 %	2,3 %	4,3 %	13,0 %

DNA-Abschnitt	D13S317	D7S280	D16S539	THO1	TPOX	CSF1PO
STR-Muster (Peter)	11, 11	10, 10	11, 11	9, 9	8, 8	11, 11
Häufigkeit USA	1,2 %	6,3 %	9,5 %	9,6 %	3,5 %	7,2 %

M2 Alle 13 DNA-Abschnitte, die von CODIS erfasst werden. Darunter ist jeweils eine mögliche STR-Kombination einer bestimmten Person (Peter) angegeben zusammen mit der Häufigkeit, mit der diese bestimmte Kombination in der Bevölkerung der USA auftritt. Peter hat z. B. im DNA-Abschnitt FGA einmal 19 und auf dem anderen homologen Chromosom 24 Tandem Repeats. Nur 1,7 % der Bevölkerung weisen an diesem FGA-Ort das gleiche STR-Muster von 19/24 auf.

TIPP Benötigte Fachkenntnisse

DNA: Aufbau aus Nukleotiden, Informationsgehalt codogener und nichtcodogener Abschnitte (S. 33 ff.)

TIPP Benötigte Methodenkenntnisse

PCR , Gelelektrophorese, Restriktionsenzyme, Umgang mit Diagrammen (S. 22 ff.)

Lösungen

1. (a) Länge der Wiederholungseinheit: 4 bp aus GATA; GATA tritt 12-mal auf in einem 334 bp langen D7S280 DNA-Abschnitt.
   (b) In einem 310 bp langen D7S280 DNA-Abschnitt 6-mal GATA. In einem 346 bp langen D7S280 DNA-Abschnitt 15-mal GATA. Für die amerikanische Bevölkerung gibt es im DNA-Abschnitt D7S280 variable STR-Muster von 6 bis 15 GATA-Wiederholungseinheiten.

2. (a) Ablauf der PCR:
   In der Polymerase-Kettenreaktion wird die Replikation der zellulären DNA im Reagenzglas nachgestellt. Zur Replikation muss der Doppelstrang zunächst in seine beiden Einzelstränge getrennt werden. Anschließend kann die DNA-Polymerase jeweils einen Einzelstrang als Matrize nutzen, an die sie Nukleotide in komplementärer Weise zu einem neuen, gegenläufigen Strang zusammenbaut. Als Regel gilt, dass die DNA Kettenverlängerung nur über das 3'-Ende der Ribose erfolgen kann. Nach der semikonservativen Replikation liegt dann ein Doppelstrang aus einem „alten" und einem neu zusammengesetzten Einzelstrang vor.
   Anders als bei der natürlichen Replikation werden bei der PCR nicht die gesamte DNA der Zelle, sondern nur spezifische Fragmente vermehrt. Die Startpunkte der DNA-Polymerase – und damit die Größe des vermehrten DNA-Fragmentes – wird durch die Wahl von sogenannten Primern bestimmt. Ein Primer ist ein etwa 20 Nukleotide langes DNA-Fragment, welches chemisch synthetisiert werden kann und

an dessen 3'-Ende eine Kettenverlängerung erfolgen kann. Die Primersequenz ist ein kurzes, einzelsträngiges DNA-Stück.

Für eine PCR benötigt man zwei unterschiedliche Primer, von denen einer komplementär zu einer Sequenz auf dem einem Einzelstrang der DNA und der zweite komplementär zu einer Sequenz auf dem gegenläufigen Einzelstrang ist. Die zwischen den Primern liegende Sequenz kann dann in der PCR vermehrt werden. Zu der DNA wird ein Reaktionsansatz gegeben, der aus einem Puffer, DesoxyNukleotiden und aus einer thermostabilen Variante des Enzyms DNA-Polymerase besteht, der Taq-Polymerase (aus dem Bakterium Thermus aquaticus).

Die PCR ist eine zyklische Reaktion. Jeder PCR-Zyklus besteht aus drei wesentlichen Schritten:

- Denaturierung: Durch kurzzeitiges Erhitzen der DNA-Lösung auf 95 °C werden die beiden Stränge des DNA-Moleküls getrennt.
- Hybridisierung: Bei 56 °C lagern sich die beiden Primer an die DNA-Stränge an.
- Polymerisierung: Bei 72 °C werden die DNA-Stränge durch die Taq-Polymerase repliziert.

Für die aufeinander folgenden PCR-Zyklen verwendet man einen Thermocycler, in dem die drei Schritte der Reaktion in der Regel etwa 30- bis 35-mal wiederholt werden.

(b) Das Ergebnis der Gelelektrophorese sieht für Peter an der Stelle D7S280 folgendermaßen aus:

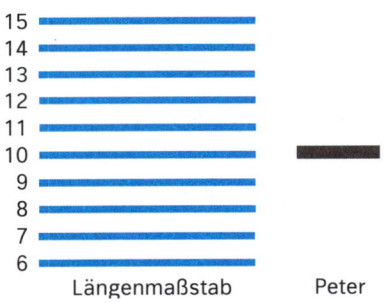

Ergebnis der Gelelektrophorese des DNA-Genabschnitts D7S280 für Peter

Erklärung zur Abbildung: Der Längenmaßstab von 6 bis 15 Wiederholungseinheiten wurde deshalb gewählt, weil im D7S280 DNA-Abschnitt nur diese Möglichkeiten von STRs vorkommen können. In der DNA-Probe von Peter taucht nur eine Bande auf, da gemäß dem STR-Muster von Peter von 10/10 in diesem Bereich jeweils 10 Wiederholungseinheiten auf den homologen Chromosomen liegen.

3. Der Rechenweg für die Bestimmung der Wahrscheinlichkeit, einem Menschen zu begegnen, der das gleiche CODIS-STR-Muster aufweist wie Peter (vgl. M2) besteht in der Multiplikation der Wahrscheinlichkeiten (Prozentangaben):
   $0{,}082 \cdot 0{,}044 \cdot 0{,}017 \cdot 0{,}099 \cdot 0{,}023$ usw.

4. (a) Da sich die STRs in nicht codogenen Abschnitten der DNA befinden, enthalten sie keine Information über die Merkmale, auch nicht über die Persönlichkeitsmerkmale eines Individuums. Das Wissen um diese STRs berührt daher keine Persönlichkeitsrechte. Der Einsatz des genetischen Fingerabdrucks dient also lediglich der Identifizierung einer Person und nicht einer Merkmalsbeschreibung.
   (b) Da das Verfahren keine Persönlichkeitsrechte verletzt, zudem relativ sicher ist und eine hohe Nachweiswahrscheinlichkeit hat, ist sein Einsatz zu begrüßen.

Selbstdiagnosebogen

Aufgabe Nr.	Kernkompetenz	AFB	Punkte	erreichte Punkte	Förderung
1(a)	Tandem-Repeats der DNA in einer vorgegebenen Basensequenz erkennen	II	2		molekularer Aufbau der DNA, Unterscheidung Exon, Intron, nicht-codogene Abschnitte, Tandem-Repeats (S. 33 ff.), Berechnung von Basensequenzeinheiten, Dreisatz
1(b)	Erfassen der variablen Wiederholungen von Basenfolgen innerhalb eines DNA-Abschnitts	II	4		
2(a)	Beschreibung PCR	I	4		PCR (S. 41), Gelelektrophorese, Auswertung und Zeichnung von Gelelektropherogrammen, Bedeutung der Banden und des Längenmaßstabs
2(b)	Beschreibung Gelelektrophorese	I	3		
2(c)	Erfassung eines vorgegebenen STR-Musters und Zeichnung des entsprechenden Gelelektropherogramms	II	4		
3	einfache Wahrscheinlichkeitsberechnung	II	2		Wahrscheinlichkeitsrechnung
4(a)	Schlussfolgerungen aus dem molekularen Aufbau der DNA ziehen können.	III	3		Bedeutung von Introns und nicht-codogenen Abschnitten der DNA (S. 33 ff.), Bedeutung des genetischen Fingerabdrucks (S. 41 ff.)
4(b)	Urteilsbildung aufgrund der vollständigen Erfassung eines gentechnischen Verfahrens	III	2		

Gesamtpunkte: 24, davon AFB I: 7 Punkte (30 %); AFB II: 12 Punkte (50 %); AFB III: 5 Punkte (20 %)

Materialgrundlage:

Köhnemann, S.: Einsatz spurenkundlicher und molekulargenetischer Untersuchungen in der Rechtsmedizin. Institut für Rechtsmedizin, Universitätsklinikum Münster 2009
http://campus.uni-muenster.de/fileadmin/einrichtung/rechtsmedizin/medizin/molekulargenetik.PDF
http://www.fbi.gov/about-us/lab/codis
http://www.biology.arizona.edu/human_bio/activities/blackett2/str_description.html

Aufgabe 2: Glutarazidurie Typ I bei den Amish

Analyse von Familienstammbäumen: Proteinbiosynthese und Genwirkketten; Gentechnik: Gensonde als Werkzeug der Gentechnik

Einleitung

Die Glutarazidurie Typ I (GA I) ist eine sehr seltene Stoffwechselerkrankung, die weltweit mit einer Häufigkeit von 1 auf 100 000 Neugeborenen vorkommt. Dagegen leidet eins von 400 Kindern bei den Amish an dieser Erbkrankheit. Die Amish gehören einer Glaubensgemeinschaft an, die heute vornehmlich in den USA und Kanada lebt. Sie sind bekannt dafür, dass sie viele Formen des technischen Fortschritts ablehnen und Neuerungen nur nach sorgfältiger Überlegung akzeptieren. Sie legen großen Wert auf Familie, Gemeinschaft und Abgeschiedenheit von der Außenwelt. Überwiegend stammen sie von Südwestdeutschen oder Deutschschweizern ab und sprechen untereinander meist Pennsylvaniadeutsch.

AUFGABENSTELLUNG

1 **Erklären** Sie die abweichende Häufigkeit der GA I bei den Amish.*

2 **Beschreiben** Sie die Erbkrankheit Glutarazidurie Typ I durch Auswertung der Materialien M1 bis M5 und **begründen** Sie Ihre Schlussfolgerungen. **Benennen** Sie auch den genetischen Defekt.

3 **Ermitteln** Sie mithilfe der Materialien M5 und M6 die Unterschiede im Bau der Glutaryl-CoA-Dehydrogenase von Gesunden und GA I-Patienten.

4 **Erläutern** Sie, wie mithilfe der Amniozentese und einer Gensonde festgestellt werden kann, ob ein menschlicher Embryo die Krankheit Glutarazidurie Typ I in den ersten Lebensjahren ausbilden oder nicht ausbilden könnte.

5 **Begründen** Sie mithilfe von M1, wie bei einem Neugeborenen die Krankheit Glutarazidurie Typ I biochemisch festgestellt werden könnte.

6 **Beurteilen** Sie die Aufnahme eines Glutarazidurie-Tests in die Testverfahren, die jedes Neugeborene durchlaufen muss (Neugeborenenscreening).

7 **Stellen Sie eine Hypothese auf** für eine Glutarazidurie-Typ I-Therapie.

* **Ergänzung Aufgabe 1** (für LK bzw. Klausur, falls HARDY-WEINBERG-Formel durchgenommen wurde): **Ermitteln** Sie mithilfe der HARDY-WEINBERG-Formel $p^2 + 2\,pq + q^2 = 1$ den Anteil homozygoter und heterozygoter Merkmalsträger für das Gen für Glutarazidurie Typ 1 (a) weltweit und (b) bei den Amish.

Material

M1 Ausschnitt aus dem Aminosäurestoffwechsel

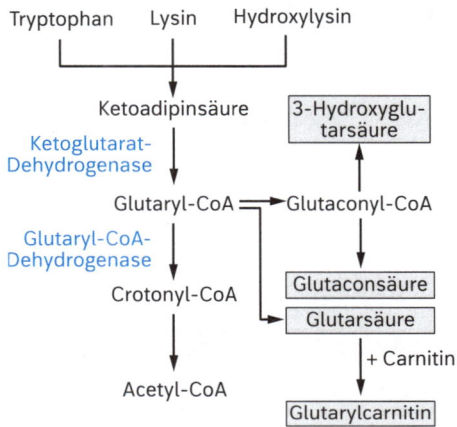

M1 Abbauwege der Aminosäuren Tryptophan, Lysin und Hydroxylysin. Das Abbau-
produkt Acetyl-CoA kann z. B. im Citratzyklus weiterverarbeitet werden. Bei Patienten mit GA I kommt es zur Anreicherung
von Glutaryl-CoA. Im Urin dieser Kranken
findet man vor allem das *harmlose* Glutarylcarnitin, aber auch die *giftigeren* Stoffe
Glutarsäure, Glutaconsäure und die *besonders gefährliche* 3-Hydroxyglutarsäure.
Hinweis: Enzyme in blauer Schrift

M2 Symptome von GA I-Patienten

Die meisten Patienten mit GA I erleiden in den ersten Lebensjahren eine einzige enze-
phalopathische Krise. In wenigen Minuten werden dabei bestimmte Neurone im Bewe-
gungszentrum des Gehirns zerstört. Die Folge ist eine äußerst schwere Bewegungsstörung. Die Intelligenz der Kinder dagegen ist weitgehend unbeeinträchtigt. Bleibt die
Erkrankung unbehandelt, entwickelt sich in späteren Jahren oft zusätzlich eine geistige
Retardierung. Ungefähr 25 Prozent der Patienten erleiden keine enzephalopathischen
Krisen, sondern entwickeln schleichend eine Bewegungsstörung unterschiedlichen Aus-
maßes.

M3 Strukturelle Ähnlichkeit des Neurotransmitters Glutamat

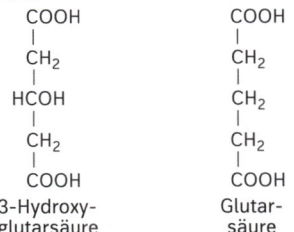

M3 Das Salz der Glutarsäure Glutamat
ist ein wichtiger erregender Neurotransmitter im Gehirn. Die Glutarsäure ist der
3-Hydroxyglutarsäure strukturell sehr
ähnlich.

M4 Lokalisation des Gens für das Enzym Glutaryl-CoA-Dehydrogenase

M4 Chromosoms 19 (schematisch): Das
Gen für das Enzym Glutaryl-CoA-Dehydrogenase *GCGH* befindet sich auf dem kurzen
Arm (p) des Chromosoms 19 an Position
13.2.

107

M5 **Veränderung im GCGH-Gen**

Das menschliche Glutaryl-CoA-Dehydrogenase-Gen GCGH enthält 11 Exons und umfasst 7 kb. Die Exons bestehen aus 438 Basentripletts. Das 421. Basentriplett von GA I-Patienten unterscheidet sich im codogenen Strang von dem der gesunden Menschen:

421. Basentriplett im Matrizenstrang des *GCGH*-Gens	gesunde Person	3′ CGT 5′
421. Basentriplett im Matrizenstrang des *GCGH*-Gens	GA I-Patient	3′ CAT 5′

M6 **Der genetische Code**

Genetischer Code als Code-Sonne S. 33

TIPP Benötigte Fachkenntnisse

Proteinbiosynthese, Ein-Gen-ein-Enzym-Hypothese, Punktmutation durch Basenaustausch als Form der Genmutation (S. 33 ff.)

TIPP Benötigte Methodenkenntnisse

Stammbaumanalyse (populationsgenetische Modellberechnungen), Umgang mit Texten, Diagrammen und Hypothesen (S. 22 ff.).

Lösungen

1. Dass der Anteil an Trägern des *GCGH*-Gens bei den Amish besonders hoch ist, liegt daran, dass sie sich anderen menschlichen Gruppen gegenüber abgrenzen und nur einen kleinen Genpool bilden, der sich nicht neu mischt. Dadurch können auch defekte Gene unter ihnen schneller Verbreitung finden.

2. Die Erbkrankheit Glutarazidurie Typ I ist eine Stoffwechselkrankheit, die aufgrund eines Enzymdefekts entsteht. Arbeitet die Glutaryl-CoA-Dehydrogenase nicht mehr, kann Glutaryl-CoA nicht mehr zu Crotonyl-CoA abgebaut werden (M1). Dann reichert sich das Glutaryl-CoA an und wird zu Glutarsäure, 3-Hydroxyglutarsäure und Glutaconsäure umgebaut. Diese Stoffe können den Körper schädigen und werden mit dem Urin ausgeschieden. Die Glutarsäure kann vorher noch zum weniger giftigen Glutarylcarnitin umgewandelt werden. M3 legt nahe, dass die 3-Hydroxyglutarsäure deshalb besonders gefährlich ist, weil sie im Gehirn aufgrund ihrer strukturellen Ähnlichkeit anstelle des Neurotransmitters Glutamat angelagert werden kann. Das kann zu Fehlfunktionen im Gehirn führen (M3). Während einer enzephalopathischen Krise werden in frühen Lebensjahren Neuronen des Bewegungszentrums zerstört, sodass es zu Fehlfunktionen in der Bewegung kommt (M2).
Die Krankheit ist auf ein defektes Gen zurückzuführen, das auf dem kurzen Arm des Chromosoms 19 liegt (M4). Es ist, die Introns nicht eingerechnet, 438 Basentripletts lang. Das 421. Basentriplett ist gegenüber dem gesunden Gen verändert, im Basentriplett CGT befindet sich an der zweiten Position anstelle von Guanin Adenin (M5).

Hier handelt es sich um eine Punktmutation. Als Folge davon wird in dem Enzym Glutaryl-CoA-Dehydrogenase an der 421. Stelle eine falsche Aminosäure eingebaut. Dieser Fehler macht das Enzym unbrauchbar, möglicherweise deshalb, weil das aktive Zentrum von der Mutation betroffen ist.

3. Mithilfe der Code-Sonne kann herausgefunden werden, dass bei der Krankheit als 421. Aminosäure in der Glutaryl-CoA-Dehydrogenase anstelle der Aminosäure Alanin (mRNA 5' GCA 3') Valin (mRNA 5' GUA 3') eingebaut wird.

4. Wenn die Basensequenz des *GCDH*-Gens bekannt ist, lässt sich dazu eine komplementäre Gensonde, die mit einem Fluoreszenzfarbstoff markiert ist, synthetisieren. Sinnvoll wäre es, den entsprechenden DNA-Abschnitt des Chromosoms 19 mithilfe von Restriktionsenzymen herauszuschneiden und mit der PCR zu vervielfältigen. Oft benötigt man keine Restriktionsenzyme, wenn man geeignete Primer für die PCR zur Verfügung hat. Nach dem Auftrennen der isolierten DNA (durch erhöhte Temperatur) in die Einzelstränge könnte man nun die Gensonde hinzufügen. Nach dem Abkühlen sind dann DNA-Hybride aus DNA-Fragmenten mit dem *GCDH*-Gen und der Gensonde zu erwarten, allerdings nur dann, wenn alle Basentripletts des *GCDH*-Gens mit der Gensonde übereinstimmen. Findet man also fluoreszierende DNA-Hybride, ist das Kind mit Sicherheit gesund. Für diesen Nachweis lassen sich die Zellen des Embryos aus dem Fruchtwasser der Mutter gewinnen, da der Embryo abgestorbene Hautzellen in das Fruchtwasser abgibt.
Findet man keine entsprechenden DNA-Hybriden, wäre es möglich, dass das Kind die Glutarazidurie in einer enzephalopathischen Krise ausbilden könnte. Allerdings kann die Gensonde auch dann keine DNA-Hybride bilden, wenn nicht das 421. Basentriplett betroffen wäre, sondern ein anderes, das z. B. aufgrund einer folgenlosen stummen Mutation vorliegen könnte.

5. Da kranke Neugeborene einen erhöhten Glutarylcarnitin-Spiegel im Urin aufweisen, könnte man diesen mit geeigneten Reagenzien nachweisen.

6. Beim Neugeborenenscreening werden alle Neugeborenen auf verschiedene genetische Erkrankungen untersucht. Die Aufnahme eines „Windeltests" auf Glutarazidurie Typ I in das Neugeborenen-Screening ist zu begrüßen, da die Krankheit vor allem in den ersten Lebensjahren in Erscheinung treten kann. Allerdings ist ein Test nur dann sinnvoll, wenn sich das Ausbrechen dieser schweren Krankheit nach der Diagnose verhindern ließe. Aus M2 geht hervor, dass die Erkrankung behandelbar ist, sodass sich auch eine in späteren Jahren zusätzliche geistige Retardierung verhindern lässt. Aber auch diese Tatsache ist für den Gesetzgeber nicht allein maßgeblich, wenn ein solcher Test zusätzlich in einem Screening aufgenommen werden soll. Die Kosten dafür müssen in einem vernünftigen Verhältnis zur Häufigkeit dieser Krankheit stehen. Auch bei hohen Kosten sollten aufgrund der Schwere der Krankheit die Neugeborenen der Amish im Screening auf Glutarazidurie Typ I untersucht werden, da bei ihnen die Krankheit gehäuft auftritt. Sicherlich muss auch dann untersucht

werden, wenn in bestimmten Familien die Krankheit schon aufgetreten ist und das Genom der Eltern noch nicht hinsichtlich eines defekten *GCDH*-Gens untersucht wurde. Um im Gesundheitssystem die Kosten nicht zu sehr in die Höhe zu schrauben, wäre es aufgrund des seltenen Auftretens dieser Krankheit volkswirtschaftlich vernünftiger, bei einem Massenscreening auf diesen Test zu verzichten. Solange die Kosten tragfähig sind, sollte man aber nicht darauf verzichten, da den Betroffenen viel Leid erspart würde.

7. Aufgrund der Materialien lassen sich für eine Therapie folgende Hypothesen aufstellen: Da der Abbau von Tryptophan, Lysin und Hydroxylysin bei einem Defekt der Glutaryl-CoA-Dehydrogenase zu einer Erhöhung der Glutaryl-CoA-Konzentration im Körper führt, die für die Krankheit verantwortlich ist, könnte eine Diät, die möglichst wenig Tryptophan, Lysin und Hydroxylysin enthält, und die vor allem in den ersten Lebensjahren eingehalten werden muss, weiterhelfen, sodass es gar nicht erst zu einer enzephalopathischen Krise kommt. Da zur Entgiftung der Glutarsäure Carnitin benötigt wird, könnte man diesen Stoff zuführen, sodass Glutarsäure sofort zu dem weniger giftigen Glutarylcarnitin umgesetzt werden kann. Weil die Bildung von Glutarsäure aus Glutaryl-CoA und ihre Weiterverarbeitung zu Glutarylcarnitin mit der Synthese der gefährlichen 3-Hydroxyglutarsäure aus Glutaryl-CoA konkurriert, wäre es möglich, durch die Carnitin-Gaben auch die Konzentration von 3-Hydroxyglutarsäure zu senken.

Anmerkung: Diese beiden Maßnahmen reichen, wenn sie in den ersten sechs Lebensjahren beachtet werden, tatsächlich aus, um die Krankheit dauerhaft nicht ausbrechen zu lassen.

* **Ergänzung Aufgabe 1:**

(a) Der Anteil der GA I-Kranken und damit der homozygoten Merkmalsträger entspricht weltweit 0,001 %, damit ist $q^2 = 0,00001$ und q rund 0,00316. Da $p + q = 1$, ist p $1 - 0,00316 = 0,99684$. Der Anteil der Heterozygoten ist dann $2 \times 0,99684 \times 0,00316 = 0,0063$, das sind 0,63 % der Bevölkerung weltweit.

(b) Bei den Amish ist der Anteil der GA I-Kranken und damit der homozygoten Merkmalsträger 0,25 %, damit ist $q2 = 0,0025$ und q rund 0,05. Da $p - q = 1$, ist p $1 - 0,05 = 0.95$. Der Anteil der Heterozygoten ist dann $2 \times 0,95 \times 0,05 = 0,095$, das sind 9,5 % der Amish, das heißt, etwa jeder 10. Amish trägt das defekte Gen in sich.

Selbstdiagnosebogen

Aufgabe Nr.	Kernkompetenzen	AFB	Punkte	erreichte Punkte	Förderung
1	Interpretation von Genfrequenzen,	III	2		Wdhl. HARDY-WEINBERG-Formel und Üben ihrer Anwendung
*1(a)	Genfrequenzen	II	4		
*1(b)	HARDY-WEINBERG-F.	II	4		

Aufgabe Nr.	Kernkompetenzen	AFB	Punkte	erreichte Punkte	Förderung
2	Erfassen von Genwirkketten (Diagramms) Erfassen der Symptome der Glutarazidurie sowie der Ursachen (Text und Abbildungen) Analyse und begründete Einordnung der Krankheit in einen größeren Zusammenhang	II I II II	4 4 4 5 7		Ein-Gen-ein-Enzym-Hypothese, Enzyme, Texterfassung und Umgang mit Diagrammen und Abbildungen (S. 22 ff.), Aufbau der DNA, Mutationstypen und ihre molekularen Grundlagen (S. 33 ff.)
3	Umcodierung der DNA in mRNA und in Aminosäuren	II	6		Proteinbiosynthese, Transkription und Translation (S. 33 ff.)
4	Darstellen eines gentechnischen Werkzeugs (Gensonde zur Genanalyse und Interpretationsmöglichkeiten des Ergebnisses)	I II	9 4 2 S		DNA-Hybridisierung, gentechnische Genomanalysen, z. B. mit Gensonden; genetische Beratung
5	Ableitung einer Nachweismöglichkeit (Analyse von Aufgabenmaterial)	III	3		Diagnose und Therapie von PKU, Umgang mit Diagrammen (S. 22 ff.)
6	Darstellung und Beurteilung von Tests im Massenscreening von Neugeborenen mit eigener Stellungnahme	I II III	5 4 4		Neugeborenenscreening, kriteriengeleitete Beurteilung
7	Aufstellen einer Hypothese zu Therapiemöglichkeiten aufgrund einer Materialanalyse analog zur PKU-Diät aufgrund der Analyse von M1	III III	3 2 2 S		Therapie PKU, Umgang mit Abbildungen und Diagrammen (S. 22 ff.)

Gesamtpunkte: 72, davon AFB I: 20 Punkte (28 %); AFB II: 38 Punkte (53 %); AFB III: 14 Punkte (19 %), zusätzlich 4 Sonderpunkte (S)

Materialgrundlage:
Hoffmann G. F.: Glutarazidurie Typ I. In: Deutsches Ärzteblatt 94, Heft 15, April 1997
Bayrhuber H., Hauber W., U. Kull (Hrsg.): Linder Biologie, Schroedel 2010
http://www.welt.de/reise/article4769200/Amish-People-leben-noch-so-wie-vor-300-Jahren.html
http://www.uni-duesseldorf.de/AWMF/ll/027-018.htm
http://www.ncbi.nlm.nih.gov/

Aufgabe 3: Neozoen in Kalifornien

Neobiota, Schädlingsbekämpfung, Populationsdynamik, Beziehungen zwischen Populationen, LOTKA-VOLTERA-Regeln, nachhaltige Nutzung und Erhaltung von Ökosystemen

Einleitung

Pflanzen und Tiere haben immer neue Lebensräume besiedelt, z. T. sogar erobert. Diese Fähigkeit zur Ausbreitung und Anpassung an veränderte Lebensbedingungen stellt eine überlebenswichtige Eigenschaft dar. Die vielfältigen Formen der Samenverbreitung sind hierfür ebenso ein Beispiel wie die unterschiedlichsten Mechanismen zur Bewegung in Wasser, auf dem Land und in der Luft.

Seit der Mensch begonnen hat, Verkehrswege anzulegen, Waren zu verschiffen und selbst zu reisen, haben natürliche Barrieren wie Ozeane, Wüsten und Bergketten ihre Wirksamkeit verloren.

So gilt unter Naturschützern die Einwanderung oder Einschleppung neuer Arten mittlerweile als großes ökologisches Problem. Denn wenn fremde Organismen in neuen Lebensräumen erscheinen, kann sich ein Ökosystem gravierend verändern.

AUFGABENSTELLUNG

1 **Definieren** Sie den Begriff Neobiota. **Erläutern** Sie für alle im Material aufgeführten Neozoen mögliche Ursachen für deren Populationsentwicklung. **Prüfen** Sie, ob es sich bei den aufgeführten Neozoen um invasive Arten handelt.

2 **Beschreiben** Sie **zusammenfassend** die Veränderungen in der Populationsdichte von Wollschildlaus und Marienkäfer (Abb. 3) und **erklären** Sie die möglichen Ursachen der Schwankungen.

3 **Nennen** Sie die 1. und 2. LOTKA-VOLTERRA-Regel und **prüfen** Sie, ob diese ein geeignetes Erklärungsmodell für die Beziehung zwischen Marienkäfer und Wollschildlaus darstellen.

4 **Bewerten** Sie die Effektivität des Einsatzes von DDT, indem Sie die Folgen des Gifteinsatzes für die Populationen von Wollschildläusen und Marienkäfern **erläutern**.

Material

M1 Basisinformationen

Die Australische Wollschildlaus erreicht als ausgewachsene Imago eine Körperlänge von bis zu 15 Millimetern. Dabei ist der weiße, längsgerillte Eisack, den die Weibchen mit sich tragen, für die Länge ausschlaggebend, da er mehr als zweimal länger als das Weibchen ist. Im Eisack befinden sich zwischen 100 und 1500 Eier. Es werden durchschnittlich drei Generationen pro Jahr erzeugt.

Da die Weibchen Zwitter mit der Fähigkeit zur Selbstbefruchtung sind, die wiederum nur Weibchen hervorbringen, sind Männchen sehr selten

Die Schildläuse saugen Pflanzensaft. In ihrem ursprünglichen Verbreitungsgebiet findet man sie vor allem auf Akazien und auf anderen derblaubigen, immergrünen oder holzigen Pflanzen.

Ein Befall mit Wollschildläusen verursacht Verfärbungen und Missbildungen und kann bis zur Vertrocknung der Pflanze führen. Wollschildläuse scheiden zuckerhaltigen Kot aus, den sogenannten Honigtau. Auf ihm siedeln sich Rußtaupilze an, die zu einer weiteren Schädigung der Wirtspflanze führen.

M2 Biologische Bekämpfung der australischen Wollschildlaus

In Kalifornien gab es bereits Mitte des 19. Jahrhunderts ausgedehnte Plantagen für Zitrusfrüchte wie Orangen und Zitronen. Im Jahr 1868 oder 1869 wurde die australische Wollschildlaus vermutlich mit einer Lieferung Akazien nach Kalifornien eingeschleppt. Es stellte sich heraus, dass die Läuse Citruspflanzen sogar noch stärker als die Akazien bevorzugen. 1886 standen die kalifornischen Zitrusfarmer durch die explosionsartige Vermehrung der australischen Wollschildlaus vor dem Ruin.

Erst ein Jahr zuvor hatte der amerikanische Forscher CHARLES RILEY Australien als Ursprungsland der Schildlaus entdeckt. Auf mehreren Expeditionen fand der vom Kongress beauftragte FRAZER CRAWFORD heraus, dass die parasitische Fliege *Cryptochaetum iceryae* in Australien der natürlicher Feind der Schildlaus ist.

Nach einer ersten kleineren Lieferung dieser Fliegen schickte CRAWFORD im Herbst 1888 12.000 Exemplare nach Kalifornien. In dieser Lieferung befanden sich ebenfalls 129 Marienkäfer, auf die CRAWFORD während einer Exkursion anlässlich der Weltausstellung 1888 in Melbourne aufmerksam geworden war. Die Fliegen wurden sorgfältig auf die einzelnen Plantagen verteilt, die Marienkäfer lediglich unter einem Baum freigelassen. Ein Jahr später konnte die parasitische Fliege nur noch in geringer Zahl vorwiegend in Küstenregionen wiedergefunden werden, die Käferpopulation war geradezu explodiert. Die Ernte hatte sich innerhalb dieses Jahres verdreifacht und die australische Wollschildlaus stellte für die nächsten 60 Jahre in Kalifornien kein Problem mehr dar.

Da aus den kalifornischen Zitrusplantagen keine statistischen Daten zur Populationsgröße von Wollschildläusen und Marienkäfern im ausgehenden 19. Jahrhundert vorliegen, haben Biologen und Mathematiker den Versuch unternommen, die Populationsgrößen beider Arten in einem abgegrenzten Bereich unter Zuhilfenahme von Computerprogrammen modellhaft nachzubilden.

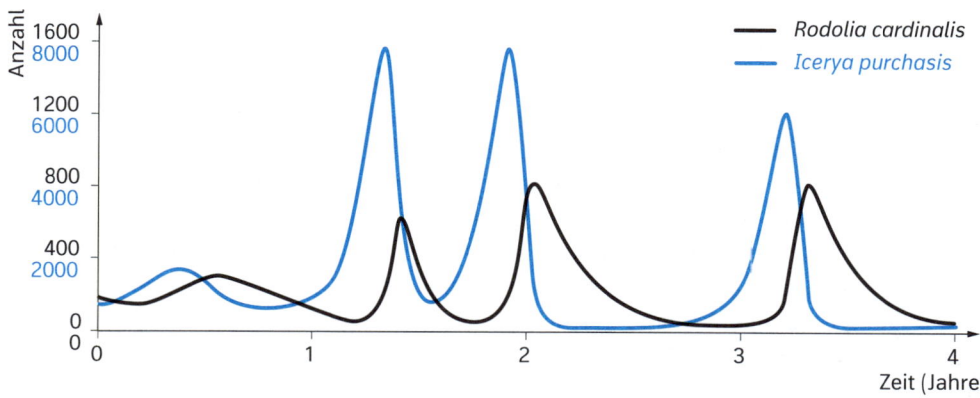

M2 Populationsentwicklung von australischer Wollschildlaus (*Icerya purchasi*) und Marien-käfer (*Rodolia cardinalis*) auf einer Zitrusplantage in Kalifornien in den ersten vier Jahren nach Einführung des Marienkäfers (Computermodell)

M3 **Chemische Bekämpfung der australischen Wollschildlaus**

Ab dem Jahr 1947 wurde in den kalifornischen Zitrusplantagen erstmalig das Insektizid DDT eingesetzt. Weil DDT nahezu alle Insekten und oft über 99 % der jeweiligen Populationen tötet, galt DDT als „Wundermittel" gegen jegliche Art von Schadinsekten. Die Populationsgrößen der Wollschildlaus und damit die Schäden für die Plantagenbesitzer stiegen in den Folgejahren jedoch enorm, obwohl immer wieder neue Marienkäfer ausgesetzt und verstärkt DDT eingesetzt wurde. Erst mit dem Verbot von DDT in den USA im Jahre 1972 sanken die Populationsgrößen der Wollschildlaus auf die Werte zu Beginn des Jahrhunderts.

TIPP Benötigte Fachkenntnisse

Neobiota, Beziehungen zwischen Organismen und abiotischen Habitatfaktoren, Konzept der ökologischen Nische, Konkurrenz, Beziehungen zwischen Populationen: LOTKA-VOLTERRA-Regeln, Schädlingsbekämpfung (vgl. Basiswissen S. 43 ff.)

TIPP Benötigte Methodenkenntnisse

Umgang mit Diagrammen, Umgang mit Modellen (S. 22 ff.)

Lösungen

1. Unter dem Begriff Neobiota werden alle Arten zusammengefasst, die seit 1492 durch direkten oder indirekten Einfluss des Menschen in Regionen kommen, in denen sie nicht beheimatet waren, und dort neue Lebensräume für sich erschließen.
   Im vorliegenden Fall sind mit der australischen Wollschildlaus, der auf ihr parasitierenden Fliege *Cryptochaetum iceryae* und dem Marienkäfer *Rodolia cardinalis* drei Arten von *Neozoen* nach Kalifornien gebracht worden.

Die australische Wollschildlaus muss bei ihrer Einschleppung im Jahre 1868/1869 abiotische und biotische Faktoren vorgefunden haben, die ihr Überleben in Kalifornien begünstigt haben. Das Fehlen natürlicher Feinde dürfte die von Natur aus sehr hohe Vermehrungsrate (Selbstbefruchtung, mehrere Generationszyklen pro Jahr, Vielzahl an Eiern pro Zyklus) noch gefördert haben. Durch die Erschließung der Monokulturen der Zitrusplantagen als Lebensraum herrschte nahezu keine intraspezifische und interspezifische Konkurrenz um Ressourcen wie Nahrung und Lebensraum, so dass es zur beschriebenen Massenvermehrung der Wollschildlaus und den von ihr verursachten Schäden in den kalifornischen Plantagen kam.

Mit dieser Massenvermehrung herrschte für die als natürliche Feinde eingeführte parasitische Fliege *Cryptochaetum iceryae* und den Marienkäfer *Rodolia cardinalis* ebenfalls ein enormes Nahrungsangebot. Während die Fliege in den Plantagen jedoch nur in einigen Küstenregionen überlebte, obwohl sie mehrfach gezielt ausgesetzt wurde, vermehrte sich der Marienkäfer „explosionsartig".

Nach dem Konzept der ökologischen Nische sind neben der Nahrung eine Vielzahl von weiteren biotischen und abiotischen Umweltfaktoren auch Evolutionsfaktoren für das Leben bzw. Überleben einer Art in einem Ökosystem von Bedeutung. In den Zitrusplantagen muss für die Fliege zumindest einer dieser Faktoren außerhalb ihres Toleranzbereiches gelegen haben, so dass ein Überleben dort nicht möglich war.

Invasive Neobiota verdrängen einheimische Arten aus ihrem Lebensraum. Da sich *Cryptochaetum iceryae* offensichtlich nicht dauerhaft etablieren konnte, kann es sich bei ihr nicht um eine invasive Art handeln. Bei der australischen Wollschildlaus handelt es sich hingegen um ein invasives Neozoon, da sie die Überlebensfähigkeit der Zitruspflanzen stark beeinträchtigt und zu einer Veränderung der Lebensraumbedingungen im Ökosystem führt, die auch weitere Arten betreffen muss. Der Marienkäfer Rodolia cardinalis etabliert sich als natürlicher Feind der Wollschildlaus und vermindert letztendlich aber die Folgen der Einschleppung der Wollschildlaus. Daher ist er nach der Definition nicht als invasive Art anzusehen.

2. Abbildung M2 zeigt die Veränderungen in der Populationsgröße von Wollschildlaus und Marienkäfer über einen Zeitraum von vier Jahren.
    Die Populationsgröße der Wollschildlaus schwankt dabei, zwischen ca. 100 und 8.000, wobei die Maxima am Beginn und Ende des zweiten und am Beginn des vierten Jahres liegen.
    Die Populationsgröße des Marienkäfers schwankt, zwischen ca. 50 und 800, wobei die Maxima mit einem starken Rückgang der Schildlauspopulation einhergehen.
    Da sich die Marienkäfer in den Plantagen vor allem von Wollschildläusen ernähren, schwankt ihr Populationsmaximum um einige Monate zeitversetzt zu dem der Wollschildläuse.
    Eine zunehmende Zahl an Räubern (Marienkäfer) sorgt für eine Abnahme der Beutepopulation, deren Rückgang zu einer Verminderung der Räuberpopulation aufgrund von Nahrungsmangel führt.

3. 1. LOTKA-VOLTERRA-Regel: Die Individuenzahlen von Räuber und Beute schwanken periodisch; Maxima und Minima folgen einander phasenverzögert.
2. LOTKA-VOLTERRA-Regel: Die Mittelwerte beider Population bleiben langfristig konstant.
Die LOTKA-VOLTERRA-Regeln scheinen ein Erklärungsmodell für den gegebenen Fall sein, da sie auf die in M2 B dargestellten Entwicklungen der Populationszahlen zutreffen. Auch die Voraussetzungen der Regel, nämlich die wechselseitige Beeinflussung (Beutezahl reguliert die Räuberzahl, Räuberzahl reguliert die Beutezahl) scheint unter den speziellen Bedingungen auf den Zitrusplantagen gegeben zu sein.

4. Mit dem Einsatz des Breitbandinsektizids DDT in den kalifornischen Zitrusplantagen stiegen die Schäden durch die Wollschildlaus wieder an. Diese Schäden konnten auch durch einen verstärkten DDT-Einsatz (führte zu Kostensteigerung, Belastung der Böden) nicht kompensiert werden, so dass es zu Einnahmeausfällen gekommen sein dürfte. Da sich die Zahl der Wollschildläuse erst mit dem Verbot von DDT wieder normalisierte, kann der Einsatz von DDT nur als äußerst ineffektiv beurteilt werden. Die biologischen Ursachen für dieses Phänomen liegen in der Unspezifität des DDT. Da es nahezu die gesamten Populationen aller Insekten vernichtet, werden neben den Wollschildläusen auch ihre „natürlichen" Feinde, die Marienkäfer, getötet. Aufgrund der deutlich höheren Vermehrungsrate der Wollschildläuse und des fehlenden Nahrungsangebotes für die Marienkäfer, erholt sich die Population der Wollschildläuse – nahezu ohne natürlichen Feind – deutlich schneller (3. LOTKA-VOLTERRA-Regel) und führt zu den beschriebenen Schäden in den Plantagen.

Selbstdiagnosebogen

Aufgabe Nr.	Kernkompetenzen	AFB	Punkte	erreichte Punkte	Förderung
1	Definition Neobiota	I	4		Neobiota (S. 48 ff.)
	Darstellung der Faktoren, die zur Massenvermehrung der Wollschildlaus beitragen	I	3		Texterfassung, dichteabhängige Faktoren (S. 47 ff.)
	Erläuterung der kurz- und langfristigen Folgen	II	3		Konzept der ökologischen Nische, ökologische Kompetenz (S. 47 ff.)
	Erläuterung der Populationsentwicklung von Marienkäfer und Fliege	II	6		
	Beurteilung der Neozoen als invasive Arten	III	6		

Aufgabe Nr.	Kernkompetenzen	AFB	Punkte	erreichte Punkte	Förderung
2	Beschreibung der Populationsentwicklung von Wollschildlaus und Marienkäfer	I	6		Umgang mit Diagrammen und Abbildungen (S. 22 ff.), Beziehungen zwischen Populationen (S. 47 f.)
	Erläuterung der Wirkmechanismen	II	6		
3	LOTKA-VOLTERRA-Regeln (1+2)	I	6		Beziehung zwischen Populationen: LOTKA-VOLTERRA-Regeln (1 + 2, S. 47 f.)
	Überprüfung der Anwendbarkeit auf den vorliegenden Fall	III	4		
4	Erläuterung der Folgen des DDT-Einsatzes	II	5		Maßnahmen zur Schädlingsbekämpfung, LOTKA-VOLTERRA-Regel (S. 47 ff.)
	Beurteilung des Einsatzes von DDT	III	5		

Gesamtpunkte: 54, davon AFB I: 19 Punkte (35 %); AFB II: 20 Punkte (37 %); AFB III: 15 Punkte (28 %).

Materialgrundlage:
Cerutti H.: Von Tieren – die göttlichen Serienkiller; in NZZ – Folio 03/2000
Geiter O., Homma S., Kinzelbach R.: Bestandsaufnahme und Bewertung von Neozoen in Deutschland, Forschungsbericht 296 89 901/01 für das Bundesministeriums für Umwelt, Naturschutz und Reaktorsicherheit, Berlin 2002
Groenert H., Leisen J.: Modellbildung und Modellbildungssysteme in den mathematisch-naturwissenschaftlichen Fächern – Skript zum Wahlpflichtkurs
Hoddle M.S.: Biological Control of Icerya purchasi with Rodolia cardinalis in the Galapagos Islands; auf: http://www.biocontrol.ucr.edu
Hoy M. A.: Biological Control in U.S. Agriculture: Back to the future. American Entomologist 1993: 140–150
Sawyer, R.C.: To Make a Spotless Orange: Biological Control in California, Ames, 1996

Aufgabe 4: Der Nil – ein besonderes Flussökosystem

Gliederung eines Fließgewässers, Angepasstheit, Fische, Rezeptoren, Neuronen, Signaltransduktion

Einleitung

Klima und Relief bestimmen die räumliche und zeitliche Gliederung von Fließgewässern. Abiotische Faktoren prägen die einzelnen Abschnitte. Pflanzen- und Tierarten sind an die sehr unterschiedlichen Biotope angepasst. Saisonal unterschiedliche Wassermengen, die Fließgeschwindigkeit und der Gehalt an festen und gelösten Stoffen beeinflussen Populationsgrößen und Artenzusammensetzung in den Flüssen. Menschen nutzen seit Jahrtausenden die Reliefenergie von Fließgewässern und bewässern ihre Äcker. Auch in den Tropen sind diese Beziehungen zwischen dem Ökosystem Fluss und den Menschen stark ausgebildet.

AUFGABENSTELLUNG

1 (a) **Erläutern** Sie mithilfe von M1–M2 die ökologische Bedeutung der Fließgeschwindigkeit und des Schwebstoffgehalts im Mittel- und Unterlauf des Nil.
(b) **Beschreiben** Sie mithilfe von M1 bis M3 die räumliche und zeitliche Gliederung des Ökosystems Nil.

2 **Erläutern** Sie mithilfe von M3 und M4 das Messverfahren der elektrischen Erscheinungen bei Nilhechten.

3 **Erläutern** Sie die Befunde in M4 b mithilfe der Angaben in M2 und M5 b.

4 (a) **Erläutern** Sie mithilfe von M5 a die Funktion der Elektrocyten von Nilhechten und Zitterwelsen.
(b) **Vergleichen** Sie mithilfe von M5 den Signalweg vom Kleinhirn bis zur Muskelkontraktion mit dem Signalweg vom Kleinhirn bis zur Bildung eines elektrischen Feldes und **begründen** Sie den funktionellen Unterschied.

Material

M1 Der Nil – die Lebensader Ägyptens

90 % der ägyptischen Bevölkerung sind auf den Nil für Bewässerungszwecke, zur Ernährung und zur Trinkwassernutzung angewiesen. Zwischen seinen Quellen und der Mündung in das Mittelmeer liegen 6671 km. Kurz vor Eintritt in sein großes Mündungsdelta transportiert er zwischen 1000 und 1800 m3 Wasser pro Sekunde.

M2 Der Dammfluss

Zur Regenzeit in Äthiopien (Juni bis September) werden im Nil jährlich bis zu 140 Mio. t Sedimente transportiert. Davon gelangen 26 bis 52 Mio. t sehr feine Sedimente, die extrem lange im Wasser schweben, in den Unterlauf. 110 Mio. t Sedimente werden bereits im Ober- und Mittellauf (bis Wadi Halfa) abgelagert, ein weiterer Teil der Sedimente schüttete im Lauf der Zeit die Ackerflächen Ägyptens (ca. 12 Mio. t/Jahr) und das Mündungsdelta (ca. 1,5 Mio. t/Jahr) auf. Der Rest gelangt in Form feinster Teilchen in das Mittelmeer. Die Größenzusammensetzung der Sedimentteilchen schwankt und hängt von der Fließgeschwindigkeit ab: Je höher die Fließgeschwindigkeit, desto größer die Teilchen, die transportiert werden.

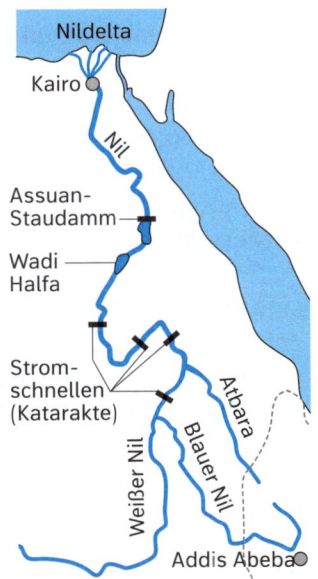

M2 Topographie des Nils

M2 a Querschnitt durch das Niltal in Ägypten

Der „Ur-Nil" floss in einem von Süd nach Nord verlaufenden Grabenbruch in den Vorläufer des Mittelmeeres. Die aus den Hochgebirgen abgetragenen Materialien setzen sich besonders während der Trockenzeit im Flussbett ab. Bei Hochwasser lagern sich direkt am Ufer des Nil die meisten Sedimente ab, weil sich die Strömungsgeschwindigkeit stark verringert. Auf diese Weise erhöhte sich das Flussbett im Laufe der Jahrtausende. Es entstand ein Dammfluss, dessen Seitenräume ein Gefälle zu den Grenzen des Grabenbruchs aufweisen. Das Gefälle wurde seit jeher für die Bewässerung dieser Flächen genutzt. Das nicht von Pflanzen aufgenommene oder verdunstete Wasser fließt im Untergrund der Acker- und Gartenflächen zu den seitlich gelegenen tiefsten Stellen ab. Es sammelt sich dort und verdunstet. Die durch das Wasser transportierten Nährsalze bleiben zurück und es entstehen Salzsümpfe. Die Schlammablagerungen von der Eiszeit vor 10.000 Jahren bis heute bilden eine 6 bis 12 m dicke Schicht und sind Grundlage der Bodenbildung auf den Seitenräumen.

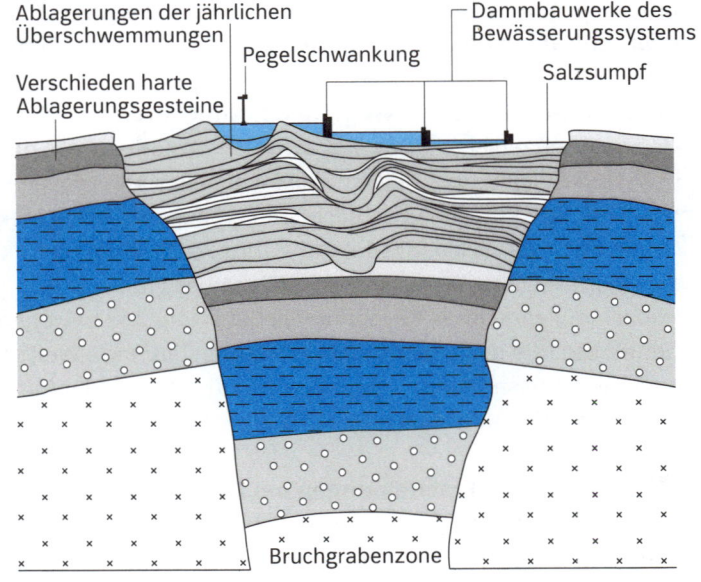

119

M2 b Zusammensetzung der Schwebstoffe

Nilschlamm gilt als lehmiger Ton, der gut Ionen an sich binden kann. Sein Kalzium- und Kaliumgehalt ist besonders hoch, Phosphate und Sulfate sind weniger vorhanden. Der Gehalt an organischen Bestandteilen ist mittelmäßig. Nilschlamm enthält wenige Nährsalze und hat einen geringen Humusgehalt, der jedoch von guter Qualität ist. Er ist ein gutes Ausgangssubstrat für Bodenbildung, trägt aber relativ wenig zur Pflanzendüngung bei, besonders bei intensivem Ackerbau.

M3 Fische im Nil

Mehrere hundert Fischarten leben im Nil. Der bis zu 1 m lange afrikanische Knochenzüngler (*Heterotis niloticus*) ernährt sich von Plankton und Detritus. Großnilhecht, Nilbarsch und Zitterwelse gehören zu den großen Raubfischen und sind als Speisefisch beliebt, aber deswegen z. T. von Aussterben bedroht. Kleinere Räuber sind viele der 4 bis 150 cm großen Nilhechtarten. 18 Arten von Karpfenfischen ernähren sich von Kleingetier, Pflanzen und Aas.

M3 a Körperbau des Zitterwelses

Zitterwelse leben am Gewässergrund. Die bis zu 120 cm langen und 20 kg schweren Raubfische bewegen sich langsam am Gewässergrund. Ihre dicke, schleimige Haut schützt sie vor Verletzungen. Die kleinen Knochenschuppen in der Haut sind kaum erkennbar. Eine Rückenflosse fehlt. Mit den im Schulterbereich liegenden elektrischen Organen können sie starke Stromschläge austeilen. Die Kinnbarteln tasten den Nahbereich ab. Die Augen sind wenig leistungsfähig. Mit ihrer braunen, grauen oder schwarzen Haut sind sie farblich gut an den schlammigen Untergrund angepasst.

M3 b Körperbau und Bewegung bei Nilhechten

Nilhechte zeigen eine große Vielfalt an Körperformen (M4 b). Sie haben einen schmalen, hochstehenden Körper und ein rüsselähnliches Maul sowie Fortsätze am Kinn zum Tasten. Sie hören gut, sehen schlecht und erzeugen ständig elektrische Impulse mit einem Organ an ihrem Schwanzstiel (M5). Ihre Haut ist von sehr kleinen Schuppen bedeckt, die Hautfarbe ist unscheinbar bräunlich oder grau.
Nilhechte biegen ihren Körper möglichst wenig und bewegen sich nur mithilfe ihrer Rückenflosse, die nach vorn oder nach hinten laufende Wellen erzeugt. Schwanz-, After- und Bauchflossen fehlen. Der Körper läuft hinten fadenförmig aus. Die Schwimmblase dient auch der Luftatmung.

M4 Elektrische Erscheinungen bei Zitterwels und Nilhecht

Nilhecht und Zitterwelse zeigen eine ähnliche Eigenschaft: Sie können elektrische Spannungen in einer für Lebewesen ungewöhnlich hohen Voltzahl erzeugen (s. M5 b). Bei Nilhechten lässt sich eine dauerhafte, in kurzen regelmäßigen („Summer") oder unregelmäßigen („Knatterer") Folgen von Potenzialen messen (s. M4 a und M4 b).

Aufnahmetechnik der Signale bei elektrischen Fischen

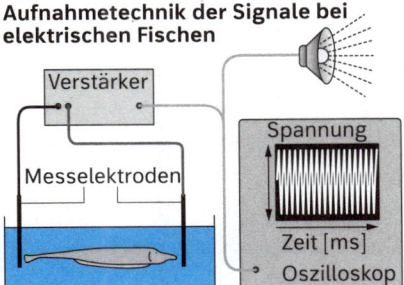

M4 a Aufnahmetechnik elektrischer Signale bei elektrischen Fischen

M4 b Vier Nilhechtarten mit ihren artspezifischen Impulsformen

M5 Elektrocyten

M5 a Bau und Funktion

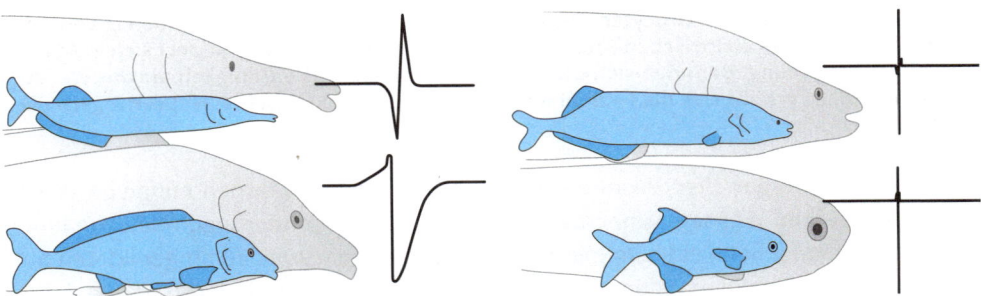

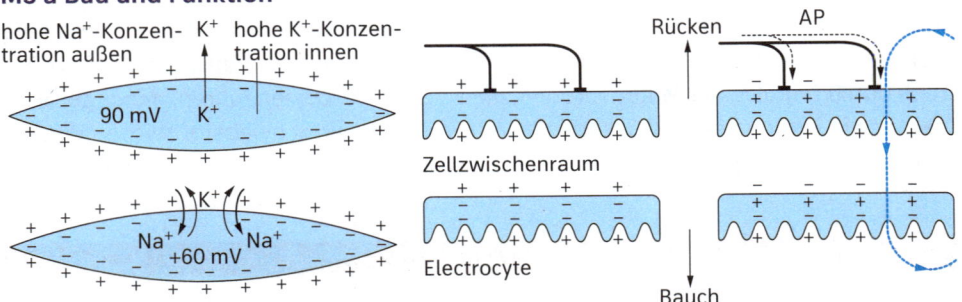

M5 a Bau und Funktion

Grundprinzip einer elektrischen Zelle:
oben: Ruhepotenzial
unten: An der motorischen Endplatte wird bei Ankunft eines AP eine Depolarisation hervorgerufen, die durch Aktivierung der spannungsabhängigen Natriumkänale verursacht wird.

Bau und Funktion elektrischer Platten:
Elektrische Platten sind ektrische Zellen, die aus vielkernigen Zellen ohne funktionierende Myofibrillen bestehen und sich daher nicht wie andere Muskelzellen kontrahieren können.
Diese Zellen haben auf der einen Seite Kontakt zu Motoneuronen, auf der anderen Seite Kontakt zu einem Netz feiner Blutgefäße.
Im Ruhezustand (links) besteht ein Ruhepotenzial von −90 mV (innen gegen außen). Bei Ankunft eines Aktionspotentials P (rechts) wird die Außenseite auf +50 mV umgepolt, während die andere Seite bei einem Wert von −90 mV verharrt. Treffen mehrere Ap auf die Zelle, so entsteht ein Stromfluss, der zu einem elektrischen Feldes führt (gestrichelter Pfeil rechts).

M5 b Kommunikation und Jagd mithilfe von Elektrocyten

Durch eine serielle Anordnung der elektrischen Platten im Körper der Fische können Nilhechte eine Spannung von 1 – 5 V erzeugen, wodurch ein elektrisches Feld entsteht, welches im und um den Körper des Fisches entsteht (s. Abb.). Diese Spannung wird entweder in einer regelmäßigen Folge oder unregelmäßig erzeugt. Die Abfolge der Impulse ist artspezifisch.

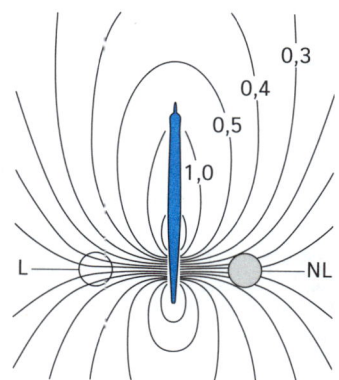

M5 b : Elektrisches Feld beim Nilhecht

Im Schwanzstiel liegen Elektrocyten. Diese erzeugen eine Spannung (angegeben in Volt), die zur Ausbildung eines elektrischen Feldes führt. Das elektrische Feld verändert sich in Abhängigkeit der Umgebung. Befinden sich Objekte mit einer höheren Leitfähigkeit als das Wasser (L) im Umfeld, so erhöht sich die Feldliniendichte. Nicht leitende Objekte (NL) verringern die Liniendichte.

Das Seitenlinienorgan dient nicht elektrischen Fischen zur Wahrnehmung von Druckschwankungen im Wasser. Nilhechte dagegen messen Veränderungen des von ihnen erzeugten elektrischen Feldes mithilfe von Rezeptoren, die aus den umgebildeten Sinneszellen der Seitenlinienorgane entstanden sind. So können Hindernisse und Artgenossen sowie mögliche Beute unterschieden werden.

Zitterwelse betäuben ihre Beute oder verteidigen sich durch elektrische Schläge, die sie 5 bis 7mal pro Sekunde erzeugen können.
Diese Spannungsimpulse zwischen 50 und 900 V entstehen durch die serielle Anordnung von etwa 6000 Elektrocyten, die sich aus der Schultermuskulatur entwickelt haben. Sie werden durch Impulse der Motoneuronen, die an die Elektrocyten führen, hervorgerufen. Nilhechte wie Zitterwelse sind nachtaktiv und/oder leben im schwebstoffreichen Wasser des Nil.

TIPP Benötigte Fachkenntnisse

Grundkenntnisse von abiotischen und biotischen Faktoren, Nahrungsnetzen und ihrer Bedeutung; Grundbegriffe: räumliche und zeitliche Gliederung eines Ökosystems, Biotop, Biozönose, ökologische Nische, Stofffluss, Energiefluss, Angepasstheit, Neuron, Muskelzelle, Ruhepotenzial, Aktionspotenzial (S. 43 ff.)

TIPP Benötigte Methodenkenntnisse

beschreiben und erklären durch Beobachtung und Vergleich, naturwissenschaftliche Texte analysieren und deuten, Abbildungen, Tabellen, Diagramme usw. beschreiben, analysieren, deuten (S. 22 ff.)

Lösungen

1. (a) Im Mittellauf des Nil wechseln hohe Fließgeschwindigkeiten im Umfeld der Stromschnellen und niedrige Fließgeschwindigkeiten. Hohe Geschwindigkeit sorgt für eine Durchmischung des Wassers und für hohen Sauerstoffgehalt. In den ruhigen Zonen geringer Strömungsgeschwindigkeit liegen bei hohem Sauerstoffgehalt Biotope, die für Wachstum und Vermehrung tierischer Populationen günstig sind. Im Unterlauf wechseln die Fließgeschwindigkeiten jahreszeitlich. Der Sauerstoffgehalt des Wassers ist niedriger als im Ober- und Mittellauf. Hier sind wasserlebende Organismen gut an eine sauerstoffarme Umgebung angepasst, weil sie weniger Sauerstoff verbrauchen oder Sauerstoff aus der Luft atmen. Ihre ökologische Potenz ist bei schwankendem Sauerstoffgehalt, Fließgeschwindigkeit und Schwebstoffgehalt hoch. Die Schwebstoffe im Nilwasser enthalten Tonminerale, die als Ionenaustauscher für das Pflanzenwachstum (Algen, andere Wasserpflanzen sowie Schilf, Papyrus usw.) bedeutsam sind. Sande und Lehme sind „Baustoff" für die Ausbildung kleinräumiger Strukturen wie Senken und Sandbänke. Die transportierten Tone trüben das Wasser. So sind Konsumenten im Nil beim Nahrungserwerb weniger auf Lichtsinnesorgane, mehr auf akustische, olfaktorische und elektrische Wahrnehmungen angewiesen. Organische Bestandteile im Humus und Detritus des Wassers enthalten Bakterien und Pilze als Destruenten und Mineralisierer, die das Wasser mit CO_2, Stickstoff-, Phosphor-, Kalium-, Kalzium- und Magnesiumverbindungen anreichern.

   (b) Räumliche Gliederung: Das Ökosystem Nil reicht von den zentraltropischen bis zu den nördlichen subtropischen Zonen Afrikas. Es umfasst die Quellflüsse, weitere Zuflüsse und den Nil selbst. Es ist in Seitenräume, Uferbereiche, Wasserkörper und Untergründe gegliedert, die durch die abiotischen Faktoren Fließgeschwindigkeit, Temperatur, Sauerstoff- und Schwebstoffgehalt und Mineralsalze beeinflusst werden. Je nach Wasserstand kann die Lage von Biotopen wechseln, wie z. B. sumpfige Uferbereiche, Abbruchkanten, Überschwemmungsgebiete.
   Zeitliche Gliederung: Von Juni bis September erzeugt das Niederschlagswasser des äthiopischen Hochlandes und weiterer Zuflüsse eine Hochwasserwelle, die früher zu Überschwemmungen im Mittel- und Unterlauf des Nil führte. Während der Trockenzeiten (Oktober bis Mai) geht der Wasserstand zurück.

2. Am Kopf- bzw. Schwanzende eines Nilhechts befinden sich Mess- bzw. Bezugselektroden im Wasser. Die mit den Elektroden festgestellten Ladungsunterschiede werden über einen Verstärker in einem Oszilloskop in Form elektrischer Spannung sichtbar gemacht. Verschiedene Nilhechtarten zeigen artspezifische Muster elektrischer Entladungen, die zum Beuteerwerb oder zur Orientierung verwendet werden.

3. Die elektrischen Impulse von vier Nilhechtarten werden gemessen. Die Unterschiede in der Stärke und Dauer der Impulse sind artspezifisch und eine Folge der elektrischen Vorgänge an den Elektrocyten der Tiere. Die Impulse sind Ursache des elektrischen Feldes, welches entsprechend ihrer Stärke und Frequenz unterschiedlich weit reicht. Mithilfe der Elektrorezeptoren können die Nilhechte Störungen der von ihnen hergestellten elektrischen Felder, aber auch die anderer Formen, wahrnehmen. Eine

räumliche Trennung der vier Formen nach dem Prinzip des Konkurrenzausschlusses und der ökologischen Nische ist wahrscheinlich, da der räumliche Kontakt zwischen zwei Arten die artspezifische Kommunikation stören dürfte. Die Entwicklung einer auf der Erzeugung eines elektrischen Feldes beruhenden Kommunikation ist Folge eines Anpassungsprozesses an stark getrübte Gewässer.

4. (a) Elektrocyten zeigen ein Membranpotenzial. Im Ruhezustand befindet sich außen eine hohe Na^+- und innen eine hohe K^+-Konzentration. Die chemiosmotischen Verhältnisse führen zu einem Potenzial von -90 mV innen gegenüber außen. Bei Ankunft eines Aktionspotenzials erfolgt eine Ladungsumkehr. Ausgeschüttete Transmitter (Acetycholin) bewirken eine Öffnung der postsynaptischen Na^+-Poren und Natriumionen strömen ein. So entsteht ein Potenzial von $+60$ mV innen gegenüber außen. Elektrocyten sind aus umgewandelten Muskelzellen mit einem unsymmetrischen Aufbau hervorgegangen. Ihr Bau ist auf unterschiedliche Funktionen ihrer Zellmembran zurückzuführen. Die Richtung Rücken liegenden Zellmembranen sind glatt und enthalten Natriumporen, die eine Depolarisation erlauben. Die andere Seite wird über Kapillaren ver- und entsorgt. Bei Ankunft eines AP an den motorischen Endplatten wird jeweils nur der obere Teil der Zellmembran depolarisiert, der untere Teil bleibt außen gegenüber innen positiv. Liegen mehrere dieser speziellen Elektrocyten in Serie, kann bei einer gleichzeitigen Depolarisation ein elektrisches Feld entstehen und ein Strom fließen, ähnlich wie bei hintereinander geschalteten Batterien. Bei wenigen hintereinandergeschalteten Elektrocyten entsteht bei Ankunft eines AP ein schwacher Strom wie bei den Nilhechten, bei einer großen Anzahl hintereinander geschalteter Elektrocyten wird wie bei den Zitterwelsen die Spannung erhöht. Da starke Stromschläge mehr Energie erfordern als schwache, können Zitterwelse im Gegensatz zu Nilhechten nicht über einen längeren Zeitraum Impulse senden. Bei Nilhechten kann das elektrische Feld deswegen auch zur Kommunikation und Orientierung verwendet werden, Zitterwelse können durch Stromschläge Beute betäuben und/oder lähmen.

(b) Der Signalweg vom Kleinhirn zu den Elektrocyten ist der gleiche wie vom Kleinhirn zu den Muskelzellen. Da es sich um umgewandelte Muskelzellen handelt, spielt nur die Verteilung der Signale, ausgehend vom Kleinhirn, eine unterscheidende Rolle: Statt eines „Kontraktionssignals" an Muskelzellen erfolgt ein gleich geartetes Signal an die Elektrocyten, die mit Ausbildung eines elektrischen Feldes statt mit einer Kontraktion reagieren. Der Unterschied ist auf den veränderten Bau der Zielzelle zurückzuführen.

Selbstdiagnosebogen

Aufgabe Nr.	Kernkompetenz	AFB	Punkte	erreichte Punkte	Förderung
1 (a)	Naturwissenschaftliche Texte und Abbildungen analysieren und deuten Physiologische und ökologische Potenzen am Beispiel Ökosystem Fließgewässer darstellen	I/II	4/6		Analyse verschiedener Materialien mit mittlerer Komplexität Übungen zum Entnehmen der Hauptaussage aus verschiedenen Materialien und zur Fokussierung auf die Themenstellung Ökologie von Fließgewässern (S. 53 ff.)
1 (b)	Biologische Sachverhalte durch Beobachtung und Vergleich beschreiben und erklären	I/II/ III	2/5/3		
2	Elektrische Erscheinungen bei Nilhechten an Hand von Abbildungen erläutern	I/II	4/4		Grafiken aus dem Lehrbuch verbalisieren (S. 22 ff.)
3	Abbildungen, Tabellen, Diagramme usw. beschreiben, analysieren, deuten Beobachtungen und Experimente protokollieren Nervenzellen: Entstehung und Weiterleitung elektrischer Potenziale	I/II/ III	2/6/2		Analyse verschiedener Materialien (S. 22 ff.) Grundlagen der Neurophysiologie (S. 69 ff.)
4(a)	Abbildungen, Tabellen, Diagramme usw. beschreiben, analysieren, deuten Struktur und Funktion: Oberflächenvergrößerung	I/II/ III	6/10/6		Umgang mit Modellen (S. 31)
4(b)	Biologische Sachverhalte durch Beobachtung und Vergleich beschreiben und erklären				Grundlagen der Neurophysiologie, Signaltransduktion (S. 69 ff.)

Gesamtpunkte: 60, davon AFB I: 18 Punkte (29 %); AFB II: 31 Punkte (52 %); AFB III: 11 Punkte (19 %)

Materialgrundlage:
Peter Wolff: Der Nilschlamm und sein Einfluß auf die Fruchtbarkeit der Ackerböden in Ägypten. In: Der Tropenlandwirt, Zeitschrift für die Tropen und Subtropen 87 (1986), S. 143–161
http://www.spektrum.de/lexikon/biologie/nilhechte/46478
http://biophysics.sbg.ac.at/ray/eod.htm

Aufgabe 5: Schmerzen

Molekulare und cytologische Grundlagen: Erregungs-entstehung, Erregungsleitung, Synapsenvorgänge

Einleitung

Jeder dritte Europäer leidet einmal pro Woche unter Schmerzen, mancher vor allem an chronischen, also dauerhaften Schmerzen. Schmerzforscher suchen nach Lösungen, um nicht nur akute, sondern gerade auch chronische Schmerzen nachhaltig zu lindern.

AUFGABENSTELLUNG

1. **Erläutern** Sie die Entstehung von Schmerzen:

   (a) **Stellen** Sie allgemein **dar**, wie eine Sinneszelle durch einen Reiz erregt werden kann und erläutern Sie, in welcher Form und unter welchen Bedingungen die Erregung weitergeleitet wird.

   (b) **Stellen** Sie eine **Hypothese auf** über die Entstehung von Schmerzerregungen in den freien Nervenzellen (M1) und ihre Modulation durch Prostaglandine (M5).

2. **Erläutern** Sie die Erregungsleitung:

   (a) **Erläutern** Sie, wie eine Erregung über ein Axon geleitet wird. Vergleichen Sie dazu die kontinuierliche mit der saltatorischen Erregungsleitung.

   (b) **Begründen** Sie, welcher der beiden Fasertypen des Schmerz wahrnehmenden Systems (M2) den ersten und welcher den zweiten Schmerz von der Hand zum ZNS leitet.

3. **Erläutern** Sie mithilfe von M3 die Weitergabe der Schmerzerregung an die Neuronen der Schmerzbahn im Hinterhorn des Rückenmarks.

4. **Beschreiben** Sie Veränderungen der synaptischen Verschaltung (M4) der Schmerzbahn im Hinterhorn des Rückenmarks bei chronischen Schmerzen, und **entwickeln** Sie eine **Hypothese** über den Mechanismus des Schmerzgedächtnisses.

5. (a) **Erklären** Sie die schmerzlindernde Wirkung von Aspirin.

   (b) **Begründen** Sie, warum eine fortgesetzte Einnahme von Aspirin die Magenwände angreifen kann.

Material

M1 Nozizeptoren

Die freien Nervenendigungen der Schmerzfasern reichen bis in die Oberhaut. Sie werden als Schmerzrezeptoren oder Nozizeptoren bezeichnet. Ihre Membranen enthalten Rezeptoren, die z. B. auf Serotonin oder auf Acetylcholin ansprechen. Bei Verwundungen der Haut wird Serotonin von den Blutplättchen an der verletzten Stelle freigesetzt und verengt dort kleine Blutgefäße, sodass die Wunde schneller geschlossen wird. Serotonin ist zugleich auch ein Neurotransmitter, der ähnlich wie z. B. Acetylcholin in chemischen Synapsen für die Erregungsübertragung von einem Neuron auf das nächste Neuron als Botenstoff wirkt.

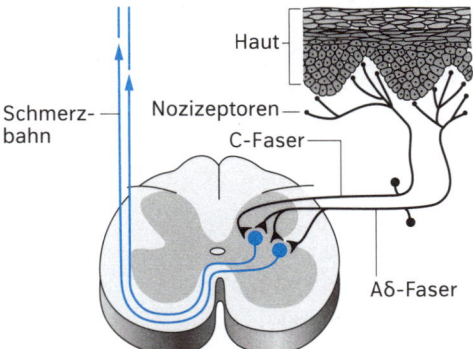

M1 Nozizeptoren der C- Fasern und Aδ-Fasern sind die reizaufnehmenden Strukturen der Schmerzbahn

M2 Zwei Arten von Schmerzfasern

Beim Öffnen einer Konservendose kann es vorkommen, dass man sich an der scharfen Kante des Dosendeckels schneidet. Ein erster stechend brennender Schmerz zeigt die Verletzung an. Die Wunde wird versorgt und ein Pflaster verhindert die Blutung. Erst jetzt setzen je nach Schwere der Verletzung bohrende dumpfe Schmerzen ein. Dafür macht man zwei Arten von Schmerzfasern des Schmerz wahrnehmenden Systems verantwortlich: Aδ-Fasern sind relativ dicke Axone (ca 3 – 5 µm), die von einer Myelinscheide umhüllt sind. C-Fasern sind dünn (ca 1 µm) und nicht von einer Myelinscheide umhüllt.

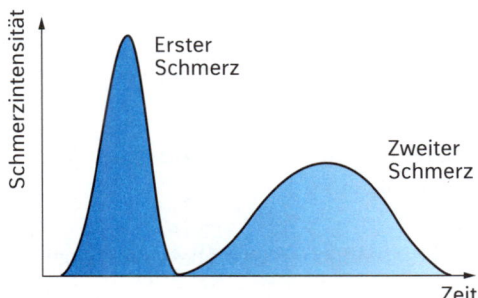

M2 zeitlicher Verlauf unterschiedlicher Schmerzwahrnehmungen nach einer Verletzung

M3 Synaptische Verschaltung der Schmerzbahn im Rückenmark

Über Synapsen im Hinterhorn des Rückenmarks werden akute Schmerzerregungen an das Gehirn weitergeleitet.

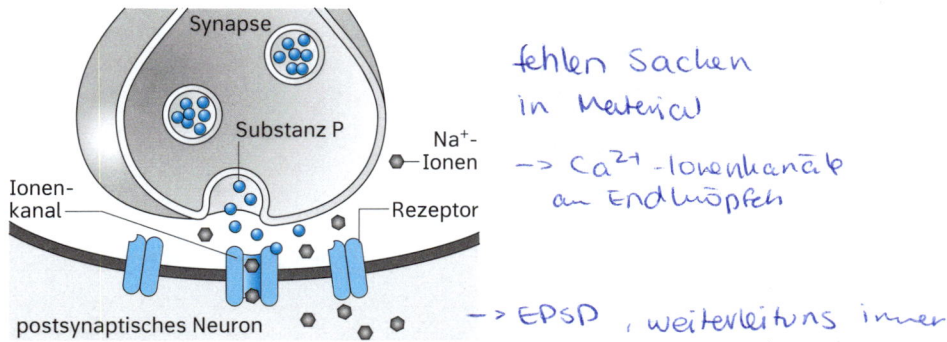

(handschriftliche Notizen:) fehlen Sachen in Material → Ca^{2+}-Ionenkanäle an Endknöpfen → EPSP, weiterleitung immer schwächer

M3 Synapse aus der Schmerzbahn im Hinterhorn des Rückenmarks.

M4 Veränderungen chemischer Synapsen der Schmerzbahn im Hinterhorn des Rückenmarks

Durch lang anhaltende oder besonders starke Schmerzreize werden die Neuronen im Hinterhorn des Rückenmarks verändert. Die dadurch hervorgerufenen physiologischen Veränderungen bezeichnet man als Schmerzgedächtnis.

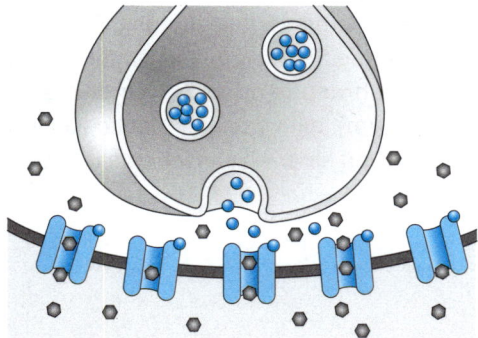

M4 veränderte Synapse aus der Schmerzbahn im Hinterhorn des Rückenmarks

M5 Prostaglandine und Acetylsalicylsäure

Prostaglandine werden von zwei Enzymen in unterschiedlichen Geweben synthetisiert, sie heißen Cyclooxygenase-1 (COX-1) und Cyclooxygenase-2 (COX-2). Während COX-1 in den blutgerinnungsauslösenden Blutplättchen (Thrombozyten) vorkommt, wird COX-2 in entzündeten oder verletzten Geweben synthetisiert. Die Prostaglandine aktivieren bei Verletzungen der Haut die Thrombozytenaggregation und fördern somit den Wundverschluss. Sie fördern allerdings auch Entzündungsreaktionen und senken dabei gleichzeitig den Schwellenwert in den Schmerzrezeptoren. Zudem hemmen sie die Sekretion von Magensaft.

Acetylsalicylsäure (ASS) ist ein Schmerzmittel, das erstmals 1897 in reiner Form hergestellt wurde. Es ist in Tablettenform unter dem Namen Aspirin bekannt. Acetylsalicylsäure hemmt die Enzyme COX-1 und COX-2, indem sie in der Aminosäurekette der Enzyme kurz vor dem aktiven Zentrum einen Acetylrest auf die Aminosäure Serin überträgt.

TIPP Benötigte Fachkenntnisse

Umwandlung von Reizen in Erregung, Weiterleitung der Erregung in Form von Aktionspotenzialen, saltatorische Erregungsleitung, Vorgänge an Synapsen, Enzyme und ihre Wirkung, Enzymhemmung (S. 69 ff.)

TIPP Benötigte Methodenkenntnisse

Analyse von Diagrammen und schematischen Zeichnungen (S. 22 ff.)

Lösungen

1. (a) Die Membran einer freien Nervenendigung oder auch die einer Sinneszelle mit ihren Rezeptoren vermag einen adäquaten Reiz aufzunehmen. Dabei wird ein bestimmter Reiz in Erregung umgewandelt, d. h., dass aufgrund des ankommenden Reizes die Membran für Kationen (meist Na^+-Ionen) durchlässig wird, die folglich in die Zelle diffundieren. Auf diese Weise wird die Membran depolarisiert. Das Ruhepotenzial der Zelle wird herabgesetzt. Dies bezeichnet man als Generator- oder auch als Rezeptorpotenzial. Die Höhe der Potenzialänderung entspricht dabei der Größe des ankommenden Reizes. Ob diese durch den Reiz hervorgerufene Erregung zum Gehirn weitergeleitet wird, hängt davon ab, ob ein sogenannter Schwellenwert erreicht wird. Ist dies der Fall, wird die Erregung in Form von Aktionspotenzialen (APs) weitergeleitet. Die Anzahl der Aktionspotenziale pro Zeiteinheit entspricht dabei der Höhe des Generatorpotenzials und die Dauer der AP-Frequenz der Dauer des Reizes. Die APs folgen dem Alles-oder-Nichts-Gesetz, d. h. ihre Höhe ist immer gleich groß.

    (b) Serotonin wird an den verletzten Stellen der Haut freigegeben. Es stellt somit den Schmerzreiz dar. Die freien Nervenendigungen enthalten vermutlich Serotoninrezeptoren. Werden diese von Serotonin besetzt, öffnen sich Na^+-Kanäle, sodass es zu einem Rezeptorpotenzial kommt. Je nach Anzahl der andockenden Serotoninmoleküle ist dieses lokale Potenzial von unterschiedlicher Stärke. Erreicht es den Schwellenwert, werden in der Nervenzelle Aktionspotenziale ausgelöst, die als Signale zum Gehirn geleitet werden und dort im Schmerzzentrum die Schmerzempfindung hervorrufen. Prostaglandine können den Schwellenwert herabsetzen, sodass die Anzahl der Aktionspotenziale und somit auch die Schmerzwahrnehmung durch ihre Zugabe erhöht wird.

2. (a) In Axonen von Nervenzellen wird die Erregung in Form von Aktionspotenzialen weitergeleitet. Je nachdem, ob das Axon myelinisiert, das heißt von SCHWANNschen Zellen umgeben ist oder nicht, unterscheidet man zwei verschiedene Arten der Weiterleitung: Bei marklosen Nervenfasern, das heißt bei fehlender Myelinisierung, wird das AP über das Axon von Abschnitt zu Abschnitt übertragen, indem der vorhergehende Abschnitt ein Aktionspotenzial an dem benachbarten, noch nicht erregten Abschnitt auslöst. Der vorhergehende Abschnitt ist dann bereits in der Repolarisationsphase, während am benachbarten eine Potenzialänderung ausgelöst werden kann, sodass dann dort ein Aktionspotenzial erfolgt. Diese Form der Weiterleitung ist relativ langsam. Die Leitungsgeschwindigkeit kann durch eine Verdickung des Axons vergrößert werden.
Bei Axonen, die von einer Myelinscheide umhüllt sind, findet die saltatorische Erregungsleitung statt. Die Myelinscheide wird von SCHWANNschen Zellen gebildet und ist deshalb im Abstand von 0,2 mm bis 1,5 mm unterbrochen. Diese Unterbrechungen heißen RANVIERsche Schnürringe. Die zur Erzeugung des Aktionspotenzials nötigen spannungsabhängigen Na^+-Kanäle befinden sich nur an den RANVIERschen Schnürringen. Ein Aktionspotenzial, das an einem Schnürring entsteht, löst ein nächstes AP erst am nächsten Schnürring aus. Da die Aktionspotenziale nicht kontinuierlich an der Membran entlang laufen wie bei marklosen Fasern, sondern sozusagen von Schnürring zu Schnürring springen, nennt man dies eine saltatorische Erregungsleitung. Diese ist viel schneller und verbraucht weniger Energie als die kontinuierliche Form.
(b) Da die Aδ-Fasern relativ dicke Axone und von einer Myelinscheide umhüllt sind, leiten sie schneller als die dünnen marklosen C-Fasern. Der erste stechend brennende Schmerz kommt also durch die Erregung der Aδ-Fasern, der zweite dumpfe Schmerz durch die Erregung der C-Fasern.

3. An der Synapse im Hinterhorn des Rückenmarks laufen Aktionspotenziale ein, die die Ca^{2+}-Ionenkanäle im synaptischen Endknöpfchen des Axons der sensorischen Nervenzelle öffnen, sodass Calciumionen in das Endknöpfchen einströmen. Dies bewirkt die Verschmelzung der mit der Substanz P gefüllten synaptischen Bläschen mit der präsynaptischen Membran und folglich eine Transmitterausschüttung der Schmerzsubstanz P. Die Substanz P diffundiert durch den synaptischen Spalt und verbindet sich mit den Rezeptoren der postsynaptischen Membran, sodass sich dort Na^+-Ionenkanäle öffnen und Natriumionen in die postsynaptische Nervenzelle gelangen. Dadurch wird ein EPSP (exzitatorisches postsynaptisches Potenzial) an der postsynaptischen Membran ausgelöst. Diese postsynaptische Erregung wird unter Abschwächung (Dekrement) weitergeleitet. Erreicht sie am Axonhügel den Schwellenwert, entstehen dort wieder Aktionspotenziale, die über das Axon des Neurons weitergeleitet werden.

4. Lang anhaltende oder besonders starke Schmerzreize bewirken an der Synapse des Hinterhorns eine Vermehrung von postsynaptischen Rezeptoren für die Substanz P. Dadurch können die Moleküle der Substanz P bei ihrer Ausschüttung in den synaptischen Spalt gleichzeitig an mehr Rezeptoren andocken als es ohne anhaltende Schmerzen der Fall wäre. Die Folge sind stärkere postsynaptische Potenziale, die stärkere und länger andauernde Schmerzen nach sich ziehen. Das bedeutet eine größere Sensibilität der Schmerzbahn für ankommende Erregungen. Man spricht hier vom Schmerzgedächtnis.

5. (a) Die Wirkungsweise von ASS bzw. Aspirin beruht darauf, dass es die Enzyme Cyclooxygenase-1 (COX-1) und Cyclooxygenase-2 (COX-2) hemmt, die für die Produktion von Prostaglandinen zuständig sind. Prostaglandine senken die Reizschwelle der Schmerzrezeptoren bei Verletzungen und Entzündungen; dementsprechend steigt mit hoher Prostaglandinkonzentration auch die Schmerzempfindlichkeit eines Gewebes, das sich an und um eine Verletzung befindet. Diese Konzentration ist bei Entzündungen besonders hoch, da die COX-2-Synthese und damit die Produktion von Prostaglandinen durch Entzündungen und Verletzungen ausgelöst wird. Aufgrund der Enzymhemmung wirkt Aspirin daher nicht nur schmerz-, sondern auch entzündungshemmend.
Aspirin verändert das aktive Zentrum der Enzyme, sodass diese die erforderlichen Substrate für die Synthese von Prostaglandinen nicht mehr anlagern und somit nicht mehr umsetzen können.
(b) Weil Prostaglandine zudem die Sekretion von Magensäuren hemmen, ist bei längerer oder höherer Dosierung von ASS auch eine Beinträchtigung des Magens möglich, da ohne Prostaglandine zu viel Magensaft gebildet wird.

Selbstdiagnosebogen

Aufgabe Nr.	Kernkompetenzen	AFB	Punkte	erreichte Punkte	Förderung
1(a)	Beschreibung, wie ein Reiz in Erregung umgewandelt wird	I	10		Generator-, Rezeptorpotenzial, Umcodierung Reiz in Erregung Analogisieren üben, z. B. Schmerzsubstanz-Reiz; Neuromodulatoren (S. 69 ff.)
1(b)	Ableitung einer Hypothese aus den vorgelegten Materialien	II III	12 3		

Aufgabe Nr.	Kernkompetenzen	AFB	Punkte	erreichte Punkte	Förderung
2(a)	Beschreibung der kontinuierlichen und saltatorischen Erregungsleitung am Axon	I	8		Aktionspotenzial, kontinuierliche und saltatorische Erregungsleitung (S. 69 ff.), Texterfassung und Umgang mit Diagrammen und Abbildungen (S. 22 ff.), Verknüpfung bekannten Wissens mit neuen Sachverhalten
2(b)	Analyse von M1 und M2 sowie begründete Erklärung der unterschiedlichen Funktionen der beiden Schmerzfasern	II	6		
3	Beschreibung der synaptischen Vorgänge und Erklären der Übertragung von Schmerzerregungen im Hinterhorn des Rückenmarks	I II	4 8		anhand der Abbildung einer Synapse die einzelnen Schritte der Erregungsübertragung erklären (S. 69 ff.)
4	Beschreibung von synaptischen Veränderungen aufgrund M4 Erläuterung der direkten Folgen und der weitreichenden Folgen dieser Veränderung als Schmerzgedächtnis	I II III	2 4 6		Umgang mit Abbildungen (S. 22), Vergleich von Abbildungen; Verknüpfung bekannten Wissens mit neuen Sachverhalten: Aufgaben zur Synapse
5(a)	Erklärung der komplexen Wirkungsweise von Aspirin durch Ableitung aus verschiedenen Sachtexten	II III	6 2		Bedeutung und Wirkungsweise von Enzymen, Enzymhemmung und ihre Folgen
5(b)	Erfassen einer Nebenwirkung von Aspirin	III	3		

Gesamtpunkte: 74, davon AFB I: 24 Punkte (32 %); AFB II: 36 Punkte (49 %); AFB III: 14 Punkte (19 %)

Materialgrundlage:

Campbell, N. A., Reece J. B.: Biologie. Spektrum Akademischer Verlag Heidelberg 2003

Feldermann D.: Was schmerzt denn da? In: LINDER Biologie. Neurobiologie. Sekundarstufe 2. Abitur- und Klausurtrainer. CD-ROM. Schroedel 2009

Hedewig R.: Die Haut – ein vielseitiges Organ. In: Unterricht Biologie, (1989) 142, S. 4 – 13

http://www.sinnesphysiologie.de/hvsinne/schmerz/schmerzin.htm

Aufgabe 6: Signaltransduktion beim Riechen und bei der Cholera – ein Vergleich auf molekularer Ebene

Erregungsentstehung, Signalwirkketten, Transportprozesse

Einleitung

Die Adenylatcyclase ist ein Enzym, das bereits in einzelligen Lebewesen wie z. B. *Paramecium* vorkommt und eine zentrale Rolle bei der Signaltransduktion eukaryotischer Zellen spielt. Es gibt viele verschiedene Adenylatcyclasen. Allen ist gemein, dass sie Adenosintriphosphat (ATP) in cyklisches Adenosinmonophosphat (cAMP) umwandeln. Das cAMP ist ein Botenstoffmolekül und setzt in der Zelle zahlreiche Prozesse in Gang. Einige prokaryotische Krankheitserreger nutzen Adenylatcyclasen als Ausgangspunkt ihrer pathologischen Wirkung. So wird zum Beispiel die Cholera auf zellulärer Ebene indirekt durch eine übermäßige Aktivierung von Adenylatcyclasen in Darmepithelzellen ausgelöst. Körpereigene und künstliche Opiate deaktivieren Adenylatclasen in Neuronen der Schmerzbahn und unterdrücken so eine Weiterleitung des Schmerzsignals. Auch an der Depolarisation von Riechsinneszellen sind Adenylatcyclasen beteiligt.

AUFGABENSTELLUNG

1 **Beschreiben** Sie mithilfe von M1 die neurophysiologischen Vorgänge, die zur Erregungsbildung an Riechsinneszellen führen und **entwickeln** Sie eine **Hypothese** wie es zur Depolarisation der Riechsinneszelle kommt.

2 **Beschreiben** Sie die Konzentrationsänderungen verschiedener Ionen im Darmlumen eines mit dem Cholera-Erreger infizierten Menschen (M3).

3 **Erläutern** Sie mithilfe von M3 und M4 die physiologischen Vorgänge, die nach der Infektion mit dem Cholera-Erreger im Darmlumen infizierter Personen ablaufen und erklären Sie die in M2 beschriebenen medizinischen Befunde eines an der Cholera erkrankten Menschen.

4 **Vergleichen** Sie die Wirkung der Adenylatcyclase bei der Depolarisation von Riechzellen mit der Wirkung bei den physiologischen Vorgängen in Darmepithelzellen mit dem Cholera-Erreger infizierter Menschen.

Material

M1 **Schema Signaltransduktion in Riechsinneszellen**

M1 stellt schematisch die Signaltransduktion bei Riechsinneszellen dar. Duftmoleküle erreichen die Riechschleimhaut (Regio olfactoria) über die beiden Nasenhöhlen. Beim Menschen ist die Regio olfactoria ungefähr so groß wie eine Euromünze und beheimatet etwa 20 Millionen Sinneszellen, welche auf die Wahrnehmung von Duftmolekülen in der Luft spezialisiert sind. Eine Sinneszelle besitzt in der Membran der Außenseite etwa 20 bis 30 Cilien, die in den Schleim der Regio olfactoria hineinreichen und mit den Duftmolekülen in Kontakt kommen. Die Axone der Riechsinneszellen leiten die Erregung der Sinneszellen direkt zum Riechhirn weiter. Der Riechsinn ist damit der einzige Sinn, der seine Impulse direkt und ungefiltert an das Gehirn leitet. Er besitzt auch eine direkte Verbindung zum limbischen System, einer entwicklungsgeschichtlich sehr alten Region des Gehirns, der unter anderem eine zentrale Rolle bei der Entstehung von Emotionen zugesprochen wird.

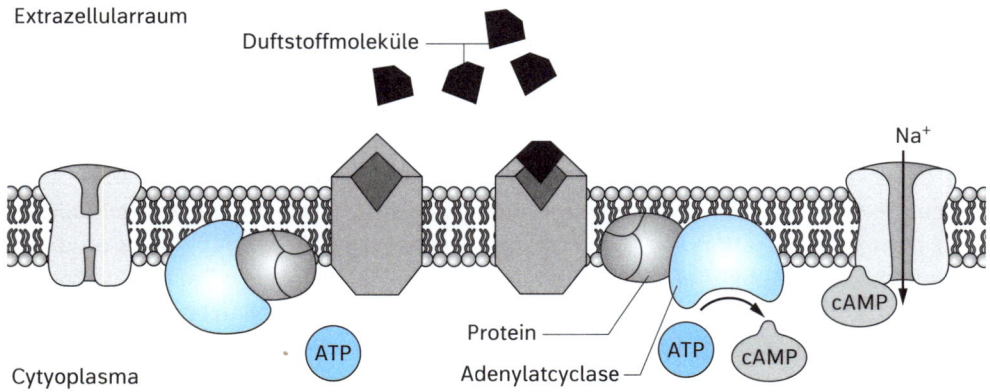

M1 Signaltransduktion in Riechsinneszellen

In den Zellwänden der Cilien der Riechsinneszellen sind zahlreiche Rezeptoren verankert, die nach dem Kotakt mit dem passenden Duftmolekül eine Signalkaskade in Gang setzen an. Dabei reicht ein einziges Duftmolekül aus, um die Bildung von 2000 cAMP-Molekülen zu induzieren. Wissenschaftler haben bisher Gene für 350 verschiedene Riechrezeptoren identifiziert.

M2 Basisinformationen über den Cholera-Erreger

Das Cholera-Bakterium Vibrio cholerae wird häufig über verunreinigtes Trinkwasser aufgenommen. Es produziert einen Giftstoff (Choleratoxin), welches in die Zellen des Darmepithels eindringt. Etwa zwei bis drei Tage nach der Infektion mit dem Bakterium kommt es zu sehr plötzlich auftretenden Durchfällen (Diarrhoe). Pro Tag können Patienten – je nach Schwere der Erkrankung – bis zu 25 l Flüssigkeit verlieren. Charakteristisch für die Cholera ist neben der starken Diarrhö ein trüber („reiswasserfarbener") flüssiger Stuhl mit einer erhöhten Konzentration verschiedener Ionen.

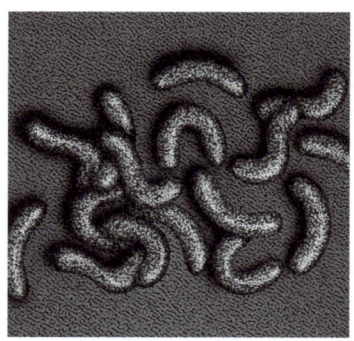

M2 Cholera-Bakterium in 10 000-facher Vergrößerung

M3 Veränderung der Ionenkonzentration im Darm infizierter Personen

M3 zeigt die Veränderung der Ionenkonzentration im Darmlumen infizierter Personen, wobei der Verlauf der Krankheit sehr unterschiedlich sein kann und vom gesundheitlichen Zustand der infizierten Person abhängt. Die Werte sind Durchschnittswerte.

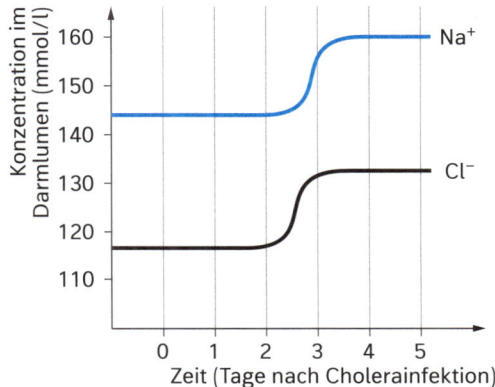

M3 Konzentrationsänderungen von Cl^-- und Na^+-Ionen im Darmlumen infizierter Personen

M4 Die Wirkung des Choleratoxins

Die folgende Abbildung stellt die Wirkung des Choleratoxins in den Zellen des Darmepithels schematisch dar.

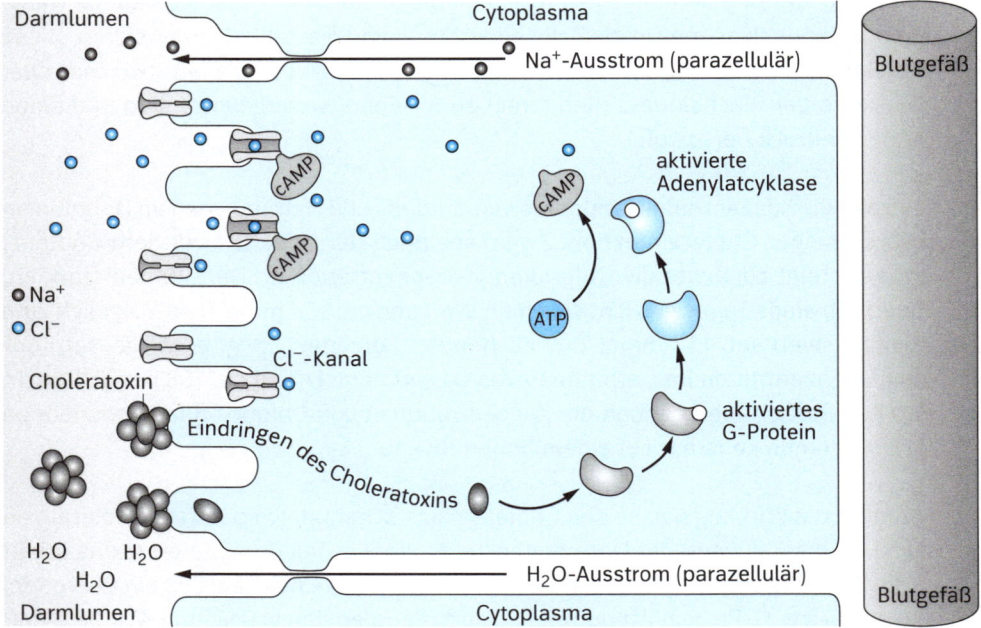

M4 Schema der Wirkung des Choleratoxins in den Epithelzellen des Darmlumens

Signalentstehung und Signalweiterleitung, Signalwirkketten, Transportprozesse durch Biomembranen, Diffusion und Osmose (S. 69 ff.)

Beschreiben, Erklären und Vergleichen biologischer Phänomene, Umgang mit komplexen Modellen (S. 31), Hypothesen bilden und überprüfen (S. 30), Gesetzmäßigkeiten formulieren und als Arbeitsmittel verwenden

Lösungen

1. Duftmoleküle in der Luft erreichen über die Nasenhöhlen die Riechschleimhaut. Dort treffen sie auf Rezeptoren in den Zellmembranen der Cilien der Riechsinneszellen. Trifft ein passendes Duftmolekül auf einen Rezeptor, beginnt eine G-Protein vermittelte Signalkaskade, an deren Ende ein starker Anstieg der intrazellulären cAMP-Konzentration steht. Dabei wird zunächst über den Kontakt des Duftmoleküls mit dem Rezeptor ein G-Protein aktiviert, welches wiederum die Adenylatcyclase aktiviert. Die aktivierte Adenylatcyclase wandelt ATP in cAMP um. Ein Duftmolekül reicht aus, um die Umwandlung von 2000 ATP-Molekülen in cAMP-Moleküle zu induzieren. Die cAMP-Moleküle docken an Natriumionen-Kanäle an. Dadurch werden selektiv Natriumionen-Kanäle geöffnet und Natriumionen strömen in die Zelle ein. Durch die enorme Verstärkung des Signals (um den Faktor 2000) wird ein schneller Anstieg der intrazellulären cAMP-Konzentration erreicht, der wiederum zu einer schnellen Öffnung sehr vieler Natriumionen-Kanäle führt. Positiv geladene Natriumionen können schnell in die Zelle einströmen und die Zelle depolarisieren. Diese Depolarisation löst in den Riechsinneszellen ein Aktionspotenzial aus, welches über die Axone der Riechsinneszellen direkt zum Gehirn weitergeleitet wird und einen Sinneseindruck hervorruft.

2. M3 zeigt die Konzentrationsänderung von Chlorid- und Natriumionen im Darmlumen während einer Cholerainfektion. Zwei Tage nach der Infektion mit dem Choleraerreger steigt zunächst die Chloridionen-Konzentration im Darmlumen stark an. Innerhalb eines Tages erreicht sie einen Wert von ca. 130 mmol/l im Vergleich zum Ausgangswert von 117 mmol/l. Zeitlich etwas verzögert steigt auch die Natriumionen-Konzentration im Darmlumen von ca. 144 mmol/l auf ca. 158 mmol/l an. In den folgenden Tagen bleiben die Konzentrationen von Chlorid- und Natriumionen im Darmlumen konstant auf einem hohen Niveau.

3. M3 stellt die Wirkungsweise des Choleratoxins schematisch dar. Das Choleratoxin dockt an der Zellwand der Darmepithelzellen an. Ein Teil des Choleratoxins dringt in die Zelle ein. Im Cytoplasma aktiviert dieser Teil des Choleratoxins ein G-Protein. Das aktivierte G-Protein wiederum aktiviert die Adenylatcyclase, die ATP zu cAMP umwandelt. Das Signal wird durch diese Signalkette verstärkt. Die hohe intrazel-

luläre cAMP-Konzentration führt dazu, dass selektiv durch das Andocken eines cAMP-Moleküls Chloridionen-Kanäle geöffnet werden (M4 Schema der Wirkung des Choleratoxins in den Epithelzellen des Darmlumens). Durch die geöffneten Chloridionen-Kanäle strömen negativ geladene Chloridionen in das Darmlumen. Dadurch liegt im Darmlumen ein Überschuss an negativ geladenen Teilchen vor. Dies führt zur Erhöhung des osmotischen Gradienten. Natriumionen diffundieren entlang dieses Gradienten parazellulär nach. Natrium- und Chloridionen sind osmotisch stark wirksam, sodass Wasser parazellulär (und transzellulär) nachströmt. Dadurch kommt der enorme Flüssigkeitsverlust von bis zu 25 l pro Tag zustande. Die Inkubationszeit bei einer Infektion mit dem Choleraerreger beträgt ca. zwei Tage (M2). Die beschriebene Wirkungsweise des Choleratoxins erklärt auch den zeitlichen Ablauf der Ionenkonzentrationsänderung im Darmlumen betroffener Personen (M3). So lässt sich die im Stuhl nachweisbare erhöhte Ionenkonzentration erklären (M2), die die Diarrhoe zur Folge hat.

4. Sowohl bei der Signaltransduktion des Riechens als auch bei der Umkehr des osmotischen Gradienten in Darmepithelzellen mit dem Cholera-Erreger infizierter Menschen kommt der Adenylatcyclase eine Schlüsselrolle zu. Entscheidend ist in beiden Fällen der Anstieg des intrazellulären cAMP-Spiegels. Bei der Cholera führt dieser Anstieg zur Öffnung cAMP-sensitiver Chloridkanäle, sodass Chloridionen entlang ihres elektrochemischen Gradienten aus den Zellen in das Darmlumen strömen. Infolge dessen wird das osmotische Potenzial umgekehrt und Wasser strömt aus den Zellen und parazellulär ins Darmlumen. Bei der Signaltransduktion der Riechsinneszellen bewirkt ein hoher intrazellulärer cAMP-Spiegel eine Öffnung cAMP-sensitiver Natriumionen-Kanäle. Durch den Natriumeinstrom wird eine Depolarisation ausgelöst, die zu einem Aktionspotenzial führt. Die Erregung wird an das Gehirn weitergeleitet. Die Erhöhung der intrazellulären cAMP-Konzentration führt in beiden Fällen zu entscheidenden molekularen Veränderungen in Zellen. Die Adenylatcyclase spielt eine entscheidende Rolle bei der Weiterleitung und Verstärkung von Signalen und ist daher ein wichtiges Element zellulärer Signalwirkketten.

Selbstdiagnosebogen

Aufgabe Nr.	Kernkompetenzen	AFB	Punkte	erreichte Punkte	Förderung
1	Beschreibung der Signaltransduktion bei Riechsinneszellen unter Berücksichtigung der Fachsprache	I	10		Signalwirkketten (S. 69 ff.) und differenziertes Beschreiben von Schemata (S. 22), Erregungsbildung (S. 69 f.) und Hypothesenbildung (S. 30)
	Hypothesenbildung über die Depolarisation der Riechsinneszelle	II	5		
2	differenzierte Beschreibung der Abbildung in M3	I	5		Methodenschwerpunkt: Beschreiben von Tabellen und Grafiken (S. 22 ff.)
3	differenzierte Beschreibung der physiologischen Vorgänge bei einer Cholerainfektion unter Berücksichtigung der Fachsprache mithilfe eines Wirkschemas	II	10		genaue Beschreibung verschiedener biologischer Zusammenhänge auf Basis von Tabellen, Diagrammen und Grafiken (S. 22 ff.) Erläuterung komplexer Zusammenhänge
	Erläuterung physiologischer Zusammenhänge der Cholerainfektion	II	5		
4	Entwicklung einer Hypothese auf Basis vorher analysierter Zusammenhänge	III	10		Hypothesenbildung und Begründung der Hypothesen (S. 30)

Gesamtpunkte: 45, davon AFB I: 15 Punkte (33 %); AFB II: 20 Punkte (45 %); AFB III: 10 Punkte (22 %)

Materialgrundlage:

Chadhauri,K. und Chatterjee S.N.: Cholera Toxins (CT): Structure. In: Chadhauri, K. (Hrsg.): Cholera Toxins. Chapter 7, S. 105 – 123. Springer-Verlag, Berlin, Heidelberg. 2009

Gianella R.A.: Pathogenesis of acute bacterial diarrheal disorders. In: Annual Reviews in Medicine Nr. 32 S. 341 – 357, Palo Alto. 1981

Menon P.-M. et al.: Cholera. In: Evans, A.S., Brachmann, P.S. (Hrsg.): Bacterial Infections of Humans Chapter 12, S. 249 – 272. Springer Science & Business Media LLC, Philadelphia. 2009

Schmidt R. und Lang, F. (Hrsg.): Physiologie des Menschen mit Pathophysiologie. 30., neu bearbeitete und aktualisierte Auflage. Springer Medizin Verlag, Heidelberg. 2007

Aufgabe 7: Die Bedeutung genetischer und epigenetischer Ereignisse für die Evolution von Lebewesen

Grundlagen evolutiver Veränderungen: genotypische Variabilität von Populationen

Einleitung

Erkenntnisse der Molekulargenetik haben große Bedeutung für die Pflanzen- und Tierzucht, die Gesundheit des Menschen und für allgemeine biologische Fragestellungen. Es geht hier darum, wie Informationen in Wirklichkeit umgesetzt werden, wie also z. B. die in der DNA enthaltene Information aktiviert oder deaktiviert, umgesetzt und beeinflusst werden kann. Die sich daraus für den Genpool einer Population ergebenden Konsequenzen wirken sich auf das Evolutionsgeschehen aus.

AUFGABENSTELLUNG

1 (a) **Beschreiben** Sie mithilfe von M1 die Bildung von Sekreten auf der Schleimhaut der Bronchien. **Erläutern** Sie dabei ausführlich die Vorgänge, die zur Synthese von Proteinen im Schleim führen.
(b) **Erläutern** Sie die biologische Bedeutung der Schleimhautsekretion.
(c) **Vergleichen** Sie den Ablauf der Proteinsynthese bei Eukaryoten und Prokaryoten am Beispiel einer Zelle der Bronchialschleimhaut und dem Verursacher von Karies, *Streptoccocus mutans* (M2).

2 (a) **Beschreiben** Sie mithilfe von M3 die Regulation der Genaktivität nach dem Operon-Modell.
(b) **Ordnen** Sie die in M4 beschriebenen drei Möglichkeiten der Regulation von Genaktivität in M4 den Abbildungen a, b und c **zu**.
(c) **Erläutern** Sie mithilfe von M5 die Regulation der Proteinsynthese durch RNA-Moleküle.

3 (a) **Zeichnen** Sie mithilfe von M4 die Aussage des zweiten Satzes in M6.
(b) **Zeichnen** Sie das Ergebnis der Untersuchungen von Grummt als Antwort auf die in M6 gestellte Frage und bringen Sie es mit Ihrer Zeichnung aus Aufgabe 3(a) in Verbindung.
(c) **Erläutern** Sie die weiter führenden Probleme und Fragestellungen, die sich bei der Anfertigung Ihrer Zeichnung ergeben.

4 (a) **Erläutern** Sie die möglichen Ursachen für die Veränderung des Genpools einer Population.
(b) **Erörtern** Sie die evolutionsbiologische Wirkung epigenetischer Phänomene.

139

Material

M1 Drüsenzelle

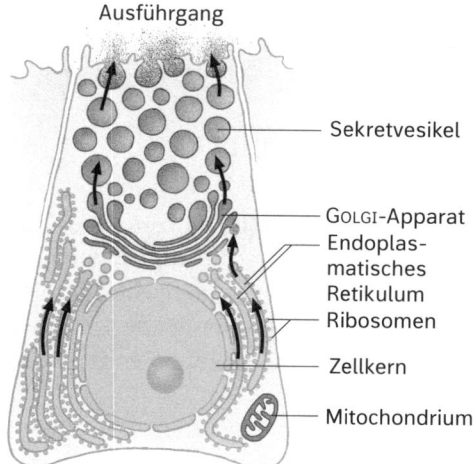

Ausführgang

— Sekretvesikel

— Golgi-Apparat
— Endoplas-
  matisches
  Retikulum
— Ribosomen

— Zellkern

— Mitochondrium

M1 Bau einer Drüsenzelle, schematisch

M2 Der Verursacher von Karies

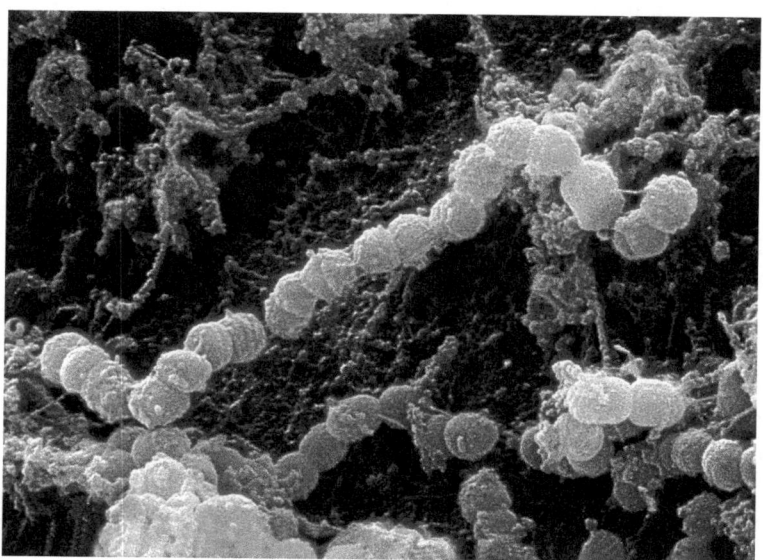

M2 *Streptoccocus mutans*. Das Bakterium bildet um sich eine schleimige Zellwand aus Kohlenhydraten und Proteinen. Zur Energiegewinnung betreibt es Milchsäuregärung.

M3 Regulation der Genaktivität

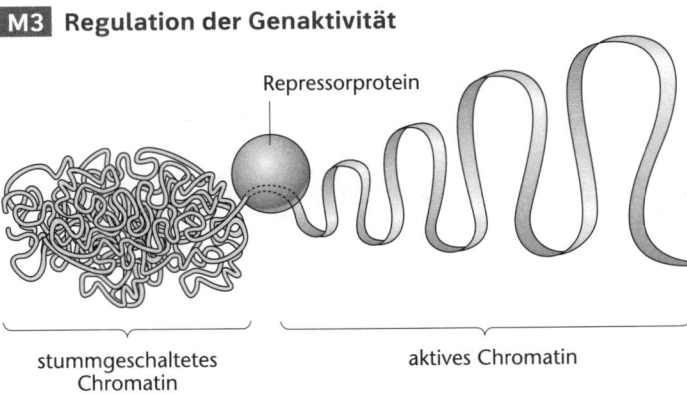

stummgeschaltetes
Chromatin

aktives Chromatin

M3 Regulation der Genaktivität bei Streptokokken und anderen Bakterien

M4 Epigenetik

Veränderungen der Genaktivität, die nicht auf eine Änderung der Basensequenz zurückgehen, bezeichnet man als epigenetisch. Bisher sind vier verschiedene Mechanismen bekannt, von denen drei hier erwähnt und in den Abbildungen a, b und c dargestellt sind:
1. Mithilfe eines Enzyms kann innerhalb der DNA das Cytosin-Nukleotid in der Nachbarschaft von Guanin methyliert werden. Dadurch kann verhindert werden, dass der entsprechende DNA-Abschnitt abgelesen wird.
2. Transposone sind sogenannte „springende Gene", d. h. sie können sich selbst kopieren und werden anschließend in entfernt liegende Bereiche des Genoms eingebaut. Dadurch können Gene in ihrer Aktivität behindert oder besonders gefördert werden. Etwa 50 % des menschlichen Genoms besteht aus Transposonen.

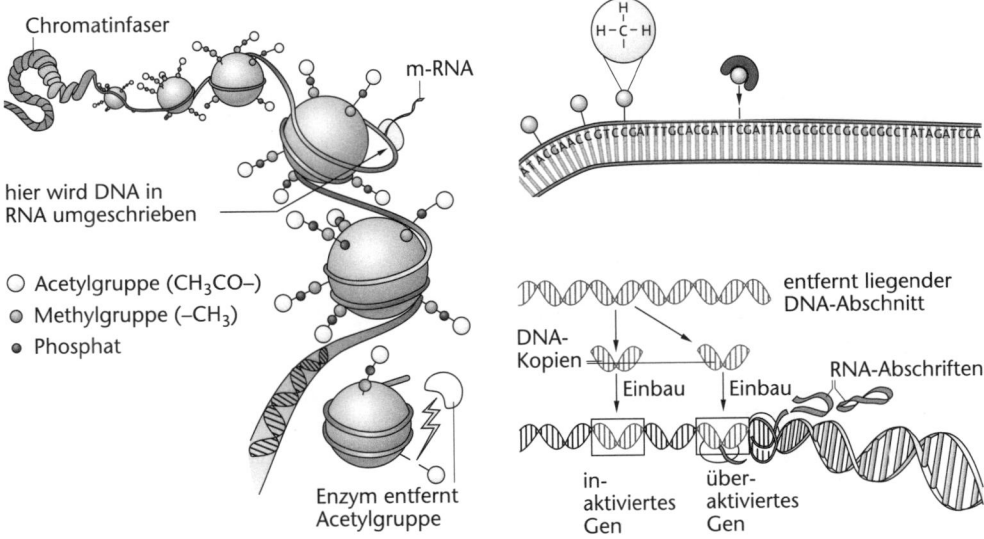

M4 Epigenetische Mechanismen

3. Die Chromosomen bestehen aus DNA und Chromatin, einer anfärbbaren Struktur aus Proteinen (Histone), an die noch weitere Substanzen gebunden sind, z. B. verschiedene funktionelle Gruppen. Acetylgruppen an den Histonen fördern die Aktivität benachbarter Gene; fehlen sie, wird die Aktivität herabgesetzt.

M8 **Regulationsmöglichkeiten genetischer Aktivität durch RNA-Moleküle**

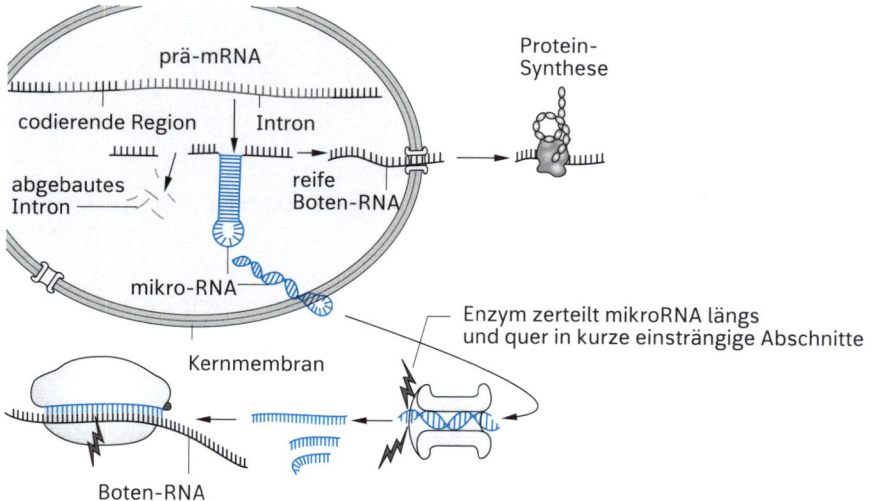

M5 a microRNA

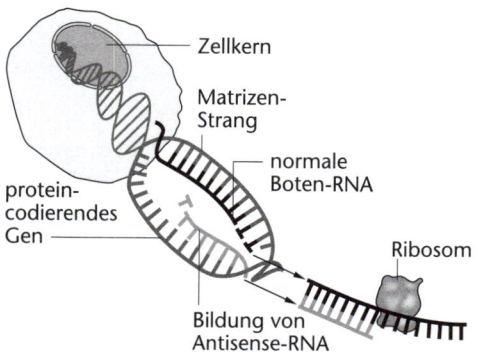

M5 b Antisense-RNA

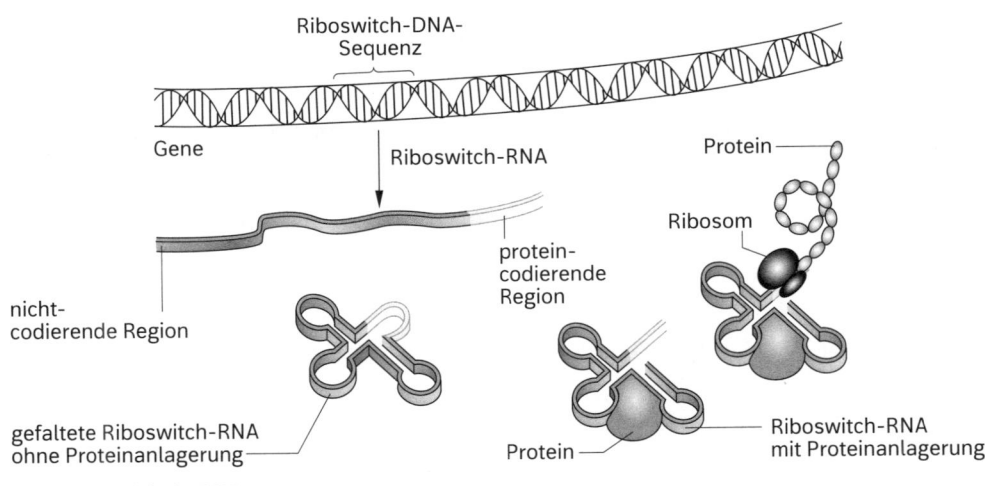

Riboswitch-DNA-Sequenz

Gene

Riboswitch-RNA

Protein

Ribosom

protein-codierende Region

nicht-codierende Region

gefaltete Riboswitch-RNA ohne Proteinanlagerung

Protein

Riboswitch-RNA mit Proteinanlagerung

M5 c Riboswitch-RNA

M6 Blockierung von Genen

Zu den bekannten epigenetischen Mechanismen gehört die Stilllegung von Genen über Methylierung. Das erledigen spezialisierte Enzyme, die Methyltransferasen, die an bestimmte „Buchstaben" der Gene Methylmarkierungen anheften und damit das ganze Gen unzugänglich machen. „Eines der großen Rätsel der modernen Molekularbiologie ist: Woher wissen die Methyltransferasen, wo sie ihre Markierung anbringen müssen, um gezielt ein bestimmtes Gen zu inaktivieren?", erklärt Ingrid Grummt aus dem Deutschen Krebsforschungszentrum ihr Forschungsgebiet.

Die Wissenschaftlerin ist der Antwort auf diese Frage einen großen Schritt näher gekommen. Sie erforscht vor allem solche Abschnitte im Erbgut, die gar keine „Rezepte", also Anweisungen für den Bau eines Proteins, enthalten. Trotzdem werden diese Abschnitte auf kontrollierte Weise in RNA-Moleküle umgeschrieben. „Diese so genannten nicht-codierenden RNAs enthalten keine Proteinrezepte. Sie sind wichtige Regulatoren in der Zelle, die wir gerade erst zu verstehen beginnen", so Ingrid Grummt.

In ihrer neuen Arbeit beweisen Grummt und ihre Mitarbeiter erstmals, dass die epigenetische Regulation und die Steuerung durch nicht codierende RNAs ineinandergreifen. Schleusen sie das nicht codierende RNA-Molekül „pRNA" künstlich in Zellen ein, so wird ein bestimmter Genschalter mit Methylmarkierungen versehen und die dahinter liegenden Gene werden nicht abgelesen. Der Trick bei der Sache: pRNA passt genau („komplementär") zur DNA-Sequenz dieses Genschalters. pRNA bildet dabei mit den beiden DNA-Strängen im Bereich dieses Genschalters eine Art Zopf bzw. Dreifach-Helix. Methyltransferasen wiederum können spezifisch an diesen Zopf andocken und werden dadurch genau an die Stelle dirigiert, wo ein Gen blockiert werden soll.

Aufbau einer tierischen Zelle, Proteinbiosynthese bei Prokaryoten und Eukaryoten (S. 33 ff.)

Isolierung von DNA, Elektrophorese (S. 41)

Lösungen

1. (a) Die Sekrete auf der Schleimhaut bestehen aus einer wässrigen Lösung von Proteinen und Ionen. Diese Lösung wird in Sekretvesikeln, kleinen Bläschen im Cytoplasma der Schleimhautzelle, gesammelt. Die Bläschen entstehen durch Membranverschmelzung an den seitlichen Rändern des Golgi-Apparats. Der Golgi-Apparat ist mit dem endoplasmatischen Retikulum verbunden. Dieses Kanalsystem wird mit den Produkten der Proteinsynthese an den Ribosomen, die direkt am ER sitzen, gefüllt, indem diese mithilfe von Tunnelproteinen aus dem Cytoplasma am Ort des Entstehens durch die ER-Membran in das Innere des Kanalsystems transportiert werden. Die Proteine werden an den Ribosomen als Kette von Aminosäuren, die über Peptidbindungen miteinander verknüpft werden, gebildet. Dazu wird auf einem bestimmten Chromosom im Zellkern ein bestimmter DNA-Abschnitt mithilfe eines Enzymkomplexes (RNA-Polymerase) an den Wasserstoffbrücken zwischen den Basen getrennt und der codogene Strang der DNA vom 3'- zum 5'-Ende hin abgelesen und eine RNA gebildet. Diese prä-mRNA wird durch weitere Enzyme aufgeschnitten, Teilstücke (Introns) werden entfernt und der verbleibende Rest wieder zusammengesetzt (Spleißen). Die verbliebenen Exons bilden die reife mRNA, die zu den Ribosomen ins Cytoplasma gelangt. Dort werden aktivierte Aminosäuren mithilfe von tRNA-Molekülen miteinander zur Primärstruktur des Proteins verbunden.
(b) Die Schleimproduktion dient der Abwehr und dem Abtransport von Fremdkörpern und Krankheitserregern. Staubpartikel, Bakterien, Pilzsporen usw. werden auf der Schleimoberfläche festgehalten und mithilfe von Flimmerhärchen gezielt nach außen transportiert. Der an der Verbindung von Luftröhre und Speiseröhre angekommene Schleim wird ausgehustet oder verschluckt.
(c) Ähnlichkeiten bestehen in der Abfolge der Umsetzung von der DNA über mRNA und AS-Kettenbildung an Ribosomen und der Umsetzung mithilfe des gleichen genetischen Codes. Dieser Code ist universal. Unterschiede bestehen in der Differenziertheit des Ablaufes. Das Spleißen bzw. die Reifung der mRNA tritt bei den Zellen der Bronchialschleimhaut auf, nicht aber bei *Streptoccocus mutans*.

2. (a) Endproduktrepression: Ein Repressorprotein wird an einer bestimmten Stelle des Genoms gebildet und durch Anlagerung des Endprodukts räumlich so verändert, dass das Protein sich an den Operator anlegt und damit eine weitere Bildung von mRNA verhindert.

(b) Mechanismus 1: M4 b, Mechanismus 2: M4 c, Mechanismus 3: M4 a

(c) M5 a zeigt, dass beim Ausschneiden der Introns und ihrer Zerkleinerung Bruchstücke entstehen, die sich ähnlich wie bei einer tRNA teilweise zu einem Doppelstrang zusammenlegen. Dieser wird von Enzymen so zerkleinert, dass bestimmte Nukleotidsequenzen übrig bleiben, die wie eine kurze Antisense-RNA wirken: Die Bruchstücke lagern sich an die komplementäre Basensequenz der mRNA an und deaktivieren sie dadurch. Ob ein bestimmtes Protein gebildet wird, kann also vom Vorhandensein bestimmter Enzyme im Cytoplasma abhängen, die die doppelsträngigen Introns auf spezifische Weise zerkleinern. In M5 b wirkt neben der „regulären" RNA-Polymerase eine weitere RNA-Polymerase. Die so entstehende Antisense-RNA verhindert bei Kontakt mit der mRNA am Ribosom die Bildung der Aminosäurekette, da durch das Ribosom nur ein einfacher Nucleinsäurestrang passt. In M5 c wird mithilfe von sogenannten RNA-Genen, also DNA-Abschnitten, die die Information für die Ausbildung von RNA enthalten, eine besondere RNA gebildet, die Riboswitch-RNA. Diese faltet sich zu einem doppelsträngigen RNA-Molekül. Sobald dieses RNA-Molekül mit einem passenden Protein Kontakt bekommt (Schlüssel-Schloss-Prinzip), wird das Molekül so geändert, dass die Riboswitch-RNA ein freies Ende erhält. Dieses hat die Funktion einer regulären mRNA, das die Synthese eines bestimmten Proteins bewirkt. Nur im Kontakt mit dem passenden Protein kann der codierende Abschnitt der Riboswitch-RNA also die Synthese einer Aminosäurekette veranlassen. Die Riboswitch-RNA besitzt folglich für die in ihr enthaltene Information einen „An- und Ausschalter".

3. (a) Zeichnung analog zu M4 b.

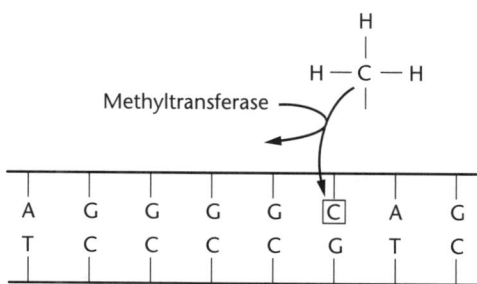

(b) Zeichnung:

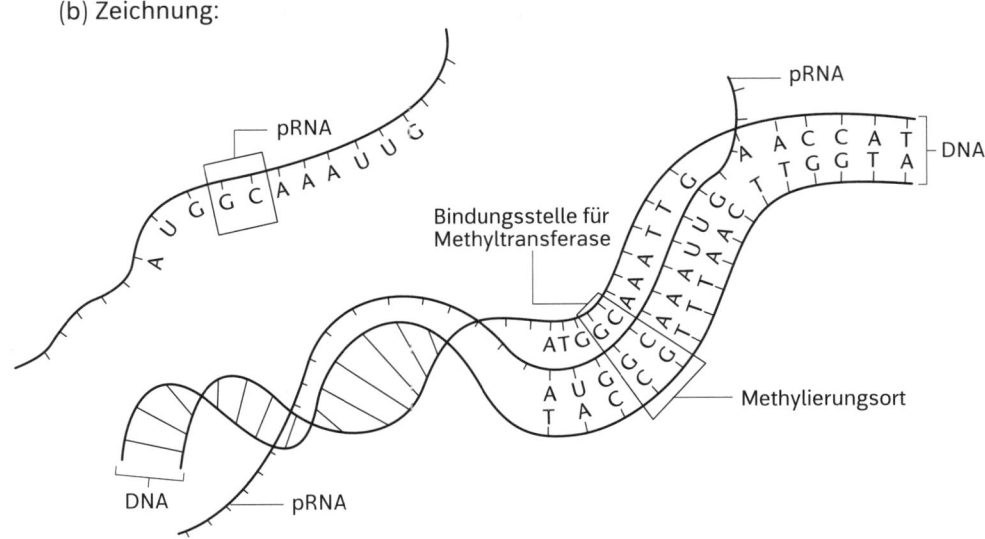

Sobald der „Zopf" bzw. die „Dreifach-Helix" gebildet ist, entsteht eine räumliche Struktur an diesem DNA-Abschnitt, der genau zu einer passenden Stelle des Enzyms Methyltransferase passt, sodass die Methyltransferase die in Nachbarschaft von Guanin befindliche Base Cytosin methylieren kann.

(c) Folgende Fragen können sich bei der Anfertigung der Zeichnung ergeben:

* Wie werden die Nukleotide der verschiedenen Nucleinsäurestränge miteinander verbunden, sodass eine „Dreifach-Helix" entstehen kann?
* Werden die Wasserstoffbrücken zwischen den Basen der beteiligten Stränge nur teilweise zwischen den beiden DNA-Strängen und der pRNA hergestellt?
* Werden die Wasserstoffbrücken abwechselnd zwischen den Basen der beteiligten Nucleinsäurestränge gebildet?
* Gibt es ganz andere, noch nicht erforschte Bindungsmöglichkeiten?
* Entsteht durch die Herstellung einer „Dreifach-Helix" an unterschiedlichen Genorten immer dieselbe passgenaue räumliche Struktur für die Methyltransferase?

4. (a) Der Genpool einer Population wird durch die Evolutionsfaktoren Selektion, Migration, Gendrift und Mutation verändert. Dabei importiert Migration lokal neue Allele mit neuen Möglichkeiten für Anpassungsprozesse, Gendrift verändert durch Zufall die Genfrequenz der Population, Mutation erzeugt ebenfalls neue Allele und schafft somit neue Möglichkeiten der Anpassung. Selektion garantiert die Weitergabe der Allele mit hohem Anpassungswert an die nächste Generation. Rekombination beschleunigt den Prozess der Evolution.

(b) Durch epigenetische Phänomene kann die Allelfrequenz in einer Population indirekt beeinflusst werden. Da aber durch solche Ereignisse die genetische Variabilität erhöht werden kann, sind schnellere Anpassungsmöglichkeiten gegeben. Dadurch kann u. U. die Generationsdauer von Organismen einer Art erhöht werden, ohne auf Möglichkeiten von Anpassung zu verzichten (Variante einer r-Selektion). Denn ein Individuum, welches länger lebt, hat mehr Chancen zur Fortpflanzung. Allein die zunehmende Möglichkeit an Fortpflanzungschancen würde bei unterschiedlich häufigen epigenetischen Ereignissen im Individuum dazu führen, dass dieses Individuum zu verschiedenen Zeiten aufgrund verschieden ablaufender epigenetischer Ereignisse eine jeweils leicht veränderte Allelbeschaffenheit in die nächste Generation trägt. Dies entspräche einer Voraussetzung von r-Selektion auf individueller Ebene. Eine zunehmende Anzahl an Regulationsmöglichkeiten der Genaktivität erhöht die Anpassungsfähigkeit und damit die Fitness.

Die Methylierung ist ein Prozess, dessen Ergebnis als veränderte genetische Situation auch in die nächste Generation übertragen werden kann. Antisense-RNA wirkt prinzipiell zwar ebenfalls regulierend, es hängt aber von der Art der Enzyme ab, die zur Bildung der Antisense-RNA beitragen, ob sich das Genom eines Individuums so ändert, dass diese Änderung in die nächste Generation übertragen wird. Die Bildung und Menge bestimmter Proteine könnte damit nicht nur individuell erworben, sondern auch vererbt werden. Transposone erhöhen die Variabilität.

Selbstdiagnosebogen

Aufgabe Nr.	Kernkompetenz	AFB	Punkte	erreichte Punkte	Förderung
1(a)	Kompartimentierung beschreiben	II	4		Bau der tierischen Zelle;
1(b)	Übersetzung der DNA-Sequenz in eine AS-Sequenz erläutern	II	6		Proteinbiosynthese (S. 33 ff.)
1(c)	Struktur-Funktionsbeziehungen auf der Eben von Organen erläutern	II	4		Analyse von Abbildungen (S. 22 ff.)
		II	4		
	biologische Sachverhalte beschreiben	II	4		
	biologische Sachverhalte durch Beobachtung und Vergleich beschreiben und erklären	II	3		
	Homologien als auf Abstammung basierend deuten				
2(a)	Homöostase als Ergebnis von Regelungsvorgängen, die aufgrund negativer Rückkopplung für Stabilität in physiologischen Systemen sorgen, erläutern	I	6		Regulation der Genaktivität bei Bakterien; Bedeutung von Introns und nicht-codogenen Abschnitten der DNA (S. 33 ff.).
2(b)	naturwissenschaftliche Texte analysieren	I	4		
2(c)	Abbildungen deuten, Schlussfolgerungen aus dem molekularen Aufbau der RNA ziehen können	II	6		
		III	7		

Aufgabe Nr.	Kernkompetenz	AFB	Punkte	erreichte Punkte	Förderung
3(a)	mit Modellen arbeiten Naturwissenschaftliche Texte analysieren und deuten	I	2		Abbildungen erstellen (S. 22 ff.)
3(b)	biologische Sachverhalte veranschaulichen	II	2		
	Struktur-Funktionsbeziehungen auf der Ebene von Molekülen erläutern	II	5		
		II	4		
3(c)	Fragen zu biologischen Sachverhalten entwickeln	II/III	2/2		
4(a)	Angepasstheit als Ergebnis von Evolution (einschl. Evolutionsfaktoren) erläutern	II	3		Evolutionsfaktoren (S. 82 ff.)
		III	6		
	Evolutionstheorien erläutern	II	3		LAMARCK, DARWIN, synthet. Evolutionstheorie (S. 79 ff.)
4(b)	Prozess der Artbildung erläutern	II	3		

Gesamtpunkte: 80, davon AFB I: 10 Punkte (12,5 %); AFB II: 55 Punkte (68,75 %); AFB III: 15 Punkte (18,75 %)

PUNKTESAMMELTIPP

Ein wichtiger Operator in dieser Aufgabe ist das Erläutern. Um Zusammenhänge gegliedert und systematisch darstellen zu können, empfiehlt sich vor der Formulierung des Textes die Skizzierung eines Beziehungsgefüges, mit dem die Reihenfolge und Bedeutung der Zusammenhänge festgelegt werden kann.

Materialgrundlage:
Feldermann, d. (Hrsg.): Linder Biologie Arbeitsbuch, Schroedel 2005, S. 122 f.
http://www.bio-pro.de/magazin/thema/00151/index.html?lang=de&artikelid=/artikel/05769/index

Aufgabe 8: Großbär oder Kleinbär? Einordnung des Großen Pandas und des kleinen Pandas in den Stammbaum der Bären

Stammbaumanalyse, Evolutionshinweise und Evolutionstheorie, Methoden der Biologie

Einleitung

Aufgrund einiger Besonderheiten der Pandas hinsichtlich ihrer Morphologie und ihres Verhaltens haben Zoologen lange Zeit gestritten, in welche Familie die Pandas einzuordnen sind. Seit der Entdeckung des großen Pandas *Ailuropoda melanoleuca* im Jahre 1869 sind mehr als 40 wissenschaftliche Abhandlungen nur über die systematische Einordnung dieser Art erschienen. Teils wurde der große Panda zu den Großbären, teils zu den Kleinbären gerechnet, einige Zoologen schlugen sogar eine eigene Familie vor.

AUFGABENSTELLUNG

1 In den Materialien M1–M4 sind Verbreitung, Morphologie und die Verhaltensweisen der beiden Pandaarten und jeweils von einem Vertreter der Großbären und der Kleinbären dargestellt. **Werten** Sie diese Materialien im Hinblick auf die Einordnung der beiden Pandas in den Stammbaum der Bären **aus**.

2 M5 zeigt die Ergebnisse eines Serum-Präzipitintests aus der Immunologie.
(a) **Beschreiben** Sie Ablauf und Funktionsweise des Serum-Präzipitintests und erläutern Sie, inwiefern der Serum-Präzipitintest geeignet ist, um Aussagen über Verwandtschaftsverhältnisse zu machen.
(b) **Werten** Sie die Ergebnisse des Serum-Präzipitintests im Hinblick auf die Einordnung der Pandas in den Stammbaum der Bären **aus**.

3 Die Materialien M6 zeigen die Ergebnisse einer Analysemethode aus der Molekulargenetik (DNA-Hybridisierung).
(a) **Beschreiben** Sie Ablauf und Funktionsweise der DNA-Hybridisierung und **erläutern** Sie, inwiefern sich Ergebnisse aus molekulargenetischen Untersuchungen zur Analyse von Verwandtschaftsverhältnissen eignen.
(b) **Werten** Sie die Ergebnisse der DNA-Hybridisierung im Hinblick auf eine Einordnung der Pandas in den Stammbaum der Bären **aus**.

4 M7 zeigt eine Skelettrekonstruktion eines ausgestorbenen Säugetieres. Diese Entdeckung wurde von Forschern als „missing link" der Evolution der Pandabären gefeiert. Analysieren Sie die Handrekonstruktion dieses Uhrzeiträubers und **stellen** Sie eine **Hypothese auf**, wie die beiden Pandas, unter Berücksichtigung aller Ihnen vorliegender Untersuchungen, in den Stammbaum der Bären eingeordnet werden können. **Begründen** Sie Ihre Entscheidung.

5 **Erläutern** Sie vor dem Hintergrund ihrer Einordnung der Pandas und mithilfe von M1 und M7, wie es bei beiden Arten zu einer Ausprägung des „falschen" Daumens kommen konnte.

Material

M1 Großer Panda

Das Verbreitungsgebiet des großen Pandas *Ailuropoda melanoleuca* liegt in der gebirgigen Region im Westen Chinas. Verteilt auf mehrere kleinere Habitate leben dort ca. 2500 – 3000 Tiere in freier Wildbahn. Der große Panda besitzt einige biologische Merkmale, die eine eindeutige phylogenetische Einordnung in den Stammbaum der Bären erschweren. Eine Besonderheit des großen Pandas ist der ausgeprägte Handwurzelknochen der Vorderpfoten, der zum sogenannten Pseudodaumen (auch „falscher" Daumen genannt) ausgebildet ist. Diesem Pseudodaumen liegt der Daumen gegenüber und ermöglicht ein besseres Abgreifen der Blätter der Bambusstengel.

Überwinterung: kein Winterschlaf
Nahrung: Bambus
Laute: blöken, zischen

Verbreitungsgebiet

M1 Steckbrief des großen Pandas

M2 Kleiner Panda

Der kleine Panda oder Katzenbär *Ailurus fulgens* lebt im Osten Asiens und ist ebenfalls ein Pflanzenfresser. Auch der kleine Panda besitzt einen Pseudodaumen und ernährt sich – wenn auch nicht ausschließlich – von Bambusschösslingen. Die phylogenetische Einordnung des kleinen Pandas in den Stammbaum der Bären war lange Zeit äußerst umstritten.

Überwinterung: kein Winterschlaf
Nahrung: Bambus
Laute: blöken, zischen

Verbreitungsgebiet

M2 Steckbrief des kleinen Pandas

M3 **Stammbaum der Bären und Verbreitungsgebiete von Groß- und Kleinbär**

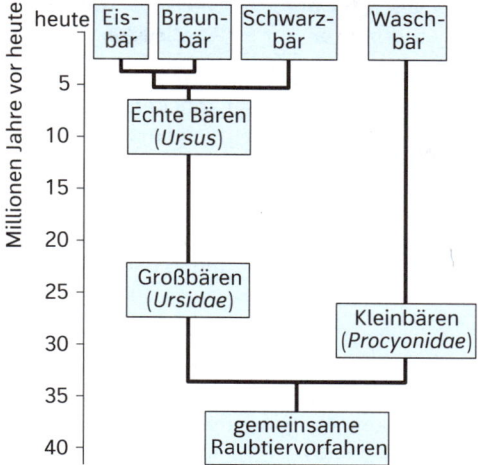

M3 a Der Stammbaum der Bären

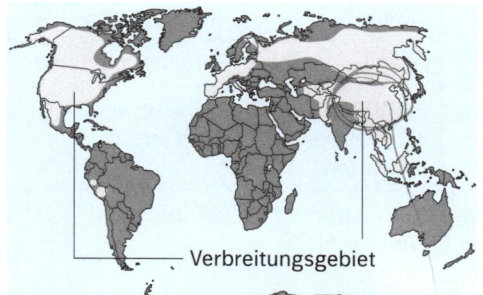

M3 b Verbreitungsgebiet der Großbären

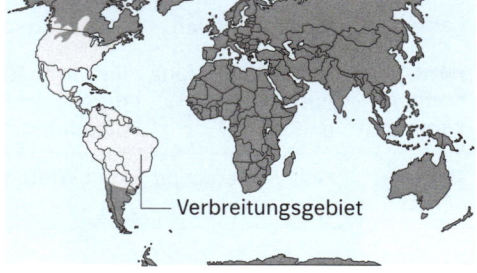

M3 c Verbreitungsgebiet der Kleinbären

M4 **Vergleich anatomischer und morphologischer Merkmale und einiger Verhaltensweisen des großen und kleinen Pandas mit Braunbär und Waschbär als Vertreter der Groß- und Kleinbären**

Im Rahmen zahlreicher wissenschaftlicher Studien wurden morphologische Merkmale und Verhaltensweisen der Pandas mit Vertretern der Groß- und Kleinbären verglichen. Die Ergebnisse sind in der folgenden Tabelle dargestellt.

Merkmal	Großer Panda	Kleiner Panda	Waschbär als Vertreter der Kleinbären	Braunbär als Vertreter der Großbären
Schädel	knöcherner Teil der Schnauze verkürzt	knöcherner Teil der Schnauze verkürzt	knöcherner Teil der Schnauze verkürzt	ausgeprägter knöcherner Teil der Schnauze
Vorder-pfoten	sechster Finger als „Pseudo-daumen" (den anderen Fingern gegenüber-gestellt)	sechster Finger als „Pseudo-daumen" (den anderen Fingern gegenüber-gestellt)	fünf Finger, von dem einer als Daumen genutzt wird	fünf Finger, von denen keiner als Daumen gegen-übergestellt ist
Gebiss	Abflachung der Vorderbacken-zähne als Mahl-fläche; mäßig entwi-ckelte Reißzähne	Backenzähne mit großen Mahl-flächen; stark unterentwickelte Reißzähne	leicht vergrößerte Oberfläche der Backenzähne; mäßig entwi-ckelte Reißzähne	geringe Anpas-sung an herbivo-re (pflanzliche) Ernährungsweise; kräftige Reißzähne
Gang	Sohlengänger	Sohlengänger	Sohlengänger	Sohlengänger
Laute	blöken; zischen	blöken; zischen	zischen	brummen; brüllen
Harn-, Kotmar-kierungen	Reviermarkierung durch Harnen und Koten	Reviermarkierung durch Harnen und Koten	Reviermarkierung durch Harnen und Koten	keine Revier-markierung
Winter-schlaf	kein Winterschlaf	kein Winterschlaf	kein echter Winterschlaf	Winterschlaf

M5 **Ergebnisse eines Serum-Präzipitintests zum Vergleich der Proteine der Vertreter verschiedener Bärenarten**
Um die beiden Pandaarten besser einordnen zu können, wurden neben den morpholo-gischen Untersuchungen auch Ergebnisse aus immunologischen Studien herangezogen.

	Präzipitintest Ausfällung in %
Großer Panda	100
Braunbär	70
Eisbär	70,5
Schwarzbär	79,6
Kleiner Panda	49
Waschbär	45,5

	Präzipitintest Ausfällung in %
Kleiner Panda	100
Waschbär	46
Braunbär	–
Eisbär	–
Schwarzbär	48
Riesenpanda	–

M6 **Untersuchung des Erbguts verschiedener Bärenarten mithilfe der DNA-DNA-Hybridisierung**

Ergebnisse aus molekulargenetischen Untersuchungen verschiedener Bärenarten lassen ebenfalls Rückschlüsse auf deren Verwandtschaft zu.

Braunbär	80,2
Eisbär	80,3
Schwarzbär	83,4
Kleiner Panda	74
Waschbär	72,4
native DNA des großen Panda	99 -

Braunbär – Eisbär	0,55
Braunbär – Schwarzbär	1,4
Braunbär – Waschbär	7,1
Braunbär – kleiner Panda	7,1
Kleiner Panda – Waschbär	6,3

M6 a Schmelzpunkt in °C von der nativen DNA und von DNA-Hybriden des großen Pandas

M6 b Schmelzpunkterniedrigungen im Vergleich zu artgleichen Doppelsträngen in °C

M7 **Skelettfund klärt Stammbaum der Pandas**

Im Jahre 2005 wurde ein spektakulärer Fossilienfund in der Nähe von Madrid gemeldet. Ein Team von Wissenschaftlern entdeckte ein sehr gut erhaltenes, fossiles Skelett eines *Simocyon batalleri*, dem längst ausgestorbenen, fleischfressenden Urahn der Katzenbären (*Ailuridae*).

Der carnivore Räuber war etwa so groß wie ein Puma und ein hervorragender Kletterer. Das Besondere bei diesem Fund ist der Pseudodaumen, den *S. batalleri* an seinen Pranken, neben bzw. gegenüber dem Daumen, besitzt. Dieser Pseudodaumen findet sich heute noch sowohl beim kleinen als auch dem großen Panda. Beim großen Panda ist der „falsche" Daumen eine große Hilfe beim Abgreifen der Bambusstangen. Auch dem kleinen Panda bringt dieser Pseudodaumen Vorteile bei der Nahrungsaufnahme. Für den kürzlich entdeckten *S. batalleri* war der Pseudodaumen eine große Hilfe beim Klettern und Jagen auf Bäumen.

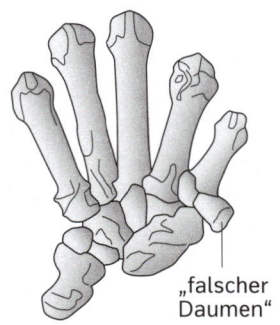

„falscher Daumen"

M7 Position des Pseudodaumens beim *S. batalleri*

Lösungen

1. Der Steckbrief des großen Pandas (M1) zeigt ein sehr kleines Verbreitungsgebiet im Westen Chinas. Der kleine Panda kommt ebenfalls nur in Asien vor, lebt aber in zwei etwas größeren Verbreitungsgebieten im Osten Asiens. Beide Pandas halten keinen Winterschlaf. Auch die Hauptnahrungsquelle des kleinen und des großen Pandas ist identisch, wobei der große Panda sich fast ausschließlich von Bambus ernährt, während der kleine Panda auf andere Nahrung ausweichen kann. Die Lautäußerungen sind ebenfalls identisch: Beide blöken und zischen. Überwinterungsstrategie, Nahrungsaufnahme und Lautäußerungen legen den Schluss nahe, dass es sich bei den beiden Pandaarten um nahe verwandte Arten handeln könnte. M3 zeigt den Stammbaum der Bären. Ausgehend von einem gemeinsamen Raubtiervorfahren vor ca. 40 Mio. Jahren haben sich vor ca. 32 Mio. Jahren die Familien der Kleinbären und der Großbären voneinander getrennt. Als heutiger Vertreter der Kleinbären ist der Waschbär dargestellt, als Vertreter der Großbären Eisbär, Braunbär und Schwarzbär. Ein erster Blick auf das Aussehen von großem und kleinem Panda könnte den Schluss nahelegen, dass der große Panda den Großbären, der kleine Panda den Kleinbären zuzuordnen ist.

   M3 b zeigt das heutige Verbreitungsgebiet der Großbären. Nach dem Verbreitungsgebiet kann der große Panda zu den Großbären gezählt werden. Die Verbreitungsgebiete des kleinen Pandas stimmen nicht mit den Verbreitungsgebieten der Kleinbären in M3 c überein. Er lebt im Verbreitungsgebiet der Großbären. Nach Analyse der Verbreitungsgebiete könnte der große Panda eher den Großbären zugeordnet werden. M4 zeigt einen Vergleich anatomischer und morphologischer Merkmale der beiden Pandaarten im Vergleich zum Waschbären als Vertreter der Kleinbären und dem Braunbär als Vertreter der Großbären. In den Kategorien Gebiss, Schädel, Reviermarkierung und Winterschlaf sind Ähnlichkeiten beim großen Panda, kleinen Panda und Waschbären zu erkennen (verkürzter knöcherner Teil des Schädels, eher an pflanzliche Nahrung angepasstes Gebiss, zischende Laute, Reviermarkierung, kein Winterschlaf). Die Gangart aller vier dargestellten Vertreter ist identisch (Sohlengänger). Die Vorderpfoten vom großen und kleinen Panda weisen beide einen Pseudodaumen als sechsten Finger aus, während Waschbär und Braunbär nur fünf Finger besitzen. Aufgrund der aufgeführten morphologischen und anatomischen Merkmale und einiger Verhaltensweisen der Tiere sind sowohl der große Panda als auch der kleine Panda den Kleinbären zuzuordnen, da große Ähnlichkeiten zum Waschbären als Vertreter der Kleinbären bestehen. Zudem deuten das Vorhandensein eines Pseudodaumens beim großen und kleinen Panda und die Nahrungsaufnahme, Überwinterungsstrategie und Lautäußerungen (M1 und M2) auf eine enge Verwandtschaft hin, was die Einordnung in eine Familie (in diesem Fall die der Kleinbären) stützen würden.

2. Der Serum-Präzipitintest kann zur Klärung von Verwandtschaftsverhältnissen genutzt werden. Dabei wird z. B. das Blut des Großen Pandas einem anderen Tier injiziert. Dieses produziert daraufhin Antikörper gegen die im Serum des großen Pandas enthaltenen Proteine. Dieses Blut mit den Antikörpern gegen die Proteine des großen Pandas wird von den Blutkörperchen befreit und so erhält man ein Anti-Panda-Serum. Mischt man dieses Serum mit dem Blut des großen Pandas, so erhält man eine vollständige Ausfällung der Proteine, die im Blut des großen Pandas enthalten sind. Mischt man es mit dem Blut anderer Tiere, so nimmt der Grad der Ausfällung mit zunehmender Verwandtschaft ebenfalls zu. Es handelt sich beim Präzipitintest um einen immunologischen Verwandtschaftsnachweis, der in seiner Aussagekraft begrenzt ist, da es sich nur um einen indirekten Vergleich der Proteine handelt. Da die Aminosäuren eines Proteins von verschiedenen Tripletts codiert werden können, sind andere Nachweismethoden wie z. B. eine Aminosäuresequenzanalyse besser geeignet, Verwandtschaftsbeziehungen nachzuweisen.

M5 zeigt die Ergebnisse eines Serum-Präzipintests zur Untersuchung der Verwandtschaftsverhältnisse der Pandas: Mit 7 – 79,6 % Ausfällung bei der Mischung des Anti-Panda-Serums (großer Panda) mit Vertretern der Großbären (Braunbär, Eisbär, Schwarzbär) liegt eine verhältnismäßig hohe Ausfällung vor. Dies deutet auf einen hohen Verwandtschaftsgrad des großen Pandas mit der Familie der Großbären hin. Die deutlich geringere Ausfällung mit Vertretern der Familie der Kleinbären (Waschbär: 45,5 %) zeigt, dass der Verwandtschaftsgrad zwischen großem Panda und Vertretern der Kleinbären sehr gering ist. Der Präzipitintest zeigt weiterhin deutlich, dass ein gemeinsamer Vorfahre von großem und kleinem Panda sehr weit in der Evolution zurückliegen muss. Die beiden hier untersuchten Pandaarten sind heute nicht sehr nah miteinander verwandt. Die Ergebnisse des Präzipitintests mit dem Serum des kleinen Pandas und dem Serum des Waschbären als Vertreter der Kleinbären sowie dem Schwarzbären als Vertreter der Großbären, lässt nicht auf eine enge Verwandtschaft zu einer der beiden Familien schließen (kleiner Panda – Schwarzbär: 48 % Ausfällung; kleiner Panda – Waschbär: 46 % Ausfällung). Nach den Ergebnissen des Präzipitintests können folgende Hypothesen über die Verwandtschaftsverhältnisse der Pandas aufgestellt werden: Der große Panda kann in die Familie der Großbären eingeordnet werden; der kleine Panda weder in die Familie der Großbären, noch in die Familie der Kleinbären.

3. Die DNA-Hybridisierung kann ebenfalls zur Analyse von Verwandtschaftsverhältnissen genutzt werden. Dabei wird die DNA einer Spezies zunächst so geschmolzen
(denaturiert), dass sich die Wasserstoffbrückenbindungen zwischen den Basenpaaren trennen, das Zucker-Phosphat-Rückgrat aber noch stabil bleibt. Die DNA zweier,
verschiedener Arten werden im darauffolgenden Schritt miteinander vermischt.
Dabei paaren sich beim Abkühlen die Einzelstränge der beiden verschiedenen Arten,
es entsteht eine Hybrid-DNA. Es können sich dabei nur diejenigen Basen über Wasserstoffbrücken paaren, die komplementär zueinander sind. Wird diese Hybrid-DNA
dann erneut erwärmt, lässt die Schmelzpunkttemperatur Rückschlüsse darauf zu,
wie viele Basenpaare ausgebildet wurden. Je weniger komplementäre Basenpaare
es gibt, umso niedriger fällt die Schmelzpunkttemperatur im Vergleich zu artreiner
DNA aus. Die komplementären Übereinstimmungen zweier Arten sind auf DNA-
Ebene umso höher, je näher die beiden Arten miteinander verwandt sind. Somit lässt
sich auch über die Schmelzpunkttemperatur hybrider DNA ein Verwandtschaftsver-
hältnis ausdrücken. Diese Methode ist genauer als der Präzipitintest, da indirekt
Ähnlichkeiten der DNA-Sequenz zweier Arten untersucht werden. Diese Methode
eignet sich daher gut zur Überprüfung von Verwandtschaftsbeziehungen.
M6 zeigt die Ergebnisse einer DNA-Hybridisierung zur Klärung der Verwandtschaftsverhältnisse der Pandas. Mit jeweils 80 % bzw. 83 % der Schmelzpunkttemperatur
von DNA-Hybriden des großen Pandas mit Vertretern der Großbären im Vergleich zur
nativen DNA des großen Pandas, ist die Schmelzpunkttemperatur verhältnismäßig
hoch, was auf eine relativ enge Verwandtschaft des großen Pandas mit den Großbären hindeutet. Diese Ergebnisse stützen die Ergebnisse aus dem Präzipitintest (M5).
Damit wird die Hypothese, dass der große Panda der Familie der Großbären zuzuordnen ist, gestützt. Da es sich um einen indirekten DNA-Sequenzvergleich handelt,
ist dem Ergebnis eine relativ hohe Genauigkeit im Vergleich z. B. zu morphologischen
Analysen zuzuschreiben. Beim kleinen Panda werden ebenfalls die Ergebnisse des
Präzipitintests gestützt. Bei DNA-Hybriden der DNA des kleinen Pandas mit der DNA
des Braunbären ist eine deutliche Verringerung der Schmelzpunkttemperatur (im
Vergleich zur artreiner DNA) festzustellen (7,1 °C). Damit ist eine Verwandtschaft
von kleinem Panda und Großbären sehr unwahrscheinlich. Ähnlich sieht es bei DNA-
Hybriden der DNA des kleinen Pandas und der DNA des Waschbären als Vertreter
der Kleinbären aus (Schmelzpunkterniedrigung von 6,3 °C). Damit ist auch eine
Verwandtschaft des kleinen Pandas mit den Kleinbären unwahrscheinlich. Wobei
nach der DNA-Hybridisierung der kleine Panda den Kleinbären immer noch ähnlicher
ist als den Großbären (6,3 °C Schmelzpunkttemperaturerniedrigung im Vergleich zu
7,1 °C).

4. Nach den vorliegenden Ergebnissen kann der große Panda mit sehr hoher Wahrscheinlichkeit in die Familie der Großbären eingeordnet werden. Der Präzipitintest (M5) mit z. B. 79,6 % Ausfällung des Anti-Panda-Serums mit dem Blut des Schwarzbären und der hohe Schmelzpunkt der Hybrid-DNA des großen Pandas mit dem Schwarzbär (83,4 °C) unterstützen diese Hypothese. Die morphologischen Analysen zeigen zwar keine große Ähnlichkeit des großen Pandas mit dem Braunbären als Vertreter der Großbären; die immunologischen und molekularbiologischen Befunde aus M5 und M6 sind aber stärker zu gewichten. Beim kleinen Panda kann zwar aus morphologischer Sicht eine Ähnlichkeit mit den Kleinbären beschrieben werden, die immunologischen (M5) und molekularbiologischen (M6) Befunde weisen aber auf keine nahe Verwandtschaft zwischen dem kleinen Panda und den Kleinbären hin. Der molekularbiologische Befund der DNA-Hybridisierung zeigt eine nähere Verwandtschaft des kleinen Pandas zu den Kleinbären als zu den Großbären. M7 zeigt eine Skelettrekonstruktion des ausgestorbenen, fleischfressenden Simocyon batalleri, einem Urahn des Katzenbären. Entscheidend ist, dass S. batalleri einen Pseudodaumen besaß. Auf morphologischer Ebene lässt sich also eine Verwandtschaft sowohl zum kleinen als auch zum großen Panda erkennen. Da der kleine Panda weder zu den Groß- noch zu den Kleinbären gezählt werden kann, lässt sich vermuten, dass er in eine ganz andere Familie eingeordnet werden muss. Die Tatsache, dass S. batalleri einen Pseudodaumen besitzt und ihn Wissenschaftler als Urahn der Katzenbären identifizierten, unterstützt diese These. Der kleine Panda könnte somit der einzige noch lebende Vertreter der Familie der Katzenbären sein.

5. Der Pseudodaumen des großen und des kleinen Pandas lässt sich nicht durch eine nahe Verwandtschaft der beiden Pandas erklären. Er muss durch eine konvergente Entwicklung entstanden sein. Dem kleinen Panda hilft der Pseudodaumen, wie auch seinem Vorfahren, dem Simocyon batalleri, beim Klettern. Dem großen Panda ist der Pseudodaumen ein großer Vorteil bei der Nahrungsaufnahme, da er auf ein effizientes Abgreifen der Blätter von Bambusstangen, seiner Hauptnahrungsquelle, angewiesen ist.

Selbstdiagnosebogen

Aufgabe Nr.	Kernkompetenzen	AFB	Punkte	erreichte Punkte	Förderung
1	Analyse der Verbreitungsgebiete und Verhaltensweisen auf Basis der Steckbriefe	I	6		Analyse verschiedener Materialien mit mittlerer Komplexität
	Erste hypothetische Einordnung in den Stammbaum der Bären (M3)	II	5		Übungen zum Entnehmen der Hauptaussage aus
	Analyse der Morphologie und Verhaltensstrategien (M4)	I	6		verschiedenen Materialien und zur Fokussierung auf
	Hypothese: Beide Pandas sind den Kleinbären zuzuordnen	II	5		die Themenstellung
	Beleg der Hypothese auf Basis von M1 – M4	III	2		Hypothesenbildung und deren Beleg (S. 30)
2	Beschreibung des Serum-Präzipitintests	I	5		Fachwissen Serum-Präzipitintest (Belege für Evolution),
	Erläuterung der Aussagekraft zur Analyse verwandtschaftlicher Beziehungen	II	4		Vergleich verschiedener Analysemethoden und deren
	Strukturierte Auswertung der Ergebnisse (M5)	II	6		Aussagekraft
	Hypothetische Einordnung der Pandas auf Basis der immunologischen Befunde: Großer Panda → Großbären Kleiner Panda → weder Groß- noch Kleinbären, kann auf Basis von M5 nicht eingeordnet werden	III	3		Auswertung von Diagrammen und Tabellen (S. 22 ff.)
	Geeignete Belege aus M5 für die Hypothese	III	2		Hypothesenbildung auf Basis einer Tabelle oder eines Diagramms (S. 22 ff., Hauptaussagen herausarbeiten)
3	Beschreibung der DNA-DNA-Hybridisierung	I	5		Fachwissen: DNA-DNA-Hybridisierung (Belege für Evolution)
	Erläuterung der Aussagekraft der molekularbiologischen Befunde	II	4		Vergleich mit anderen Analysemethoden
	Auswertung der Ergebnisse der DNA-DNA-Hybridisierung (M6)	II	6		Auswertung von Diagrammen und Tabellen (S. 22 ff.)

Aufgabe Nr.	Kernkompetenzen	AFB	Punkte	erreichte Punkte	Förderung
zu 3	Hypothetische Einordnung der Pandas → weder Großbär noch Kleinbär	III	3		Hypothesen bilden auf Basis einer Tabelle oder Dia- gramms (S. 22 ff., 30)
	Geeignete Belege der Hypo- thesen auf Basis von M6	III	2		
4	zusammenfassende Einord- nung auf Basis von M1 bis M7: Der Panda kann mit sehr hoher Wahrscheinlichkeit den Großbären zugeordnet werden (Belege im Material).	III	3		Zusammenfassung verschiedener Ma- terialien mit hoher Komplexität (hier: M1 bis M7)
	M7 zeigt deutlich, dass die vorherigen Hypothesen stimmen: der kleine Panda kann in eine eigene Familie eingeordnet werden	III	3		Strukturierte Hypo- thesenbildung und Beleg der Hypo- these auf Basis der ausgewerteten Materialien (S. 30, Hauptaussagen)
	Beleg dieser Hypothese mit M7 (und M5 – M6).	III	2		
5	Konzept der konvergenten Entwicklung	II	8		Konzept der Analo- gie und Konvergenz S. 82 f.)

Gesamtpunkte: 80, davon AFB I: 22 Punkte (27 %); AFB II: 38 Punkte (48 %); AFB III: 20 Punkte (25 %)

Materialgrundlage:

Anton M. et al.: Implications of the funtional anatomy of the hand and forearm of Ailurus ful- gens (Carnivore, Ailuridae) for the evolution of the 'false-thumb' in pandas. In: J.Anat. No. 209, S. 757 – 764, Anatomical Society of Great Britain and Ireland, London, 2006

Fischer R. E. et al.: The phylogeny of the red panda (Ailurus fulgens): evidence from the hindlimb. In: J.Anat. No. 213, S. 607 – 628, Anatomical Society of Great Britain and Ireland, London, 2008

Förster H., Kattmann U.: Bambus fressender Harlekin. In: Unterricht Biologie, Heft Nr. 222, S. 42 – 48, Seelze, 1997

Salesa M. et al.: Evidence of a false thumb in a fossil carnivore clarifies the evolution of pandas. In: PNAS, Vol. 103 No. 2 S. 379 – 382, Washington D.C., 2006

Walory M. et al.: Fit fürs Abi – Aufgabentrainer. S. 76 – 79 Schroedel Verlag, Hannover, 2000

http://hopsea.mnhn.fr/pc/thesis/Diploma_Hartmann_2004.pdf

http://schuetz.sc.ohost.de/Biologie/Evolution/DNA-Hybridisierung.pdf

http://www.morgenpost.de/printarchiv/wissen/article335676/Fossilienfund_klaert_Stammbaum_ der_Pandas.html

159

Aufgabe 9: Fett ist nicht gleich Fett

Energiestoffwechsel, Wärmeproduktion, Regelmechanismen

Einleitung

Braunes Fett wirkt wie ein natürliches Heizaggregat, Säuglinge und Winterschlaf haltende Säugetiere würden ohne diesen Mechanismus sehr schnell auskühlen. Bislang dachte man, dass braunes Fett nur in Neugeborenen vorkommt und mit dem Alter verloren geht. In den letzten fünf Jahren konnten jedoch verschiedene Forschergruppen nachweisen, dass auch Erwachsene ein braunes Fettdepot haben. Bei stark übergewichtigen Personen – das waren im Jahr 2009 immerhin 15 % der Deutschen, – ist dieses Depot aber nur wenig aktiv oder fehlt ganz. Wird das braune Fettdepot denn überhaupt benötigt? Wenn ja, kann braunes Fett Übergewichtigen helfen, ihr Gewicht zu reduzieren und dadurch ihr Risiko mindern, schwerwiegende Erkrankungen wie Typ 2-Diabetes, Herz-Kreislauferkrankungen oder Krebs zu bekommen?

AUFGABENSTELLUNG

1 **Formulieren** Sie die vollständige Summengleichung der Zellatmung für Glucose. Benennen Sie die wesentlicher Teilprozesse dieses Stoffwechselprozesses unter Angabe des Reaktionsortes innerhalb der Zelle. **Geben** Sie eine Energiebilanz für die Zellatmung **an.**

2 **Vergleichen** Sie anhand des Materials M1 weißes und braunes Fettgewebe.

3 **Erläutern** Sie die Aussagen des Materials M2. **Stellen** Sie die Bedeutung des nur in braunem Fettgewebe existierenden Thermogenins **dar.**

4 „Abnehmen, indem man Fett zuführt?" **Diskutieren** Sie, ob braunes Fett zum Fettabbau bei Übergewichtigen genutzt werden kann (Material 2 bis 5).

Material

M1 Weißes und braunes Fettgewebe

Das Fettgewebe ist eine Form des Bindegewebes. Es besteht aus Fettzellen, tritt an verschiedenen Stellen des Körpers auf und ist immer gut mit Blutgefäßen versorgt. Fettzellen gehen aus Stammzellen hervor.

Grundsätzliche Aufgabe der Fettzelle ist es, im Cytoplasma Fett zu speichern und auch wieder freizugeben. Man unterscheidet zwei Formen des Fettgewebes, das weiße und das braune Fettgewebe.

Braunes Fettgewebe findet sich bei fast allen neugeborenen Säugetieren im Nacken und zwischen den Schulterblättern. Es wird gebraucht, um zum Schutz lebenswichtiger Funktionen Wärme zu produzieren. Neugeborene sind stärker durch Auskühlung bedroht, da sie aufgrund der geringen Größe (große Körperoberfläche im Vergleich zum Volumen) relativ viel Wärme verlieren und die Mechanismen der Thermoregulation (z. B. isolierendes weißes Fettgewebe und Kältezittern) noch nicht vollständig ausgebildet sind. Bei ihnen macht der Anteil des braunen Fettes noch zwei bis fünf Prozent des Körpergewichtes aus. Im Laufe der ersten Lebensjahre wird dieser Anteil aber immer geringer.

Bei Winterschlaf haltenden Tieren finden sich dagegen größere Mengen braunen Fettgewebes, die der schnellen Erwärmung des Tieres in den Aufwachphasen dienen. Besonders Nagetiere können bei Bedarf mittels Katecholaminen (Adrenalin) weißes in braunes Fettgewebe umwandeln und so Kältephasen gut überstehen.

Das weiße Fettgewebe befindet sich hauptsächlich an Bauch und Gesäß direkt unter der Haut, ebenso in der freien Bauchhöhle. An diesen Stellen wird Fett als wichtiger Energiespeicherstoff eingelagert, auf den der Körper bei Nahrungsmangel zurückgreifen kann. Da Fett ein schlechter Wärmeleiter ist, schützt vor allem die Speckschicht in der Unterhaut vor zu schnellem Wärmeverlust. In der Unterhaut liegen etwa 65 % des Gesamtfettes vor. Fettgewebe dient unter der Fußsohle, an Gelenken und Gesäß als mechanischer Schutz in Form eines druckelastischen Polsters (Fettpolster), und im Nierenbecken, beim Herz und um den Augapfel als Einbettungspolster für die Organe.

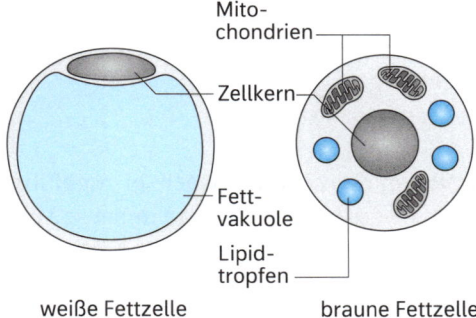

weiße Fettzelle   braune Fettzelle

M1 weiße und braune Fettzelle

M2 Atmungskette in einer braunen Fettzelle mit Thermogenin

Thermogenin wird auf folgendem Weg aktiviert: Im sympathischen Nervensystem wird das Katecholamin Norepinephrin/Noradrenalin freigesetzt, das an die Membranrezeptoren der braunen Fettzellen bindet. Über Adenylatcyclase, cAMP, Proteinkinase A und Lipase wird dann die Umwandlung von Triglyceriden in freie Fettsäuren ausgelöst. Freie Fettsäuren aktivieren schließlich Thermogenin.

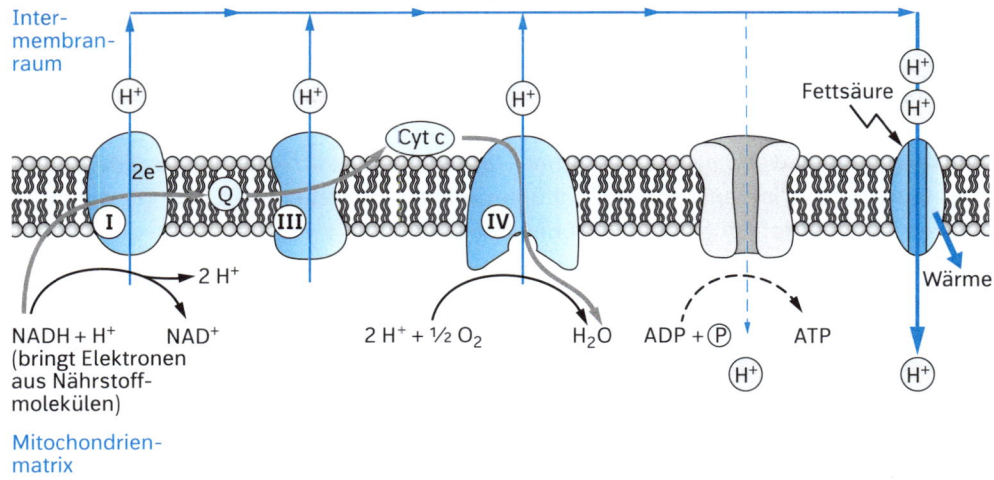

Atmungskette   ATP-Synthase Thermogenin

M2 Ablauf der Atmungskette in einer braunen Fettzelle

M3 Fettstoffwechsel

Lipide (Fette), die unter dem Einfluss von Hormonen dem Fettstoffwechsel zugeführt und dem Körper für den Energieumsatz zur Verfügung gestellt werden, stammen sowohl aus der Nahrung als auch aus dem körpereigenen Fettgewebe. Lipide werden zunächst in Fettsäuren und Glycerin aufgespalten (Fettverdauung). Glycerin wird in der Glykolyse weiterverarbeitet. Bei der Fett"verbrennung", genauer Fettsäureoxidation (etwa der ß-Oxidation), werden die Fettsäuren zu Molekülen mit zwei C-Atomen abgebaut, die als Acetyl-CoA in den Citratzyklus einfließen.

Fettgewebe hat einen Brennwert von etwa 29 kJ/g. Um ein Kilogramm Fettgewebe auf- oder abzubauen, sind also 29 000 kJ nötig (das entspricht etwa dem Gesamtumsatz eines erwachsenen Mannes mit wenig Bewegung in drei Tagen). Die Fettverbrennung ist dabei ein Vorgang, der im Körper ständig abläuft. Ihr Ausmaß hängt von dem Grad an körperlicher Betätigung und damit vom Energiebedarf ab.

M4 Neue Erkenntnisse zum braunen Fettgewebe

Auch Erwachsene haben noch ein kleines aktives braunes Fettdepot: an mehreren Stellen im Körper, etwa im Brustraum zwischen den Lungen und in der Halsregion.

Schlanke Menschen haben mehr braunes Fettgewebe als übergewichtige.

Beim Menschen wird die Aktivität der braunen Fettzellen durch Kälte ausgelöst und durch das sympathische Nervensystem stimuliert.

Prostaglandin, ein Hormon mit vielfältigen Wirkungen, regt Stammzellen in weißem Fettgewebe zur Differenzierung in braune Fettzellen an. Dazu werden zahlreiche Mitochondrien produziert und Thermogenin gebildet.

50 Gramm mehr braunes Fettgewebe kann den Energieverbrauch um 20 Prozent steigern.

Ablauf, Reaktionsorte und Bilanz der Zellatmung, Aufbau einer tierischen Zelle, Regel-mechanismen im katabolen Stoffwechsel (S. 93 ff.)

Analyse und Vergleich von Abbildungen, Auswertung von Sachtexten, Umgang mit Hy-pothesen (S. 22 ff.)

Lösungen

1. Als Zellatmung bezeichnet man die Umwandlungsprozesse von energiereichen organischen Verbindungen (insbesondere Kohlenhydrate und Fette, aber auch Pro-teine) zu Kohlenstoffdioxid und Wasser unter Sauerstoffverbrauch. Die vollständige Summengleichung der Zellatmung für Glucose lautet:

    $C_6H_{12}O_6 + 6\,O_2 + 6\,H_2O \rightarrow 6\,CO_2 + 12\,H_2O + \text{Energie}$

    (verkürzt: $C_6H_{12}O_6 + 6\,O_2 \rightarrow 6\,CO_2 + 6\,H_2O + \text{Energie}$). Der Abbau lässt sich in vier Teilprozesse untergliedern:
    - Glykolyse (findet im Cytoplasma statt),
    - oxidative Decarboxylierung (Mitochondrienmatrix),
    - Citratzyklus (Mitochondrienmatrix) und
    - Atmungskette (innere Mitochondrienmembran).

    Die Energiebilanz lautet bei maximaler Ausnutzung:

Glykolyse	2 NADH + H+		+ 2 ATP
Oxidative Decarboxylierung	2 NADH + H+		
Citratzyklus	6 NADH + H+	+ 2 FADH2	+ 2 ATP
Atmungskette			34 ATP
			38 ATP

2. Cytologie: Die Zellen des braunen Fettgewebes sind im Vergleich zu denen des wei-ßen Fettgewebes kleiner und haben viele kleinere Lipidtropfen statt einer großen zentralen Fettvakuole. Zudem haben sie viele Mitochondrien, was auf eine hohe Stoffwechselaktivität hinweist. Bei weißen Fettzellen kann man nur einen an den Rand gedrückten Zellkern, aber keine weiteren Organellen erkennen.

    Vorkommen und Funktion: Fettzellen können fast überall im Körper vorkommen, eingelagert in lockeres Bindegewebe. In bestimmten Körperregionen bilden sie zusammenhängende Polster oder Schichten. Sowohl weißes als auch braunes Fett-gewebe sind gut mit Blutgefäßen versorgt, wodurch eine gute Stoffversorgung oder -entsorgung gewährleistet ist.

    Weißes Fettgewebe findet sich beim Menschen in der Unterhaut – besonders an Bauch und Po – und dient der Stoffspeicherung und der Isolation, außerdem an exponierten Körperstellen zur Polsterung gegen Stöße oder zur Einbettung von Organen. Braunes Fettgewebe findet sich besonders im Nacken und zwischen den Schulterblättern und dient ausschließlich der Wärmeproduktion bei Kälte. So ist die große Mitochondrienzahl zu erklären.

3. In der Abbildung M2 ist die Atmungskette in einem Mitochondrium des braunen Fettgewebes dargestellt. Im Gegensatz zu normalen Mitochondrien gibt es hier in der Mitochondrienmembran neben den Redoxsystemen und der ATP-Synthase noch ein weiteres Tunnelprotein, Thermogenin.
    Das während des vorhergehenden Glucose- oder Fettabbaus angefallene NADH + H$^+$ in der Mitochondrienmatrix gibt Elektronen und H$^+$-Ionen an den ersten Membranproteinkomplex (I) der Elektronentransportkette ab, wodurch es selbst oxidiert wird. Die bei der Oxidation frei werdende Energie wird genutzt, um H$^+$-Ionen durch diesen Proteinkomplex nach außen in den Intermembranraum zu pumpen. Dadurch wird die Protonenkonzentration auf dieser Membranseite erhöht. Weitere H$^+$-Ionen werden von den Komplexen III und IV nach außen gepumpt. Die Elektronen werden in der Elektronentransportkette entlang eines elektrischen Spannungsgefälles über Ubichinon auf Komplex III (Komplex II schleust die Elektronen von FADH$_2$ ein), dann über Cytochrom c an Komplex IV weitergegeben und schließlich auf molekularen Sauerstoff in der Matrix übertragen. Der dadurch reduzierte Sauerstoff verbindet sich mit freien H$^+$-Ionen zu Wasser. Der an der inneren Mitochondrienmembran entstandene Protonengradient treibt als protonenmotorische Kraft in normalen Zellen die ATP-Synthase an: H$^+$-Ionen fließen entlang des Konzentrationsgefälles durch diesen Membranenzymkomplex zurück in den Matrixraum und treiben damit die ATP-Synthase zur Phosphorylierung von ADP zu ATP an. Der durch den Elektronentransport in der Atmungskette aufgebaute Protonengradient wird zur ATP-Synthese verwendet. Die Kopplung dieser beiden Vorgänge bezeichnet man als Chemiosmose oder Energiekopplung.
    In braunen Fettzellen wird die Chemiosmose durch Thermogenin entkoppelt. Ist dieses Transmembranprotein durch Fettsäuren aktiviert, schließt es den Protonen-Kreislauf kurz. Anstelle der ATP-Synthase transportiert Thermogenin als Uniporter H$^+$-Ionen über die innere Membran in die Matrix zurück. Offensichtlich zieht Thermogenin H$^+$-Ionen stärker an als die Synthase. Der durch ß-Oxidation und Atmungskette aufgebaute Protonengradient wird abgebaut, aber es wird kein ATP synthetisiert. Stattdessen wird durch Thermogenin Wärme freigesetzt (Thermogenese). Da kein ATP gebildet wird, wird das Enzym Phosphofructokinase in der Glykolyse nicht gehemmt, die Glykolyse und der Citratzyklus laufen ständig weiter und halten die Atmungskette durch Anlieferung von NADH + H$^+$ in Gang (Regulation der Zellatmung). Die Elektronentransportkette läuft weiter, Sauerstoff wird benötigt, Wasser wird gebildet. Die Mitochondrien der braunen Fettzellen haben einen „Kurzschlussmechanismus": Sie laufen permanent weiter; die Energie, die beim Abbau des Fettes frei wird, verpufft bei ihnen als Wärme, ohne Muskelaktivität wie etwa Zittern zu generieren.
    Die Thermogenese wird möglicherweise beendet, wenn keine Fettsäuren mehr zur Verfügung stehen. Dadurch wird Thermogenin inaktiv, und die Zelle kehrt zur nor-

malen Zellatmung zurück, bei der ATP synthetisiert wird und weit weniger Wärme entsteht.

4. Übergewichtige speichern viel Fett in weißen Fettzellen. Das Übergewicht geht einher mit einem hohen Risiko für verschiedene schwerwiegende Erkrankungen. Durch Gewichtsreduktion kann dieses Risiko gemindert werden. Übergewichtige haben meist nur wenig braunes Fett, vielleicht deswegen, weil das weiße Fettgewebe eine gute Isolierung darstellt und die Betroffenen neben Muskelzittern keine weiteren Mechanismen brauchen, um ihre Körpertemperatur konstant zu halten (insbesondere wenn sie sich eher im Warmen aufhalten), im Gegensatz zu schlanken Menschen oder gar Säuglingen, die offensichtlich einen Teil ihrer Körperwärme durch die Aktivität des braunen Fettgewebes erhalten.

Um ihr Gewicht zu reduzieren, müssten Übergewichtige tagelang hungern oder sich sehr, sehr viel bewegen (zur Reduktion des Gewichts um 1 kg Fett müssen 29 000 kJ umgesetzt werden, siehe M3). Würden sie aber über etwa 50 g braunes Fett verfügen, könnten sie ohne große Anstrengung sehr viel mehr ihres Speicherfettes oder der zugeführten Nahrung „verbrennen" (Steigerung um 20 %, siehe M4), d. h. direkt in Wärme umsetzen, die dann schnell über die zahlreichen Blutgefäße abtransportiert wird. Allerdings würden sie dann auch noch mehr schwitzen, denn das noch vorhandene weiße Fett wirkt isolierend und lässt die Körperwärme nicht so gut nach außen. Braune Fettzellen arbeiten solange, bis in den Mitochondrien keine freien Fettsäuren mehr vorhanden sind (Ergebnis aus M2); aktive braune Fettzellen fördern auch die Verdauung von Fett aus anderen Zellen (M4, Aufgabe 3). Daher wäre es wünschenswert, die Menge an braunem Fettgewebe bei Übergewichtigen zu erhöhen oder vorhandenes braunes Fettgewebe zu aktivieren.

Möglicherweise kann man braunes Fettgewebe transplantieren. Auch könnte man weiße Fettzellen unter Hormoneinwirkung (Noradrenalin) in braune umwandeln (M4). Insbesondere die Stammzellen können so beeinflusst werden, dass sie statt weißer braune Fettzellen mit vielen Mitochondrien differenzieren. Liegen braune Fettzellen vor, müssen sie aktiviert werden. Dies kann durch Hormongabe (Noradrenalin) und/ oder Kälteeinwirkung erfolgen.

Beim Abnehmen kann braunes Fettgewebe helfen, weil es weißes Fett zum „Schmelzen" bringt. Dadurch lässt sich womöglich Übergewicht abbauen und so das Risiko mindern, an Diabetes, Herzinfarkt oder Schlaganfall zu erkranken.

Selbstdiagnosebogen

Aufgabe Nr.	Kernkompetenzen	AFB	Punkte	erreichte Punkte	Förderung
1	Summengleichung, Bilanz, Reaktionsorte der Zellatmung nennen	I	12		Stoffwechsel-physiologie, Zell-atmung (S. 93 ff.)
2	Abbildungen im Kontext detailliert beschreiben, nach selbst gewählten Kriterien Gemeinsamkeiten und Unterschiede herausstellen	I II	3 8		strukturierte, diffe-renzierte Beschrei-bung (S. 22 ff.), Vergleich von gege-benem Material
3	Den dargestellten Ablauf der Atmungskette be-schreiben, die Unterschie-de zum normalen Ablauf herausstellen Die besondere Wirkung des Thermogenins fach-sprachlich korrekt darlegen	II II	9 8		Text- und Material-erfassung (S. 22 ff.), Sachver-halte und Zusam-menhänge fach-sprachlich korrekt darlegen
4	Argumente aus den ge-gebenen Materialien zu stichhaltigen Aussagen zu-sammenführen: Übergewicht birgt Risiko, Gewichtsreduk-tion durch braunes Fett, Im-plantation und Aktivierung des braunen Fettes	III	10		Auswertung von Texten (S. 22 ff.), begründete Aussa-ge konsistent und logisch formulieren, Argumente vorbrin-gen und abwägen

Gesamtpunkte: 50; davon AFB I: 15 Punkte (30 %), AFB II: 25 Punkte (50 %), AFB III: 10 Punkte (20 %)

Materialgrundlage:

Löffler G., Petrides P. E., Heinrich P. C.: Biochemie u. Pathochemie. 8. Aufl., Springer, Heidelberg 2006

Müller W. A.: Tier- und Humanphysiologie. Springer, Heidelberg 1998

http://de.wikipedia.org/wiki/Braunes_Fettgewebe

http://www.internisten-im-netz.de/de_news_6_0_653_aktivierung-brauner-fettzellen-erh-ht-kalorienverbrauch.html:

http://www.dkfz.de/de/presse/pressemitteilungen/2011

http://de.wikipedia.org/wiki/Thermogenin

Ärzte Zeitung, 25.11.2011

5 Original-Prüfungsaufgaben

Hinweise zu den Aufgaben und nicht amtlichen Lösungen
Die Original-Abituraufgaben wurden mit freundlicher Genehmigung des Niedersächsischen Kultusministeriums veröffentlicht. Die Musterlösungen entstammen der Feder der Autoren.

Hilfsmittel: Taschenrechner

Prüfungszeit:
Grundlegendes Anforderungsniveau (gA): 30 min Auswahlzeit, 220 min Bearbeitungszeit
Erhöhtes Anforderungsniveau (eA): 30 min Auswahlzeit, 270 min Bearbeitungszeit

Themenbereich A: Funktionszusammenhänge

gA Thema A1: Assimilation

Die Fotosynthese ist ein zentraler Prozess zur Bereitstellung energiereicher Stoffe. Bakterien sind dabei im Gegensatz zu vielen höheren Pflanzen oft in der Lage, auch unter extremen Bedingungen noch effektiv Fotosynthese zu betreiben.

AUFGABENSTELLUNG

A1.1 Beschreiben Sie den Aufbau eines Chloroplasten.

A1.2 Erläutern Sie mit Hilfe von M1a und M1b, wie Cyanobakterien mit Licht im Wellenlängenbereich von 490 bis 575 nm Fotosynthese betreiben können.

A1.3 Erläutern Sie den Verlauf der Fotosyntheserate von Cyanobakterien (M2).

A1.4 Analysieren Sie die Abläufe der Sekundärreaktionen von *Chloroflexus aurantiacus* (M3) hinsichtlich der Fixierung von Kohlenstoff-Verbindungen, der Regeneration der Akzeptormoleküle, der Redoxprozesse sowie energetisch nutzbarer Produkte.

Material

M1 Fotosynthese von Cyanobakterien
M1a Information zur Fotosynthese von Cyanobakterien
Cyanobakterien sind einzellige prokaryotische Organismen. Sie besitzen neben Chlorophyll a die Fotosynthesepigmente Phycoerythrin, Phycocyanin und Allophycocyanin.

Vom Niedersächsischen Kultusministerium verändert aus:
Fuchs, T. (Hrsg.): Allgemeine Mikrobiologie. Thieme, Stuttgart 2007, S. 409 ff.

M1b Lichtsammelfalle und Absorptionsspektren der Pigmente bei Cyanobakterien

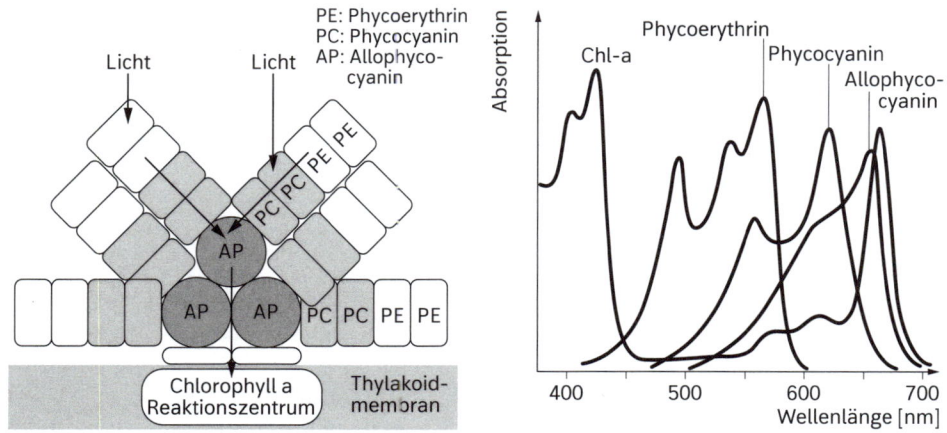

Vom Niedersächsischen Kultusministerium verändert aus:
Heldt, H.-W.: Pflanzenbiochemie. Springer-Verlag, Berlin-Heidelberg 2015, S. 61–62.

M2 Fotosyntheserate von Cyanobakterien bei unterschiedlichen Lichtintensitäten

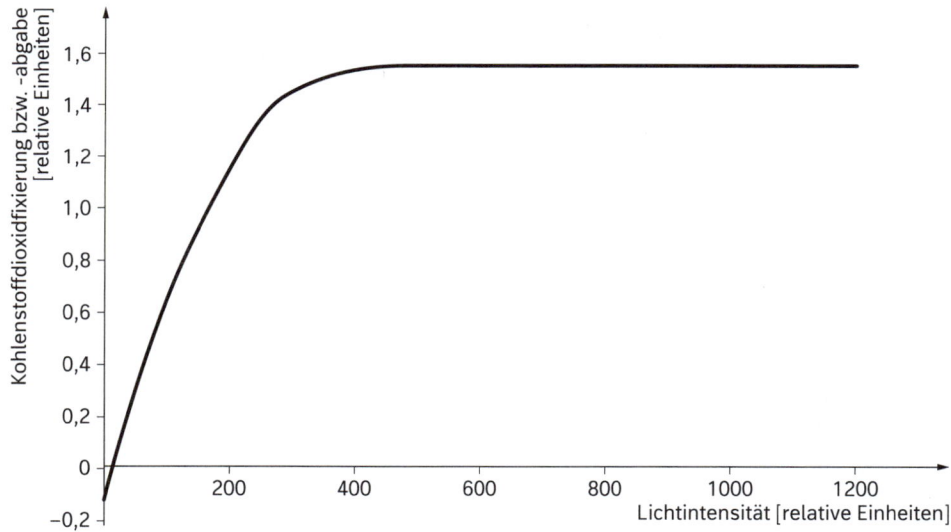

Vom Niedersächsischen Kultusministerium verändert aus:
MacIntyre, H. et al.: Photoacclimation of Photosynthesis [...]. In: J. Phycol. 38 (2009), S. 17–38.

M3 *Chloroflexus aurantiacus* – **ein fotosynthetisch aktives Bakterium**

Chloroflexus aurantiacus ist ein fotosynthetisch aktives Bakterium.

Im Folgenden sind die im Zellplasma von *Chloroflexus aurantiacus* ablaufenden Sekundärreaktionen vereinfacht dargestellt.

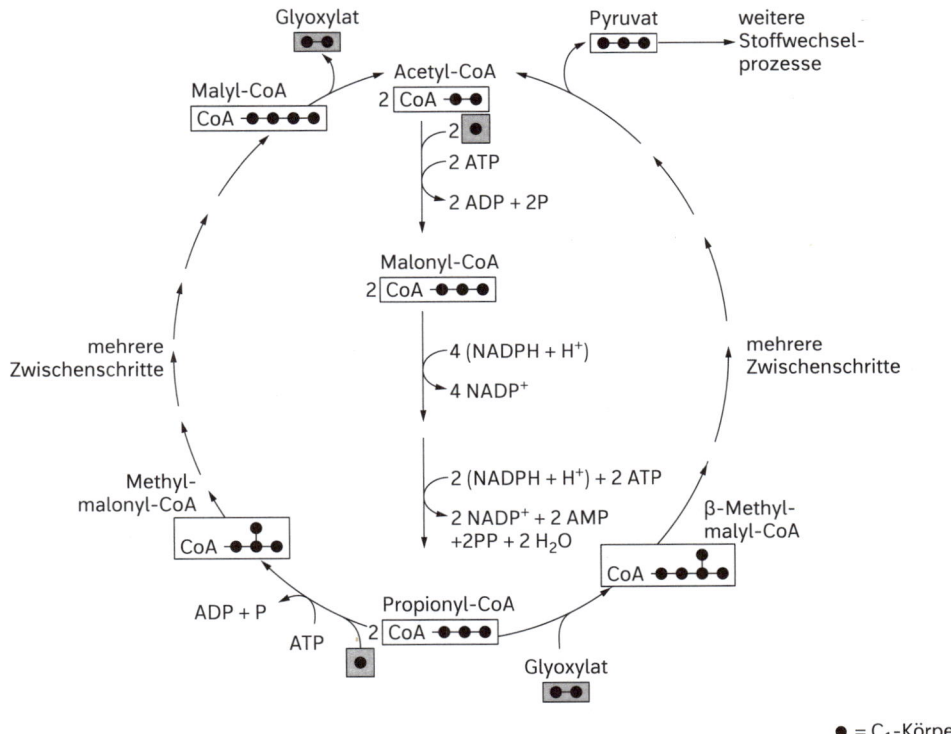

● = C_1-Körper

Vom Niedersächsischen Kultusministerium zusammengestellt und verändert aus:
Bond, C. S. et al.: Crystal Structure [...]. In: J. Mol. Biol. 306 (2001), S. 47 – 67.
Zarzycki, J. et al.: Identifying the missing steps [...]. In: PNAS 106 (2009), S. 21317 – 21322.

Lösungen

A1.1   Beschreiben Sie den Aufbau eines Chloroplasten (9 Punkte AFB I).

Allgemeine Lösungshinweise: In dieser Aufgabe sollen Sie strukturiert und fachsprachlich korrekt den Aufbau eines Chloroplasten in eigenen Worten wiedergeben. Die Ausführungen können sich je nach im Unterricht genutzten Lehrwerk unterscheiden.
Lösung: Chloroplasten sind von einer Doppelmembran, der äußeren und inneren Membran, umschlossen. Dazwischen befindet sich der Intermembranraum. Die Grundsubstanz der Chloroplasten wird als Stroma bezeichnet. Darin befinden sich unter anderem die ringförmige DNA, Ribosomen, Stärkekörner und Fetttröpfchen. Weiterhin liegen im Stroma flache Membransäckchen, die Thylakoide, vor. Diese Thylakoide können, wenn sie einzeln vorliegen, als Stromathylakoide bezeichnet werden. Liegen sie geldrollenförmig und übereinander gestapelt vor, werden sie Granathylakoide genannt.

A1.2   *Erläutern Sie mit Hilfe von M1a und M1b, wie Cyanobakterien mit Licht im Wellenlängenbereich von 490 bis 575 nm Fotosynthese betreiben können (4 Punkte AFB I, 4 Punkte AFB II).*

Allgemeine Lösungshinweise: In dieser Aufgabe sollen Sie unter Verwendung von M1a und M1b verständlich machen, wie Cyanobakterien bei einer Wellenlänge von 490 bis 575 nm Fotosynthese betreiben können. Wichtig in dieser Aufgabe sind grundlegende Kenntnisse über die Lichtsammelfalle, die Sie auf das gegebene Material anwenden. Durch zusätzliche Informationen soll dieser Sachverhalt verdeutlicht werden. Weiterhin ist der deutliche Materialbezug wichtig, indem Sie z. B. bestimmte Wellenlängenbereiche angeben, damit die Ausführungen nicht oberflächlich sind.

Lösungen: Cyanobakterien besitzen neben Chlorophyll a auch die Fotosynthesepigmente Phycoerythrin (PE), Phycocyanin (PC) und Allophycocyanin (AP). Diese Fotosynthesepigmente sind Bestandteile der Lichtsammelfalle. Dem Diagramm in M1b ist zu entnehmen, dass die Absorptionsmaxima von PE bei ca. 480 bis 570 nm, von PC bei ca. 550 bis 650 nm und von AP bei ca. 600 bis 660 nm liegen. Die Absoprtionsmaxima von Chlorophyll a liegen bei ca. 380 bis 420 nm und 660 nm. In der Abb. M1b ist zu erkennen, dass PE an den äußeren Bereichen der Lichtsammelfalle liegt, danach folgen PC, AP und dann Chlorophyll a im Reaktionszentrum. Durch eintreffendes Licht im Wellenlängenbereich von 490 bis 575 nm wird PE angeregt. Diese Anregungsenergie wird zunächst auf PC und anschließend auf AP übertragen. Danach wird die Anregungsenergie von AP auf das Chlorophyll a im Reaktionszentrum übertragen. Dadurch ist es möglich, dass Chlorophyll a indirekt in dem gegebenen Wellenlängenbereich von 490 bis 575 nm durch die Weiterleitung der Anregungsenergie über die drei anderen Fotosynthesepigmente angeregt werden kann, obwohl dessen Absorptionsmaxima außerhalb dieses Bereiches liegen. Eine Primärreaktion ist so möglich.

A1.3   *Erläutern Sie den Verlauf der Fotosyntheserate von Cyanobakterien (M2) (9 Punkte AFB II).*

Allgemeine Lösungshinweise: Der Operator „erläutern" gibt hier an, dass der Verlauf der Fotosyntheserate von Cyanobakterien anhand des Diagramms M2 veranschaulicht und durch zusätzliche Informationen (hier: Zellatmung, Kompensationspunkt) verständlich gemacht werden soll. Wichtig ist dabei der eindeutige Bezug zum Material durch Angaben von bestimmten Werten. Weiterhin ist zu beachten, dass nur die zentralen Aspekte im Diagramm (z. B. Lichtkompensationspunkt) erläutert werden sollen und es zu keiner zu ausführlichen Beschreibung des Diagramms kommen sollte, da sonst der Operator verfehlt wird.

Lösung: Das Diagramm M 2 stellt die Fotosyntheserate von Cyanobakterien anhand der Kohlenstoffdioxidfixierung bzw. -abgabe in relativen Einheiten in Abhängigkeit von der Lichtintensität in relativen Einheiten dar. Bei einer Lichtintensität von bis zu 25 relativen Einheiten (r. E.), ist eine negative Kohlenstoffdioxid(CO_2)-Bilanz zu erkennen. Aufgrund der niedrigen Lichtintensität ist an dieser Stelle die Rate der Zellatmung größer als die der Fotosynthese, wodurch weniger CO_2 fixiert werden kann. Bei einer Lichtintensität von etwa 25 r. E. sind die CO_2-Abgabe und -Aufnahme und damit die Zellatmungs- und Fotosyntheserate gleich. Dieser Punkt wird als Lichtkompensationspunkt bezeichnet. Ab dem Lichtkompensationspunkt überwiegt die Fotosyntheserate aufgrund zunehmender Lichtintensität und es wird mehr CO_2 aufgenommen als abgegeben. Bis zu einer Lichtintensität von etwa 450 r. E. ist ein deutlicher Anstieg der CO_2-Aufnahme zu verzeichnen. Die Fotosyntheserate steigt in diesem Bereich aufgrund zunehmender Lichtintensität bei gleichbleibender Zellatmungsrate stark an. Ab einer Lichtintensität von 450 r. E. wird eine konstante Menge CO_2 aufgenommen. Ab diesem Maximalwert erreicht die Fotosyntheserate den Bereich der Lichtsättigung. Unter den gegebenen Versuchsbedingungen kann nun trotz steigender Lichtintensität nicht mehr CO_2 als der Maximalwert von 1,4 r. E. aufgenommen werden, da bereits alle an den Reaktionen beteiligten Vorgänge mit maximaler Intensität ablaufen.

A1.4   *Analysieren Sie die Abläufe der Sekundärreaktionen von Chloroflexus aurantiacus (M3) hinsichtlich der Fixierung von Kohlenstoff-Verbindungen, der Regeneration der Akzeptormoleküle, der Redoxprozesse sowie energetisch nutzbarer Produkte (6 Punkte AFB II, 6 Punkte AFB III).*

Allgemeine Lösungshinweise: In dieser Aufgabe sollen Sie die Abläufe der Sekundärreaktionen von *Chloroflexus aurantiacus* herausarbeiten und hierbei den Schwerpunkt auf die Fixierung von Kohlenstoff-Verbindungen, der Regeneration der Akzeptormoleküle, der Redoxprozesse und die energetisch nutzbaren Produkte legen. Wichtig hierfür sind Kenntnisse über die Schritte der Sekundärreaktionen der Fotosynthese sowie über das C-Körper-Schema, um diese auf das Beispiel anwenden und genau analysieren zu können.
Lösung: Aus dem Schema der Sekundärreaktion von *Chloroflexus aurantiacus* lässt sich an drei Stellen die Fixierung von Kohlenstoff-Verbindungen ausmachen. Zunächst wird ein C_1-Körper an das Akzeptormolekül Acetyl-CoA unter Verbrauch von ATP gebunden. Diese Reaktion läuft insgesamt zwei Mal ab. Eine zweite Fixierung von Kohlenstoff-Verbindungen findet bei der Bindung eines C_1-Körpers an Propionyl-CoA als Akzeptor ebenfalls unter ATP-Verbrauch statt. An ein weiteres Molekül Propionyl-CoA bindet zudem der C_2-Körper Glyoxylat.
Die Regeneration des Akzeptormoleküls Acetyl-CoA geschieht an zwei Stellen. Einmal wird Acetyl-CoA aus Malyl-CoA unter Abspaltung von Glyoxylat regeneriert. Eine zweite Regeneration von Acetyl-CoA geschieht unter Abspaltung von Pyruvat aus β-Methylmalyl-CoA. Das Pyruvat ist in dieser Sekundärreaktion das einzige energetisch nutzbare Produkt. Außerdem wird das Akzeptormolekül Propionyl-CoA aus Malonyl-CoA regeneriert. Bei dieser Reaktion handelt es sich um einen zweischrittigen Redoxprozess, bei dem das Reduktionsäquivalent NADH + H$^+$ genutzt wird. Weitere Redoxprozesse sind in der Übersicht der Sekundärreaktion nicht vorhanden.

gA Thema A2: Dissimilation

Die Dissimilationsprozesse in Organismen werden durch Enzyme katalysiert. Viele dieser Prozesse finden im Cytoplasma statt. Die letzten Schritte bei der aeroben Energiegewinnung erfolgen in den Mitochondrien. Laubholz-Misteln, die Halbparasiten von verschiedenen Laubholzarten sind, weisen dabei Besonderheiten auf.

AUFGABENSTELLUNG

A2.1 Beschreiben Sie ganz allgemein die Bedeutung von $NAD^+/NADH + H^+$ und ADP/ATP für den Stoffwechsel.

A2.2 Erläutern Sie die Atmungskette und die ATP-Bildung in den Mitochondrien der Laubholz-Mistel (M2).

A2.3 Erklären Sie anhand der Befunde (M3) zu den Dissimilationsprozessen in den Zellen von Laubholz-Misteln (M2) und herkömmlichen Pflanzen, dass die Mistel auf einen ständigen Nachstrom von Kohlenhydraten aus den Leitungsbahnen der Wirtspflanze angewiesen ist (M1).

Material

M1 **Wechselbeziehungen zwischen Laubholz-Mistel und ihrer Wirtspflanze**

Laubholz-Misteln gelten als Halbparasiten. Es handelt sich um grüne Pflanzen. Gelangen ihre Samen in die Baumkrone eines Laubbaums, keimen diese im Frühjahr bei Licht und Wärme. Die junge Mistelpflanze bildet zunächst einen Primärsenker aus, der mit einer Wurzel vergleichbar ist. Die Senker sind an die Leitungsbahnen des Laubbaums angeschlossen. Über die Senker bezieht die Laubholz-Mistel Wasser und Mineralsalze. Als grüne Pflanze betreibt sie Fotosynthese. Die Fotosyntheseleistung ist jedoch relativ gering. Neueste Forschungen gehen davon aus, dass auch bis zu 80 % der Kohlenhydrate über die Senker von der Wirtspflanze bezogen werden.

Mistelholz
Rindenstrang der Mistel
junger Spross
Baumholz
Sekundärsenker
Primärsenker

Vom Niedersächsischen Kultusministerium zusammengestellt und verändert aus:

Nierhaus-Wunderwald, D. et al.: Zur Biologie der Mistel. In: Merkblatt Praxis 28 (1997), S. 6.

Senkler, J. et al.: Absence of Complex I Implicates Rearrangement of the Respiratory Chain in European Mistletoe. In: Current Biology 28 (2018), S. 1606 – 1613.

M2 **Vereinfachtes Schema der Atmungskette in den Mitochondrien der Laubholz-Mistel**

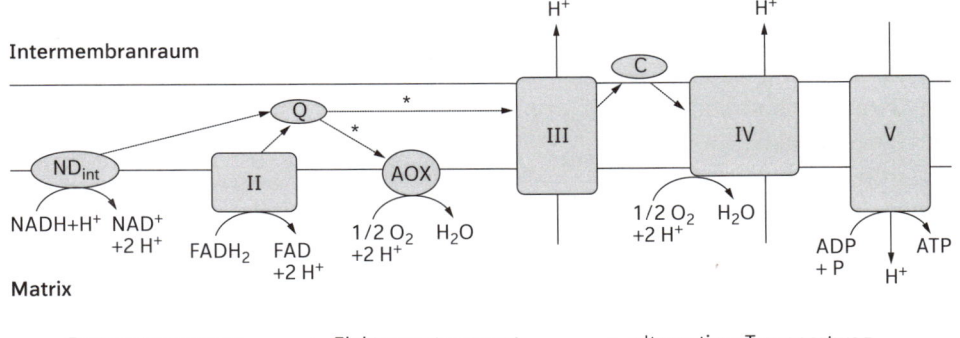

— Protonentransport   → Elektronentransport   * alternativer Transportweg

ND_{int}: Alternative NADH-Dehydrogenase   II: Komplex II   Q: Ubichinon

AOX: Alternative Oxidoreduktase   III: Komplex III   C: Cytochrom c

IV: Komplex IV   V: ATP-Synthase (Komplex V)

Vom Niedersächsischen Kultusministerium zusammengestellt und verändert aus:

Senkler, J. et al.: Absence of Complex I Implicates Rearrangement of the Respiratory Chain in European Mistletoe. In: Current Biology 28 (2018), S. 1606–1613.

Maclean, A. et al.: Absence of Complex I Is Associated with […] in European Mistletoe. In: Current Biology 28 (2018), S. 1614–1619."

M3 **Untersuchungen zu Dissimilationsprozessen bei der Laubholz-Mistel und herkömmlichen Pflanzen**

In Experimenten wurden die Stoffwechselintensitäten von verschiedenen Dissimilationsprozessen bei der Laubholz-Mistel und bei herkömmlichen Pflanzen untersucht.

Dazu wurde die CO_2-Abgabe pro Stunde aufgrund von aeroben Dissimilationsprozessen im Cytoplasma und aufgrund des Citratzyklus in den Mitochondrien ermittelt.

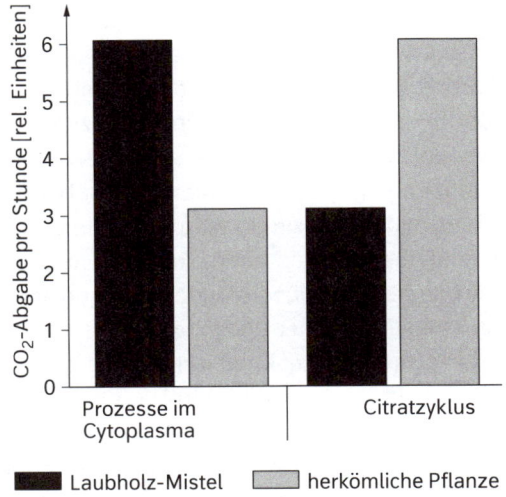

Hinweis: Neben der Glykolyse gibt es sowohl bei Misteln als auch bei herkömmlichen Pflanzen alternative Abbauwege von Glucose, die zur Bildung von Kohlenstoffdioxid und Glycerinaldehyd-3-phosphat (G3P) führen. Die Energieausbeute ist vergleichbar zur Glykolyse. G3P wird in der Glykolyse weiter verwendet.

Bei weiteren Untersuchungen wurden die bei der Laubholz-Mistel in den inneren Mitochondrienmembranen enthaltenen Proteine der Atmungskette durch Gelelektrophorese isoliert. Ihr jeweiliger Gehalt wurde anschließend bestimmt und mit dem von herkömmlichen Pflanzen verglichen.

Proteine	Laubholz-Mistel [%]	herkömmliche Pflanze [%]
Komplex I	0	100
Komplex II	< 10	100
Komplex III	33	100
Komplex IV	33	100
Komplex V (ATP-Synthase)	< 10	100
Alternative NADH-Dehydrogenase (ND_{int})	150	100
Alternative Oxidoreduktase (AOX)	131	100

Vom Niedersächsischen Kultusministerium zusammengestellt und verändert aus:

Senkler, J. et al.: Absence of Complex I Implicates Rearrangement of the Respiratory Chain in European Mistletoe. In: Current Biology 28 (2018), S. 1606–1613.

Maclean, A. et al.: Absence of Complex I Is Associated with [...] in European Mistletoe. In: Current Biology 28 (2018), S. 1614–1619.

Lösungen

A2.1   *Beschreiben Sie ganz allgemein die Bedeutung von $NAD^+/NADH + H^+$ und ADP/ATP für den Stoffwechsel (8 Punkte AFB I).*

Allgemeine Lösungshinweise: In dieser Aufgabe ist es wichtig, die Bedeutung von $NAD^+/NADH + H^+$ und ADP/ATP strukturiert und fachsprachlich korrekt wiederzugeben. Dabei soll die Beschreibung allgemein, also nicht an Beispielen, erfolgen. Je nach Einführung im Unterricht, kann die Ausfertigung unterschiedlich genau sein.

Lösung: $NAD^+/NADH + H^+$ sind Coenzyme der Stoffwechselwege, die Redoxreaktionen ermöglichen und Elektronen sowie H^+-Ionen (Protonen) übertragen. Die oxidierte Form NAD^+ nimmt je zwei Elektronen und ein H^+-Ion auf und wird dabei zu $NADH + H^+$ reduziert. $NADH + H^+$ kann oxidiert werden und gibt dann H^+-Ionen und Elektronen ab.

ATP ist ebenfalls ein Coenzym, das Energie in Stoffwechselprozessen überträgt. Während des Stoffwechsels finden exergonische und endergonische Reaktionen statt. Bei der Abspaltung einer Phosphatgruppe von ATP zu $ADP + P_i$ wird Energie frei, die bei einer endergonischen Reaktion genutzt werden kann. Wird Energie bei einer exergonischen Reaktion frei, so kann diese freiwerdende Energie zur Bildung von ATP genutzt und somit gespeichert werden. An ein ADP-Molekül wird dabei eine freie Phosphatgruppe gebunden, aus ADP + Pi entsteht ATP. Bei der Spaltung von ATP können zudem endständige Phosphatgruppen in einer Phosphorylierung auf andere Moleküle übertragen werden. Dadurch werden diese Moleküle aktiviert und sind nun reaktionsbereit.

A2.2   *Erläutern Sie die Atmungskette und die ATP-Bildung in den Mitochondrien der Laubholz-Mistel (M2) (5 Punkte AFB I, 10 Punkte AFB II).*

Allgemeine Lösungshinweise: Grundlage für diese Aufgabe sind Kenntnisse zum Ablauf der Atmungskette und zur ATP-Synthese, die Sie auf das Material M2 beziehen und anwenden sollen. Die Zuordnung zu AFB I und AFB II ergibt sich daraus, dass einige allgemeine Informationen zur Atmungskette und ATP-Synthese wiedergegeben und andere auf M2 bezogen werden müssen. Wichtig ist auch, das Material und die dazugehörige Legende genau zu analysieren.

Lösung: Die Atmungskette findet an der inneren Mitochondrienmatrix statt. Zu Beginn der Atmungskette werden von $NADH + H^+$ zwei Elektronen, die in vorherigen Reaktionen aufgenommen wurden, an das Enzym Alternative NADH-Dehydrogenase abgegeben. $NADH + H^+$ wird in diesem Schritt zu NAD^+ oxidiert und zwei H^+-Ionen in die Matrix abgegeben. Die Elektronen werden dann vom Enzym NADH-Dehydrogenase auf das Enzym Ubichinon übertragen. Durch das Reduktionsäquivalent $FADH_2$ werden zwei Elektronen an den Komplex II abgegeben, wobei $FADH_2$ zu FAD oxidiert und zwei H^+-Ionen in die Matrix abgegeben werden. Die Elektronen werden von Komplex II ebenfalls auf Ubichinon übertragen. Die Übertragung der Elektronen aus den beschriebenen Prozessen an Ubichinon erfolgt dabei nicht zeitgleich, da Ubichinon nur zwei Elektronen gleichzeitig aufnehmen kann. Anschließend können die Elektronen auf zwei Wegen transportiert werden. Die Elektronen können direkt auf das Enzym Alternative Oxidoreduktase und anschließend auf Sauerstoff übertragen werden. Unter Bindung von zwei H^+-Ionen aus der Matrix an ein Sauerstoff-Atom wird dabei Wasser gebildet. Alternativ dazu können die Elektronen auch über die Elektronentransportkette bestehend aus Komplex III, Cytochrom c und Komplex IV transportiert werden. An Komplex IV werden die Elektronen dann auf Sauerstoff übertragen. Die Sauerstoff-Moleküle reagieren dann wiederum mit H^+-Ionen aus der Matrix zu Wasser. Beim Elektronentransport wird Energie frei. Diese kann von den Komplexen III und IV genutzte werden, um H^+-Ionen aus der Matrix in den Intermembranraum der Mitochondrien zu pumpen. So entsteht ein Protonengradient zwischen Matrix und Intermembranraum. Durch die Wasserbildung in der Matrix wird der Protonengradient verstärkt. Die Mitochondrienmembran ist undurchlässig für H^+-Ionen, sodass die H^+-Ionen nun entlang des Konzentrationsgradienten nur durch die Enzyme ATP-Synthase (Komplex V) vom Intermembranraum in die Matrix diffundieren können. Diffundieren H^+-Ionen durch den Kanal der ATP-Synthase wird Energie abgegeben. Diese wird nun genutzt, um aus $ADP + P_i$ ATP zu bilden.

A2.3   *Erklären Sie anhand der Befunde (M3) zu den Dissimilationsprozessen in den Zellen von Laubholz-Misteln (M2) und herkömmlichen Pflanzen, dass die Mistel auf einen ständigen Nachstrom von Kohlenhydraten aus den Leitungsbahnen der Wirtspflanze angewiesen ist (M1) (9 Punkte AFB II, 6 Punkte AFB III).*

Allgemeine Lösungshinweise: Wichtig in dieser Aufgabe ist, das gesamte Material der Aufgabe hinsichtlich der Aufgabenstellung genau zu analysieren. Weiterhin sind

Kenntnisse zur Atmungskette und ATP-Synthese notwendig, um aus dem Material zielführende Schlüsse ziehen zu können.

Lösung: Im Diagramm in M3 ist zu erkennen, dass die Dissimilationsprozesse im Cytoplasma der Laubholz-Mistel doppelt so intensiv ablaufen wie bei herkömmlichen Pflanzen. Der Citratzyklus bei der Laubholz-Mistel läuft hingegen nur mit halb so großer Intensität ab.

Über die Atmungskette findet bei der Laubholz-Mistel wie auch bei herkömmlichen Pflanzen die Umsetzung der bei den Dissimilationsprozessen gebildeten Reduktionsäquivalente statt.

Anders als bei herkömmlichen Pflanzen werden weniger H^+-Ionen von der Matrix in den Intermembranraum transportiert, da die Elektronentransportketten in den Mitochondrien der Laubholz-Mistel verkürzt sind. Dadurch steht weniger Energie aus der Übertragung der Elektronen in der Elektronentransportkette bei der Laubholz-Mistel für den Aufbau des Protonengradienten zur Verfügung. Der Protonengradient ist in den Mitochondrien der Laubholz-Mistel daher schwächer ausgeprägt als bei herkömmlichen Pflanzen. Verstärkt wird dieser Effekt zusätzlich dadurch, dass, wie M3 entnommen werden kann, prozentual weniger Enzyme der Elektronentransportkette (Komplex II, Cytochrom c, Komplex IV) in den Mitochondrien der Laubholz-Mistel vorkommen. Dafür sind deutlich höhere prozentuale Anteile der Alternativen NADH-Dehydrogenase und der Alternativen Oxidoreduktase als bei herkömmlichen Pflanzen vorhanden. Der Elektronentransport auf Sauerstoff und die Oxidation der Reduktionsäquivalente geschieht dadurch vermehrt über diese Enzyme, ohne dass H^+-Ionen von der Matrix in den Intermembranraum transportiert werden. Dieses führt dazu, dass weniger ATP pro Molekül Glucose synthetisiert wird. Deshalb kann der ATP-Bedarf der Laubholz-Mistel nur durch vermehrte Dissimilationsprozesse im Cytoplasma gedeckt werden, wie durch das Diagramm aus M3 belegt wird. Aufgrund der geringeren ATP-Synthese pro Molekül Glucose ist außerdem ein höherer Glucoseumsatz bei der Laubholz-Mistel notwendig, um den ATP-Bedarf zu decken.

Durch den hohen Glucosebedarf für die Dissimilationsprozesse und die gleichzeitig geringe Fotosyntheserate ist die Laubholz-Mistel daher auf einen ständigen Transport von Glucose (Kohlenhydrat) aus den Leitungsbahnen des Laubbaumes, der als Wirt fungiert, angewiesen.

gA Thema A3: Neurobiologie

Wissenschaftliche Erkenntnisse über die Struktur und Funktion von Nervenzellen haben unter anderem die Entwicklung von Medikamenten ermöglicht, die als Narkosemittel Anwendung finden. Verschiedene Medikamente ermöglichen das Durchführen von operativen Eingriffen, indem das Bewusstsein aufgehoben, die Wahrnehmung von Schmerz ausgeschaltet oder die Spannung von Körpermuskulatur reduziert wird.

AUFGABENSTELLUNG

A3.1 Skizzieren Sie ein myelinisiertes Neuron unter Angabe der Strukturen.

A3.2 Beschreiben Sie die grundlegende Funktion eines Neurotransmitters bei der Informationsweiterleitung zwischen Nervenzellen.
Erläutern Sie die muskelrelaxierende Wirkung von Atracurium (M1) sowie die Wirkung einer Gabe von Neostigmin (M1, M2).

A3.3 Entwickeln Sie eine Hypothese zu den molekularen Vorgängen, die bei Multipler Sklerose (M4) durch eine Gabe von Carbostesin (M3) zur Verstärkung der Taubheitsgefühle führen.

Material

M1 Die muskelrelaxierende Wirkung von Atracurium

Muskelrelaxanzien wie Atracurium führen zu einer Erschlaffung der Skelettmuskulatur. Atracurium wird intravenös verabreicht. Die Wirkung im synaptischen Spalt zur motorischen Endplatte setzt nach zwei Minuten ein und schwächt sich im Verlauf der nächsten 30 Minuten bis zum Verschwinden ab. Der Wirkmechanismus ist nachfolgend grafisch dargestellt.

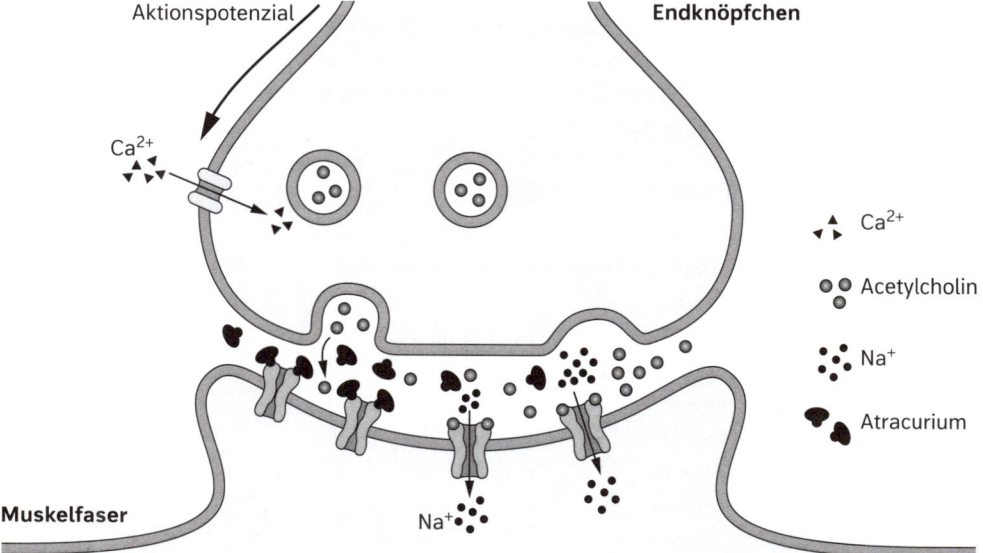

Die nebenstehende Abbildung zeigt die Auswirkung der Gabe von Atracurium auf das Membranpotenzial an der postsynaptischen Muskelzelle.

Hinweis: Die Kontraktion von Muskelzellen findet nur statt, wenn der angegebene Schwellenwert überschritten wird.

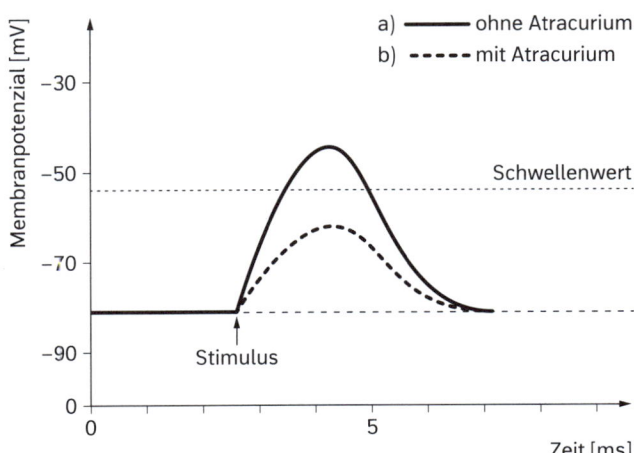

Vom Niedersächsischen Kultusministerium verändert aus:
Schmidt, R. F. und Thews, G.: Physiologie des Menschen. 22. Auflage. Berlin, Heidelberg: Springer Verlag 1983, S. 71 – 75.

M2 Wirkung von Neostigmin

Die sogenannte neuromuskuläre Restblockade ist ein Phänomen, welches unmittelbar nach dem Erwachen aus einer Narkose auftreten kann. Damit gehen Lähmungserscheinungen und Atemnot bei vollem Bewusstsein einher. Die Wirkung von Atracurium kann durch die intravenöse Gabe von Neostigmin innerhalb weniger Minuten aufgehoben werden. Dabei bindet der Wirkstoff reversibel an die aktiven Zentren der Acetylcholinesterase-Moleküle im synaptischen Spalt.

Erstellt durch: Zentralabiturkommission Biologie 2022

M3 Die Wirkung des Betäubungsmittels Carbostesin

Die Wahrnehmung von Schmerz kann ausgeschaltet werden, indem die Informationsweiterleitung in schmerzleitenden Nervenfasern medikamentös beeinflusst wird. Spritzt man das örtlich wirkende Betäubungsmittel Carbostesin in die Nähe größerer Nerven, diffundiert es durch die Axonmembranen der Neurone. Das Ruhepotenzial des Neurons bleibt

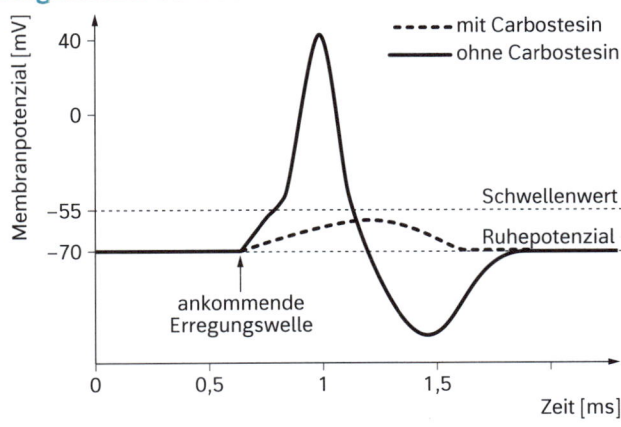

dadurch unverändert, die therapeutisch gewünschten Auswirkungen auf die Funktion der Neuronen sind der Grafik zu entnehmen. Die Wirkung hält bis zu acht Stunden an.

Durch das Niedersächsische Kultusministerium verändert aus:
Blüch, H. P. und Rummel, W.: Lokalanästhetika. In: Rummel, W. (Hrsg.): Allgemeine und spezielle Pharmakologie und Toxikologie. 7. Auflage. Heidelberg: Spektrum Akademischer Verlag 1996, S. 227 – 233.

M4 **Verstärkte Wirkung von Carbostesin bei Multipler Sklerose**
Bei Multipler Sklerose (MS) kommt es schubweise zum Funktionsverlust von Nervenzellen. Patienten leiden dann unter anderem an motorischen Störungen und Taubheitsgefühlen. In den Axonen betroffener Nervenzellen ist die ATP-Bildung deutlich vermindert, mit entsprechenden Folgen für das Membranpotenzial.
Eine 21-jährige MS-Patientin musste sich einer Operation im Bauchraum unterziehen. Zur Vermeidung von Schmerzen wurde eine Standarddosis Carbostesin (M3) auf Höhe der Lendenwirbelsäule in die Umgebung des Rückenmarks gespritzt. Daraufhin setzte die erwartete Betäubung unterhalb des Bauchnabels ein. Die Taubheitsgefühle waren deutlicher ausgeprägt und dauerten ungewöhnlich lange.
Erstellt durch: Zentralabiturkommission Biologie 2022

Lösungen

A3.1 Skizzieren Sie ein myelinisiertes Neuron unter Angabe der Strukturen (9 Punkte AFB I).

Allgemeine Lösungshinweise: Der Operator „skizzieren" in dieser Aufgabe gibt an, dass Sie ein myelinisiertes Neuron übersichtlich grafisch darstellen und dieses beschriften („unter Angabe der Strukturen") sollen (s. Seite 69).
Lösung:

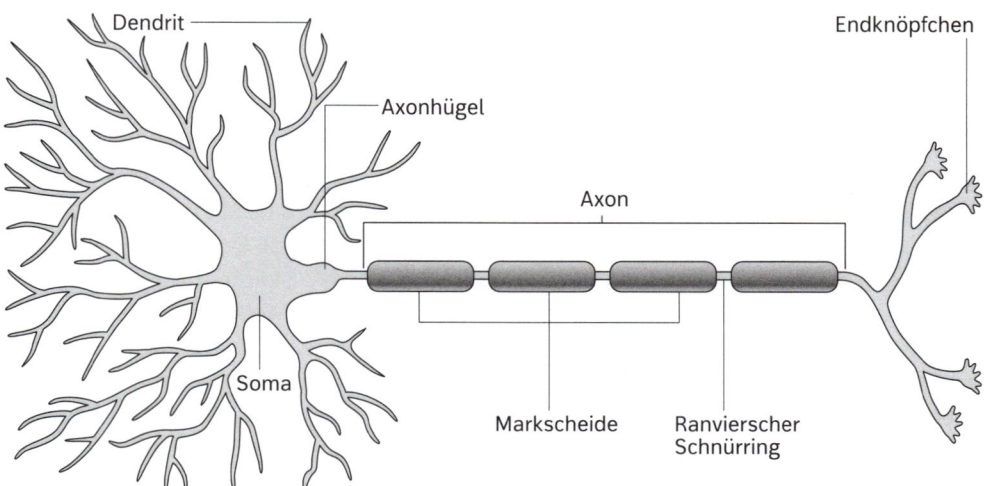

179

A3.2   Beschreiben Sie die grundlegende Funktion eines Neurotransmitters bei der In-
        formationsweiterleitung zwischen Nervenzellen.
        Erläutern Sie die muskelrelaxierende Wirkung von Atracurium (M1) sowie die
        Wirkung einer Gabe von Neostigmin (M1, M2) (4 Punkte AFB I, 14 AFB II).

Allgemeine Lösungshinweise: Im ersten Teil der Aufgabe sollen Sie Funktion eines
Neurotransmitters bei der Informationsweiterleitung zwischen Nervenzellen strukturiert
und fachsprachlich korrekt wiedergeben. Wichtig ist dabei, dass Sie in dieser Aufgabe
nur die grundlegenden Funktionen darlegen und nicht die ganze Informationsweiterleitung genau beschreiben sollen. Im zweiten Aufgabenteil sollen Sie unter Einbezug
von M1 die relaxierende Wirkung von Atracurium sowie die Wirkung von Neostigmin
aus M2 veranschaulichen und durch zusätzliche Informationen (nicht aus dem Material)
verständlich machen. Wichtige Informationen können den Texten aus M1 und M2 sowie
der Abbildung und dem Diagramm aus M1 entnommen werden. Um die Wirkung von
Atracurium richtig zu erfassen, ist es hilfreich auf den Wirkort von Atracurium und dem
Neurotransmitter zu achten. Für die zusätzlichen Informationen sollten Sie Kenntnisse
aus den Bereichen Art und Folgen der Enzymhemmungen (insbesondere zur kompetitiven Hemmung) durch Medikamente, die Wirkweise von Acetylcholin und der Acetylcholinesterase erklären einbringen.
Lösung: Über das Axon einer Nervenzelle kommt im Endknöpfchen Information in
Form eines elektrischen Signals (Aktionspotenzial) an. Dort wird diese Information in
ein chemisches Signal (Neurotransmitter) umgewandelt, das über den synaptischen
Spalt zur Empfängernervenzelle gelangt. Dort bindet der Neurotransmitter spezifisch
an Rezeptoren, es kommt zur Reaktion der Empfängerzelle. Nun wird die Information
wiederum umgewandelt und als elektrisches Signal an die Membran der Empfängerzelle
weitergeleitet.
Das Muskelrelaxans Atracurium wird intravenös verabreicht und wirkt im synaptischen
Spalt zur motorischen Endplatte. Im synaptischen Spalt konkurriert Atracurium mit dem
Neurotransmitter Acetylcholin (ACh) um die Bindungsstellen an den ACh-Rezeptoren der
postsynaptischen Membran. Ist eine entsprechend hohe Konzentration an Atracurium
gegeben, so kommt es zu einer kompetitiven Hemmung an einigen ACh-Rezeptoren, bei
der Atracurium nicht umgesetzt wird. Die Natrium-Ionenkanäle, an denen Atracurium
an den ACh-Rezeptoren gebunden ist, werden dadurch blockiert. Die anderen Ionen-
Kanäle, an denen Atracurium nicht gebunden ist, bleiben geöffnet. Daher erfolgt ein
verminderter Na^+-Einstrom in die postsynaptische Muskelzelle. Der Schwellenwert für
eine Depolarisation und damit für eine Muskelkontraktion wird nicht erreicht. Hierdurch
folgt eine Lähmung bzw. Erschlaffung der Skelettmuskulatur, da keine Erregungsübertragung an der motorischen Endplatte erfolgt. Wird das Medikament Neostigmin verabreicht, bindet dieses reversibel an die aktiven Zentren der Acetylcholinesterase. Es
kommt so ebenfalls zu einer kompetitiven Hemmung, diesmal zwischen Neostigmin
und Acetylcholin. Diese Hemmung führt zu einer Minimierung des ACh-Abbaus und
einem gleichzeitigen Anstieg der ACh-Konzentration im synaptischen Spalt. Wird eine
genügend hohe Konzentration an ACh erreicht, so wird Atracurium zunehmend von den
ACh-Rezeptoren der postsynaptischen Membran verdrängt. Die Natrium-Ionenkanäle

werden verstärkt geöffnet und es kommt zu einem vermehrten Natrium-Einstrom an der motorischen Endplatte. Der Schwellenwert für eine Depolarisierung wird nun erreicht und bewirkt die Aufhebung der Muskellähmung.

A3.3   *Entwickeln Sie eine Hypothese zu den molekularen Vorgängen, die bei Multipler Sklerose (MS) (M4) durch eine Gabe von Carbostesin (M3) zur Verstärkung der Taubheitsgefühle führen (5 Punkte AFB II, 6 Punkte AFB III).*

Allgemeine Lösungshinweise: Bei dieser Aufgabe ist es wichtig, die Informationen aus M3 und M4 zu verstehen und miteinander zu verknüpfen, um daraus molekulare Vorgänge abzuleiten, die erklären, warum es zu einer Verstärkung der Taubheitsgefühle von MS-Patient*innen durch Carbostesin kommt. Beim Operator „Hypothesen entwickeln" ist es wichtig, dass eine aufgestellte Vermutung zum Vorgang durch weitere Informationen gut begründet wird. Hier kann diese Begründung durch eine Erklärung der Wirkung von Carbostesin und den neuronalen Veränderungen bei MS geschehen. Weiteres Wissen zur Erregungsleitung an Axonen ist zudem nötig.

Lösung: Die Gabe von Carbostesin bei MS führt zur Verstärkung der Taubheitsgefühle, da sich die Wirkung von Carbostesin und die Auswirkungen der MS addieren.

Bei Multipler Sklerose (MS) besteht ein ATP-Mangel im Axon. Dieser ATP-Mangel führt zu einer eingeschränkten Funktion der ATP-abhängigen Natrium-Kalium-Pumpen in der Axonmembran. Natrium-Ionen werden weniger aus dem Axoninneren bzw. Kalium-Ionen weniger in die Nervenzelle transportiert. Das Ruhepotenzial bricht in der Folge zusammen und das Axon ist nicht erregbar. Wird das Betäubungsmittel Carbostesin verabreicht, diffundiert es durch die Axonmembranen der Neuronen. Die spannungsabhängigen Natrium-Ionenkanäle an den Axonen werden dadurch gehemmt, sodass die Depolarisation unterhalb des Schwellenwertes bleibt. Es erfolgt eine Blockade der Erregungsweiterleitung und damit besteht eine örtliche Betäubung.

Somit werden die bei MS bereits bestehenden Taubheitsgefühle, die durch nicht erregbare Axone entstehen, aufgrund der Blockade der Erregungsweiterleitung bei Gabe von Carbostesin verstärkt.

Themenbereich B: Vernetzte Systeme

gA Thema B2: Ökologie

Muscheln reagieren auf abiotische Faktoren und wirken selbst als biotische Faktoren direkt und indirekt auf andere Lebewesen ein. Ihr Einfluss auf andere Lebewesen ist unter anderem von ihrer Populationsgröße abhängig. Man versucht, sich diese Zusammenhänge bei der Teichpflege zunutze zu machen.

AUFGABENSTELLUNG

B2.1   Skizzieren Sie auf Basis der in M1 gegebenen Daten eine beschriftete Toleranzkurve auch unter Berücksichtigung der Pessima und des Präferenzbereichs.

B2.2   Werten Sie M2 hinsichtlich des Einflusses der invasiven Muschelfamilie Dreisseniidae aus.

B2.3   Erläutern Sie, wie sich ein starkes Wachstum der Muschelpopulation auf die ökologischen Parameter in M3a und M3b auswirkt.
Erörtern Sie, inwiefern der in M3c dargestellte Rat hilfreich bzw. nicht hilfreich ist (M3a, M3b).

Material

M1 **Informationen zum Wachstum von Larven der Nordseemiesmuschel**

Der Längenzuwachs von Larven der Nordseemiesmuschel wurde unter Laborbedingungen ermittelt:

	Temperatur [°C]					
	5	10	15	20	25	30
Längenzuwachs [%]	14,5	41,9	76,8	86,8	49,2	0,0

Vom Niedersächsischen Kultusministerium verändert aus:
Beyer, I. et al.: Natura Ökologie Lehrerband. Ernst Klett Schulbuchverlage, Stuttgart, Leipzig 2009, S. 96 – 97.

M2 Informationen zu den Muschelfamilien Sphaeriidae und Dreisseniidae

M2a Allgemeine Informationen zu den Muschelfamilien ohne Nahrungskonkurrenz

Muscheln ernähren sich von Kleinstlebewesen, die sie aus dem Wasser filtrieren. Im Untersuchungsgebiet kamen zunächst nur Muscheln der Familie Sphaeriidae vor. Bei den Dreisseniidae handelt es sich um eine invasive Muschelfamilie.

Familie	Biomasse pro Fläche [g * m^{-2}]	Filtrationsrate [m^3 * m^{-2} * d^{-1}]	Habitate
Sphaeriidae	0,02 – 2	0,002 – 0,2	z. B. Flüsse, Seen
Dreisseniidae	0,5 – 20	0,1 – 5	z. B. Flüsse, Seen

Vom Niedersächsischen Kultusministerium verändert aus:
Strayer, D. L. et al.: Transformation of Freshwater Ecosystems by Bivalves. In: BioScience, Vol. 49, No. 1 (1999), S. 19 – 27.

M2b Anzahl der Sphaeriidae im Untersuchungsgebiet im zeitlichen Verlauf

Die gestrichelte Linie im Diagramm kennzeichnet die Einführung der Dreisseniidae in das Untersuchungsgebiet.

Vom Niedersächsischen Kultusministerium verändert aus:
Strayer, D. L. et al.: Transformation of Freshwater Ecosystems by Bivalves. In: BioScience, Vol. 49, No. 1 (1999), S. 19 – 27.

M3 Muscheln verändern Ökosysteme

M3a Ökologische Beziehungen von Muscheln

Das Fressverhalten von Muscheln (M2a) beeinflusst verschiedene ökologische Parameter, wie abiotische Faktoren und Populationen in Ökosystemen auf unterschiedliche Art und Weise. In jedem Fall sind die Auswirkungen aber von der Populationsgröße der Muscheln abhängig.

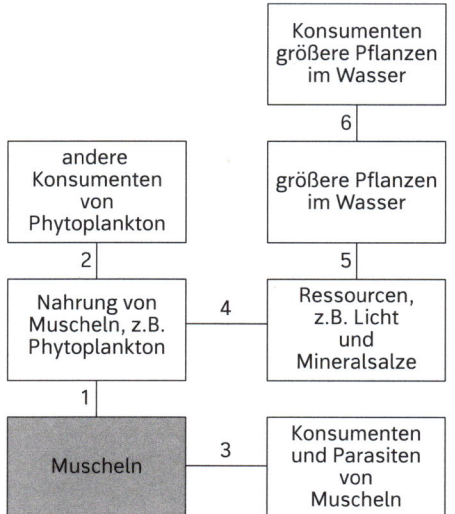

Vom Niedersächsischen Kultusministerium verändert aus:
Strayer, D. L. et al.: Transformation of Freshwater Ecosystems by Bivalves. In: BioScience, Vol. 49, No. 1 (1999), S. 19 – 27.

M3b Veränderungen der Wassertrübung und der im Wasser gelösten Mineralsalze durch Muscheln

Hinweise: Größere Wasserpflanzen verschatten darunter liegende Flachwasserbereiche eines Gewässers. 1992 begann das starke Populationswachstum von Muscheln.

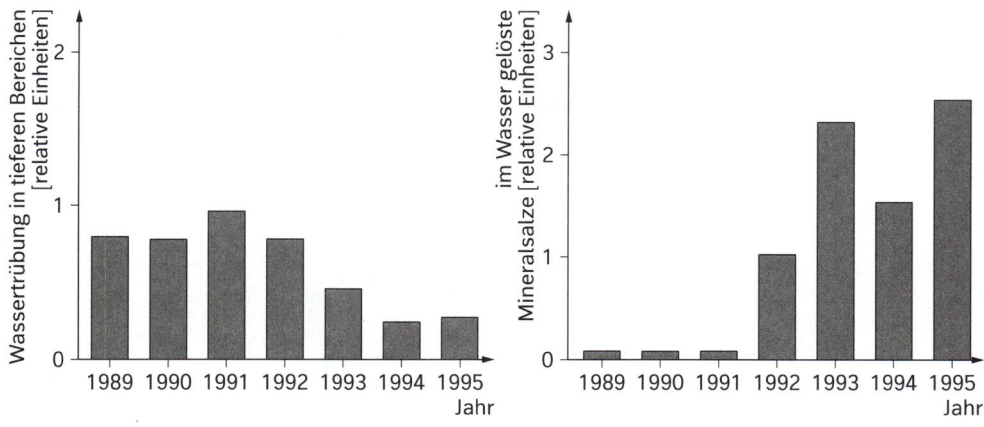

Vom Niedersächsischen Kultusministerium verändert aus:
Strayer, D. L. et al.: Transformation of Freshwater Ecosystems by Bivalves. In: BioScience, Vol. 49, No. 1 (1999), S. 19 – 27.

M3c Information zum Umkippen eines Gewässers

Der Zustand eines Gewässers kann sich innerhalb sehr kurzer Zeit sehr stark verändern. Man bezeichnet diesen Prozess als „Umkippen". Auslöser des Umkippens ist Sauerstoffmangel, der in der Regel durch zu viel Biomasse und deren aeroben Abbau verursacht wird. Ein Teichbesitzer hat Rat in einem Zoogeschäft eingeholt und diesen in einem Internet-Forum gepostet: „Mir kippt das Wasser ständig um, wird grünlich und stinkt. Ich war schon im Zoogeschäft und hab mich da mit den Leuten unterhalten, (…) ich sollte noch 3 Muscheln mit rein geben.“

Vom niedersächsischen Kultusministerium verändert aus:
https://www.hobby-gartenteich.de/xf/threads/teich-kippt-ständig-um.36412/ (letzter Zugriff: 15.09.2021).

Lösungen

B2.1   *Skizzieren Sie auf Basis der in M 1 gegebenen Daten eine beschriftete Tole-ranzkurve auch unter Berücksichtigung der Pessima und des Präferenzbereichs (7 Punkte, AFB I).*

Allgemeine Lösungshinweise: Der Operator *skizzieren* betont, dass Ergebnisse gra-fisch übersichtlich dargestellt werden sollen. Es ist somit notwendig, bei der geforderten Skizze eine saubere und exakte Darstellung anzufertigen, d. h. zeichnen Sie die Koordi-natenachsen mit Lineal, überlegen Sie eine sinnvolle Achseneinteilung und vergessen Sie nicht, die Achsen zu beschriften. Nun können Sie die Daten aus M1 in das Koordi-natensystem eintragen und eine Einteilung der Bereiche (Pessima und Präferendum) vornehmen. Orientieren Sie sich dabei und mit der anschließenden Beschriftung an der bekannten Toleranzkurve (vgl. Seite 44–45). Achtung: Bei dieser Toleranzkurve kann das Minimum nicht bestimmt werden, somit sollte es auch nicht beschriftet werden.

Lösung:

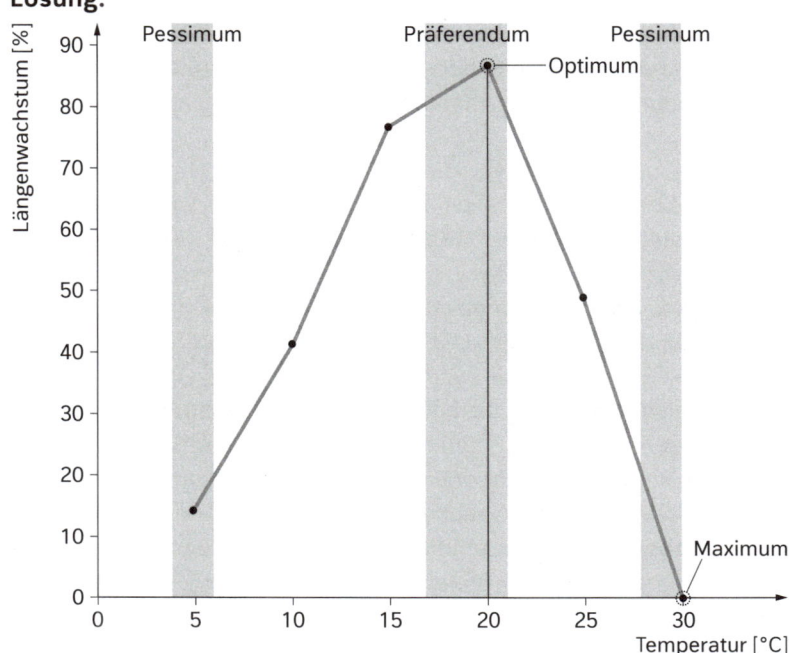

B2.2   Werten Sie M2 hinsichtlich des Einflusses der invasiven Muschelfamilie Dreisse-
        niidae aus (4 Punkte AFB I, 4 Punkte AFB II)

Allgemeine Lösungshinweise: Der Operator *auswerten* fordert, dass Daten in einen
Zusammenhang gestellt und ggf. zu einer Gesamtaussage zusammengeführt werden.
Achten Sie bei der Anfertigung der Lösung darauf, diese Forderung zu erfüllen. Beziehen Sie nicht nur die Tabelle (M2a) und das Diagramm (M2b) in Ihre Überlegungen ein,
sondern lesen Sie auch die jeweiligen Begleittexte gründlich durch, da diese ebenfalls
wichtige Informationen enthalten.
Im Vergleich zu Aufgabe B2.3, die mit insgesamt 23 Punkten bewertet wird, wird diese
Aufgabe mit nur insgesamt 8 Punkten bewertet. Sie können davon ausgehen, dass sich
diese Punkteverteilung im Regelfall in der Ausführlichkeit und somit der Länge der geforderten Lösung widerspiegelt. Lösen Sie also die Aufgabe B2.2 vollständig, aber prägnant.
Lösung: Beide Muschelfamilien kommen in den gleichen Habitaten, wie z. B. Flüssen
und Seen, vor. Dabei erreicht die Dreisseniidae die 10-fache maximale Biomasse pro
Quadratmeter im Vergleich zur Sphaeriidae. Beide Familien bevorzugen als Nahrung
Kleinstlebewesen, die beide durch Filtrieren fangen, wobei die Sphaeriidae eine deutlich
geringere Filtrationsrate als die Dreisseniidae aufweist. Die ökologischen Nischen der
beiden Muschelfamilien stimmen damit bezogen auf den Lebensraum und die Nahrung
überein. In den drei Jahren vor Einführung der Dreisseniidae schwankt die Anzahl der
Sphaeriidae im Untersuchungsgebiet zwischen ca. 550 und 1100 Individuen pro m^2.
Nach der Einführung der Dreisseniidae sinkt die Anzahl der Individuen pro m^2 jedoch
innerhalb von 4 Jahren stetig von 450 auf 0. Bei gemeinsamen Vorkommen besteht
wegen der ähnlichen ökologischen Nischen zwischen den beiden Muschelfamilien eine
starke interspezifische Konkurrenz. Diese bewirkt den Rückgang und das Aussterben
der heimischen Sphaeriidae nach Einführung der invasiven Dreisseniidae, da die Dreisseniidae durch ihre effizientere Nahrungsaufnahme und höhere Populationsdichte die
Sphaeriidae verdrängen.

B2.3   Erläutern Sie, wie sich ein starkes Wachstum der Muschelpopulation auf die
        ökologischen Parameter in M3a und M3b auswirkt (2 Punkte AFB I, 14 Punkte
        AFB II)
        Erörtern Sie, inwiefern der in M3c dargestellte Rat hilfreich bzw. nicht hilfreich ist
        (M3a, M3b) (1 Punkt AFB II, 6 Punkte AFB III).

Allgemeine Lösungshinweise: Diese Aufgabe beinhaltet die zwei Operatoren *erläutern*
und *erörtern*. Im Rahmen der *Erläuterung* sollten Sie immer im Blick behalten, dass Sie
den Sachverhalt durch zusätzliche Informationen veranschaulichen und verständlich
machen müssen. Diese zusätzlichen Informationen sind manchmal Informationen aus
dem Material, im Regelfall aber kommen diese Informationen aus Ihrem eigenen Fachwissen. Aufgaben, die den Operator *erläutern* enthalten, sind oft komplexer und es ist
sinnvoll, dass Sie sich vorab eine Struktur Ihrer Lösung überlegen. Manchmal gibt das
Material eine geeignete Struktur vor.

Für den zweiten Teil der Aufgaben sollen Sie Argumente zu der Aussage in M3b einander gegenüberstellen und abwägen. Dies führen Sie basierend auf Ihrem vorhandenen und dem durch den ersten Teil der Aufgabe neu erworbenen Fachwissen durch. Vergessen Sie nicht ein abschließendes Urteil zu fällen.

Lösung: Steigt die Populationsgröße der Muscheln stark an, so steht mehr Nahrung für Konsumenten von Muscheln zur Verfügung, es herrscht geringere Konkurrenz um Beute und die Anzahl an Konsumenten von Muscheln wird steigen. Ebenso wird die Anzahl an Parasiten von Muscheln steigen, da die Konkurrenz um Wirte geringer ist. Das Phytoplankton sowie weitere Nahrung von Muscheln werden weniger, da mehr Muscheln mehr Nahrung verbrauchen. Da nun weniger Phytoplankton zur Verfügung steht, wird die Konkurrenz um diese Ressource größer und weniger Tiere können sich von Phytoplankton ernähren, sodass die Anzahl dieser Konsumenten ebenfalls sinkt. Da nun weniger Phytoplankton im Wasserkörper vorhanden ist, ist die Wassertrübung geringer, so sinkt diese von 1991 bis 1995 um mehr als die Hälfte, nachdem 1992 das starke Populationswachstum der Muscheln begann (vgl. M3b). Durch eine geringere Wassertrübung steigt die Lichtintensität im Wasserkörper, da die Lichtabsorption durch das Phytoplankton sinkt. Im gleichen Zeitraum steigt der Anteil der im Wasser gelösten Mineralsalze um das 2,5-fache (vgl. M3b). Eine Abnahme des Phytoplanktons bewirkt somit eine Zunahme der gelösten Mineralsalze, da die Mineralsalze nicht mehr durch das Phytoplankton gebunden werden. Da nun mehr Licht und mehr Mineralsalze zur Verfügung stehen, verbessern sich die Wachstumsbedingungen für größere Pflanzen deutlich und die Populationsdichte dieser nimmt zu. Die Pflanzen verschatten nun zunehmend die darunterliegenden Flachwasserbereiche und verhindern zusätzlich die Bindung von Mineralsalzen in der Biomasse des Phytoplanktons, da diesem das nötige Licht fehlt. Gibt es mehr größere Pflanzen im Wasser, so gibt es mehr Nahrung für die Konsumenten dieser Pflanzen, sodass die Konkurrenz um diese Nahrung abnimmt. Aufgrund der verbesserten Nahrungsbedingungen steigt folglich die Anzahl dieser Konsumenten.

Da die Muscheln sich von Phytoplankton ernähren, reduzieren sie die Biomasse im Teich. Dadurch verringert sich die Wassertrübung und die Lichtintensität im Wasserkörper nimmt zu, so dass der Sauerstoffgehalt steigen könnte, da mehr Organismen Foto-synthese betreiben könnten. Dies wäre eine Verbesserung der Problematik. Allerdings sorgt die Abnahme des Phytoplanktons, wie oben beschrieben, für eine Erhöhung des Mineralsalzgehalts, so dass nun optimale Bedingungen für erhöhtes Pflanzenwachstum herrschen, also könnte auch Phytoplankton sich vermehren. Falls eher die Anzahl der höheren Pflanzen zunimmt, beschatten diese den Teichgrund und verhindern die Zunah-me des Phytoplanktons in diesen Bereichen. Die Mineralsalze liegen somit entweder frei vor und fördern erhöhtes Pflanzenwachstum oder sind gebunden in der großen Menge an Biomasse. Die Maßnahme wird daher höchstens zu einer kurzfristigen Verbesserung führen, langfristig bleibt die Problematik aber bestehen, da die Biomasse und die damit im Teich vorhandenen Mineralsalze nicht dauerhaft entfernt werden.

Themenbereich C: Entwicklungsprozesse

gA Thema C2: Evolution

Das einzigartige Territorialverhalten einer Gruppe von Krabben wurde zur Konstruktion von Stammbäumen herangezogen. Molekularbiologisch basierte Stammbäume wurden, auch mithilfe von Ergebnissen der Gel-Elektrophorese, auf Stimmigkeit mit morphologisch basierten Stammbäumen überprüft.

AUFGABENSTELLUNG

C2.1 Stellen Sie das Verfahren der Gel-Elektrophorese in Form eines Fließdiagramms dar.

C2.2 Erläutern Sie den Prozess der Evolution, der zum Territorialverhalten „Höhlenverstopfen" der Krabben geführt hat, aus DARWINs Perspektive (M1).

C2.3 Fassen Sie die Aussage des Stammbaums in M2a zusammen.
Prüfen Sie den Stammbaum in M2a mithilfe der Ergebnisse des DNA-Sequenzvergleichs (M2b) auch unter Berücksichtigung der Eignung des Territorialverhaltens für die Aufstellung eines Stammbaums.

Material

M1 **Informationen zum Territorialverhalten höhlenbewohnender Krabben**
Krabben der Familie Ocypodidae leben an Stränden. Dort graben sie unter hohem Aufwand Höhlen in den Untergrund, die sie meist nachts zur Nahrungs- und Partnersuche verlassen.
Männchen vieler, aber nicht aller Arten dieser Krabbenfamilie, sperren ihre benachbarten Artgenossen ein, indem sie deren Höhleneingänge mit Schlamm verstopfen. Betroffene Krabben benötigen zwischen fünf Minuten und über einer Stunde, um sich aus ihren Höhlen zu befreien. Während dieser Zeit frisst das höhlenverstopfende Männchen im Revier des Eingesperrten und wirbt dort auch um Weibchen.

Vom Niedersächsischen Kultusministerium verändert aus:
Kitaura, J., Wada, K. und Nishida, M.: Molecular Phylogeny and Evolution of Unique Mud (...). In: Mol. Biol. Evol. 15 (1998), S. 626–637.

M2 **Phylogenetische Untersuchungen am Territorialverhalten von Krabben**
M2a Stammbaum auf Basis des Territorialverhaltens von Krabben

Der nebenstehende Stammbaum wurde auf Basis des Territorialverhaltens von Krabben erstellt. Dabei wurde davon ausgegangen, dass Arten, die ein ähnliches Verhalten zeigen, enger miteinander verwandt sind als Arten, die ein unterschiedliches Verhalten zeigen.

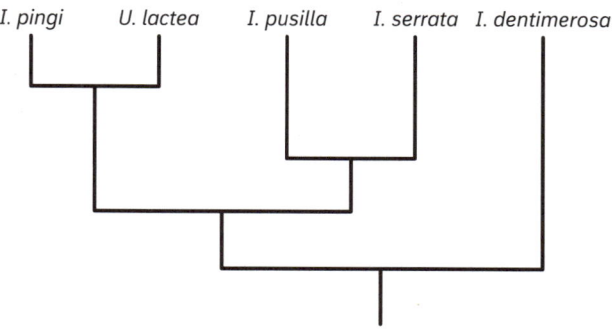

Vom Niedersächsischen Kultusministerium verändert aus:
Kitaura, J., Wada, K. und Nishida, M.: Molecular Phylogeny and Evolution of Unique Mud (…). In: Mol. Biol. Evol. 15 (1998), S. 626 – 637.

M2b Sequenzunterschiede in einem ca. 1300 Basenpaare langen DNA-Abschnitt von Krabben

	I. pusilla	*I. dentimerosa*	*I. pingi*	*I. serrata*	*U. lactea*
I. pusilla	0	–	–	–	–
I. dentimerosa	209	0	–	–	–
I. pingi	222	219	0	–	–
I. serrata	384	346	355	0	–
U. lactea	511	437	394	469	0

Vom Niedersächsischen Kultusministerium verändert aus:
Kitaura, J., Wada, K. und Nishida, M.: Molecular Phylogeny and Evolution of Unique Mud (…). In: Mol. Biol. Evol. 15 (1998), S. 626 – 637.

Lösungen

C2.1   *Stellen Sie das Verfahren der Gel-Elektrophorese in Form eines Fließdiagramms dar (9 Punkte AFB I).*

Allgemeine Lösungshinweise: Wichtig bei diesem Fließdiagramm ist, die einzelnen Schritte strukturiert und trotz der Kürze fachsprachlich richtig darzustellen. Außerdem werden die Pfeile bei einem Fließdiagramm nicht beschriftet.

Lösung:

Proben unterschiedlicher Substanzgemische und eines Markers
werden in Taschen eines Elektrophorese-Gels gefüllt.

↓

Gleichspannung wird angeschlossen.

↓

Negative geladene Teilchen bewegen sich zum Pluspol, dabei werden
kleinere Moleküle weniger stark behindert.

↓

Bandenbildung durch unterschiedlich schnelle Bewegung der geladenen Teilchen.

↓

Durch Anfärbung werden Banden sichtbar gemacht.

↓

Jede Bande wird mit Laufweite des Markers verglichen.

↓

Identifikation der Proben

C2.2   *Erläutern Sie den Prozess der Evolution, der zum Territorialverhalten „Höhlen-*
verstopfen" der Krabben geführt hat, aus DARWINs Perspektive (M1) (10 Punkte
AFB II).

Allgemeine Lösungshinweise: Die Evolutionstheorie nach Darwin muss für die Bearbeitung dieser Aufgabe bekannt sein, um sie auf M1 anwenden und das Material mit
zusätzlichen Informationen verständlich machen zu können.
Lösung: Krabben der Familie der Ocypodidae leben in Höhlen, die sie nur nachts zur
Nahrungs- oder Partnersuche verlassen. Bei einem Teil der männlichen Individuen ist zu
beobachten, dass sie die Höhlen benachbarter Artgenossen mit Schlamm verstopfen. Es
zeigt also nur ein Teil der männlichen Individuen das Verhalten des „Höhlenverstopfens"
(Variabilität). Alle Krabben der Familie produzieren ein Überschuss an Nachkommen bei
begrenzten Ressourcen. Dieses führt zu einer Selektion durch intraspezifische Konkurrenz um Weibchen und Nahrung. Dabei haben die Krabben, die Höhlen verstopfen
einen Selektionsvorteil, weil die in den Höhlen eingesperrten Krabben einige Minuten
bis Stunden benötigen, um sich aus der Höhle zu befreien. In dieser Zeit fressen die
höhlenverstopfenden männlichen Krabben im Revier der eingesperrten Krabben und
werben dort auch um Weibchen. Den höhlenverstopfenden Krabben stehen somit mehr
Ressourcen zur Verfügung. Auch der Fortpflanzungserfolg der Individuen, die Höhlen
verstopfen, ist höher als bei anderen Individuen der Familie. Mit der Fortpflanzung der
Krabben über mehrere Generationen hinweg, nimmt der Anteil der Krabben, die Höhlen
verstopfen zu.

C1.3   *Fassen Sie die Aussage des Stammbaums in M2a zusammen.*
        Prüfen Sie den Stammbaum in M2a mithilfe der Ergebnisse des DNA-Sequenzver-
        gleichs (M2b) auch unter Berücksichtigung der Eignung des Territorialverhaltens
        für die Aufstellung eines Stammbaums (4 Punkte AFB I, 9 Punkte AFB II, 6 Punkte
        AFB III).

Allgemeine Lösungshinweise: Im ersten Teil der Aufgabe sollen nur die wesentlichen Aussagen des Stammbaums in M2a strukturiert und kurz zusammengefasst werden. Eine Erklärung oder Deutung kommt an dieser Stelle noch nicht vor. Im zweiten Teil der Aufgabe müssen M2a und M2b in einen Zusammenhang gebracht werden. Anhand des Sequenzvergleichs in M2b soll der Stammbaum geprüft, also richtige Aussagen und Widersprüche aufgedeckt werden. Wichtig ist auch, auf den letzten Teil der Aufgabenstellung einzugehen, bei der die Eignung des Territorialverhaltens für die Erstellung eines Stammbaums geprüft werden soll.

Lösung: Aus dem Stammbaum in M2a lässt sich ableiten, dass *I. pingi* und *U. lactera* am engsten miteinander verwandt sind. Die zweitengste Verwandtschaft besteht zwischen *I. pusilla* und *I. serrata*. *I. dentimerosa* ist von beiden Gruppen am entferntesten verwandt. Alle fünf Arten stammen von einem gemeinsamen Vorfahren ab.

Nach dem Sequenzvergleich in M2b besteht die engste Verwandtschaft zwischen *I. pusilla* und *I. dentimerosa*, da sie die geringsten Sequenzunterschiede mit 209 Unterschieden besitzen. Dieses widerspricht dem dargestellten Stammbaum in M2a. Auch die Differenz der Sequenzunterschiede von 394 spricht gegen die im Stammbaum dargestellte enge Verwandtschaft der beiden Arten.

Die zweitengste Verwandtschaft laut DNA-Sequenzvergleich besteht zwischen *I. pingi* und *I. dentimerosa* (219) bzw. *I. pusilla* (222). Sie zeigen somit nur eine etwas größere Differenz im Vergleich zur engsten Verwandtschaft. Auch dieses stimmt nicht mit dem dargestellten Stammbaum überein, der anzeigt, dass *I. pusilla* und *I. serrata* am zweitengsten miteinander verwandt sind. Im Sequenzvergleich bestehen zwischen diesen Individuen mit 384 jedoch relativ viele Unterschiede.

Die entfernteste Verwandtschaft von *I. dentimerosa* und allen anderen Arten im Stammbaum kann nur teilweise durch den Sequenzvergleich bestätigt werden, da zwischen *I. dentimerosa* und *U. lactea* eine große Differenz von 437 besteht. Nach den Sequenzunterschieden ist *U. lactea* am entferntesten mit allen anderen Arten verwandt, es bestehen Sequenzunterschiede von 394 – 511 Unterschieden.

Die Ergebnisse beider Verfahren stimmen nur sehr gering überein. Die Eignung des Territorialverhaltens von Krabben als Kriterium für die Aufstellung eines Stammbaums ist daher nur sehr begrenzt.

Themenbereich A: Funktionszusammenhänge

eA Thema A1: Assimilation

Die Ackerschmalwand ist eine unscheinbare einjährige Pflanze und gehört zu den Kreuzblütengewächsen. Heute ist sie in der gesamten gemäßigten Zone der nördlichen Hemisphäre verbreitet. Sie wird weltweit als Modellpflanze zur Erforschung von stoffwechselphysiologischen und genetischen Fragestellungen eingesetzt.

AUFGABENSTELLUNG

A1.1 Skizzieren Sie auf Grundlage von M1 ein Schema der Primärreaktionen der Fotosynthese.

A1.2 Erläutern Sie den Verlauf der Kohlenstoffdioxidaufnahme bzw. -abgabe bei dunkeladaptierten Pflanzen der Ackerschmalwand (M2a, M2b).
Erklären Sie unter Berücksichtigung von M2c die höhere Fotosyntheserate von lichtadaptierten Pflanzen gegenüber der von dunkeladaptierten Pflanzen bei einer Lichtintensität von 2000 µmol $\cdot$ m^{-2} $\cdot$ s^{-1} (M2b).

A1.3 Nehmen Sie anhand von M3 zu der Annahme Stellung, dass erworbene Eigenschaften epigenetisch vererbt werden können.

Material

M1 **Schema der Primärreaktionen**
Hinweis: Übernehmen Sie für die Skizze das folgende Schema auf Ihren Klausurbogen und vervollständigen Sie es.

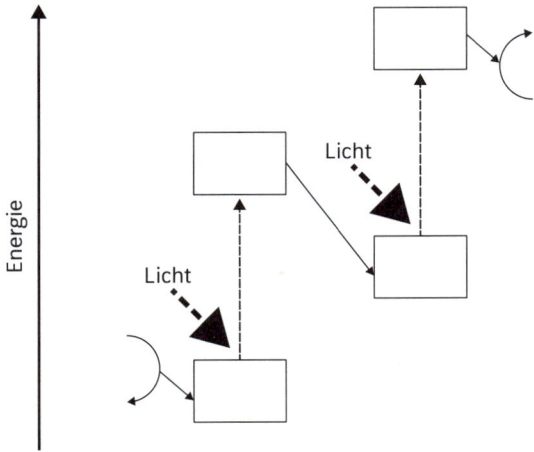

Erstellt durch: Zentralabiturkommission Biologie 2018.

M2 **Fotosyntheseleistung bei verschiedenen Pflanzen der Ackerschmalwand**
M2a Informationen zum Versuchsaufbau

Um zu untersuchen, inwieweit sich Pflanzen der Art Ackerschmalwand an verschiedene Lichtverhältnisse anpassen, wurde folgendes Experiment durchgeführt: Keimlinge der Ackerschmalwand wurden für 17 Tage bei einer Lichtintensität von 200 μmol • m^{-2} • s^{-1} kultiviert. Anschließend wurden die Pflanzen in zwei Gruppen aufgeteilt. Eine Gruppe wurde für weitere 9 Tage mit einer Lichtintensität von 200 μmol • m^{-2} • s^{-1} bestrahlt (dunkeladaptierte Pflanzen, LL). Die zweite Gruppe wurde hingegen für 9 Tage mit einer Lichtintensität von 500 μmol • m^{-2} • s^{-1} bestrahlt (hell-adaptierte Pflanzen, HL). Alle anderen Faktoren blieben identisch und konstant. Nach 9 Tagen wurden die Fotosyntheserate der Pflanzen bei unterschiedlichen Beleuchtungsstärken sowie weitere Parameter untersucht.

Vom Niedersächischen Kultusministerium verändert aus:
Ma, F. et al.: Isotopically nonstationary ^{13}C flux analysis of changes in *Arabidopsis thaliana* leaf
  metabolism due to high light acclimation. PNAS 111 (2014), S. 16968 und Supporting Information,
  S. 2.

M2b Fotosyntheserate bei lichtadaptierten (HL) und dunkeladaptierten (LL) Pflanzen der Ackerschmalwand

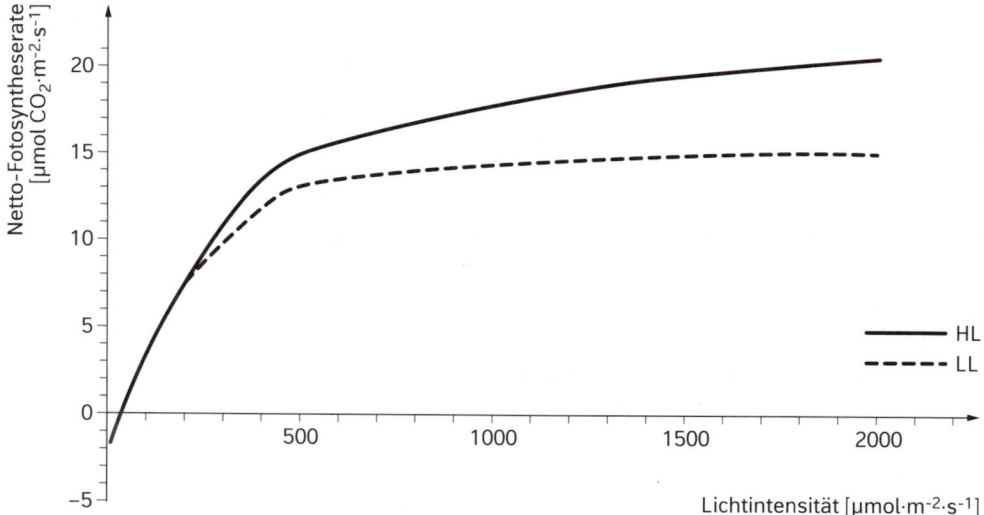

Vom Niedersächischen Kultusministerium verändert aus:
Ma, F. et al.: Isotopically nonstationary ^{13}C flux analysis of changes in *Arabidopsis thaliana* leaf
  metabolism due to high light acclimation. PNAS 111 (2014), S. 16968 und Supporting Information,
  S. 2.

M2c Physiologische und morphologische Merkmale der beiden Untersuchungs-gruppen

	Pflanzen der HL-Gruppe	Pflanzen der LL-Gruppe
Blattdicke [µm]	200	141
Konzentration des Enzyms Ribulosebis-phosphat-Carboxylase-Oxygenase (RubisCO) [mg • cm^{-2}]	0,62	0,46
Schema zur Struktur der Fotosysteme (Licht-sammelfallen) in den Thylakoidmembranen der Chloroplasten bezogen auf gleich große Mem-branoberflächen; die Reaktionszentren sind gleich groß		

Vom Niedersächsischen Kultusministerium verändert aus:

Ma, F. et al.: Isotopically nonstationary ^{13}C flux analysis of changes in *Arabidopsis thaliana* leaf metabolism due to high light acclimation. PNAS 111 (2014), S. 16968 und Supporting Information, S. 2.

M3 Genregulation bei der Ackerschmalwand bei Trockenstress durch DNA-Methylierung

Die Ackerschmalwand ist eine Pflanze, die sich über Samenbildung vermehrt. Dabei findet eine Selbstbestäubung statt, bevor sich die Blüte öffnet. Diese Pflanzen können sich schnell an veränderte Umweltbedingungen wie Trockenstress anpassen. Zur Unter-suchung der Fragestellung, ob sich Anpassungen an Trockenstress von Ackerschmal-wandpflanzen auf die Nachkommen vererben, hat man folgenden Versuch durchgeführt: Ackerschmalwandpflanzen wurden in zwei Gruppen eingeteilt. Eine Gruppe wurde unter normalen Bedingungen vermehrt (C), die andere Gruppe unter Trockenstress (S). Die von ihnen gebildeten Samen wurden erneut eingepflanzt und Pflanzen daraus gezogen. Die Nachkommen der Kontrollpflanzen (C) wurden weiterhin unter normalen Bedingungen gehalten, die Nachkommen der Pflanzen mit Trockenstress wurden ebenfalls Trocken-stress ausgesetzt (S1). Es erfolgte eine erneute Vermehrung. Die Nachkommen der S1-Gruppe wurden in zwei Gruppen aufgeteilt: Ein Teil wurde weiterhin Trockenstress ausgesetzt (S2), die andere Gruppe unter normalen Bedingungen ohne Trockenstress kultiviert (S1C).

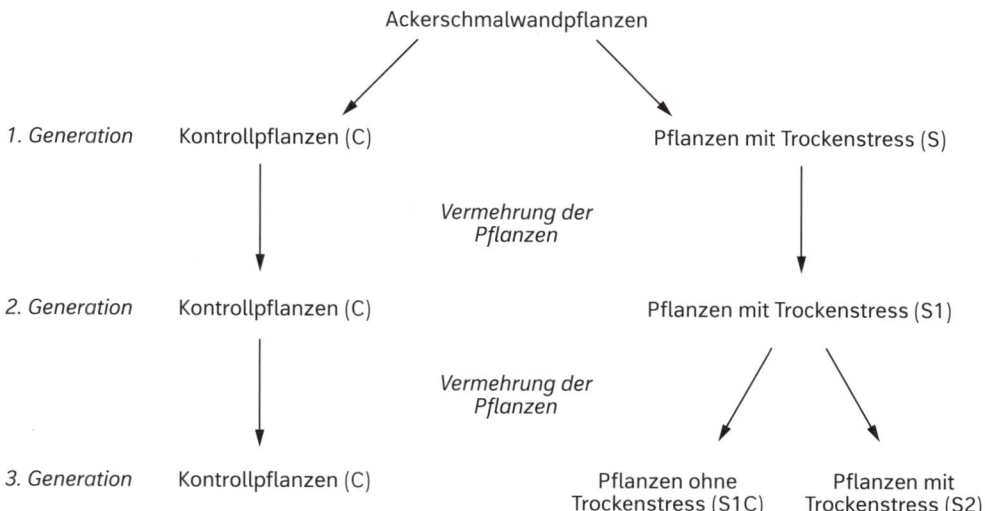

Bei den Pflanzen der verschiedenen Generationen bestimmte man den Anteil von Nucleotiden mit methylierten Cytosinmolekülen am gesamten Genom.

DNA-Methylierungsgrad
Als Methylierungsgrad wird hier der Anteil der Cytosinnucleotide bezeichnet, die methyliert vorliegen.

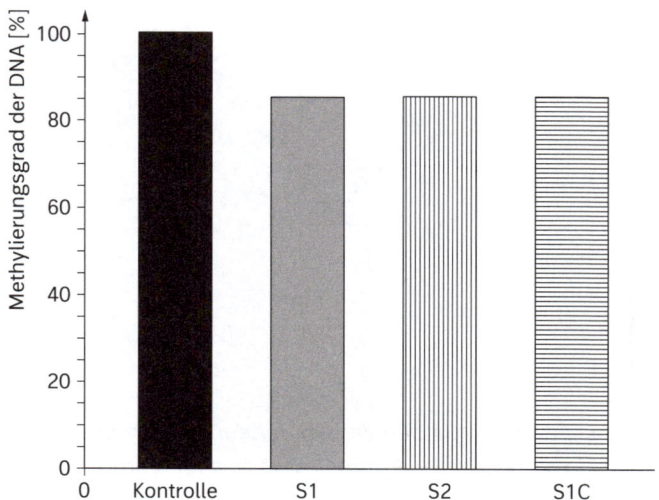

Vom Niedersächischen Kultusministerium verändert aus:

Boyko, A. et al.: Transgenerational Adaptation of Arabidopsis to Stress (...). PLoS ONE 5 (2010), S. 1–12.

Lösungen

A1.1   *Skizzieren Sie auf Grundlage von M1 ein Schema der Primärreaktionen der Foto-synthese (8 Punkte, AFB I).*

Allgemeine Lösungshinweise: Die Aufgabe aus dem Anforderungsbereich I fordert das Einbringen Ihres eigenen Fachwissens. Achten Sie bei Ihrer Lösung darauf, das Schema, welches auch als Z-Schema bekannt ist, inklusive der Achsenbeschriftung zu übernehmen. Informationen zur Primärreaktion finden Sie auf den Seiten 96 ff.
Lösung:

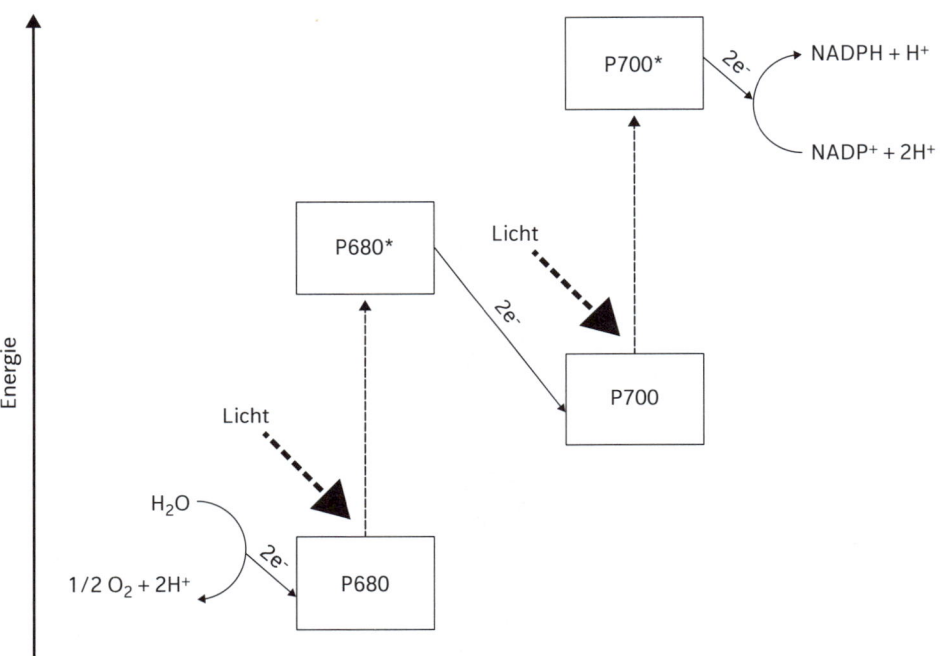

A1.2   *Erläutern Sie den Verlauf der Kohlenstoffdioxidaufnahme bzw. -abgabe bei dun-keladaptierten Pflanzen der Ackerschmalwand (M2a, M2b) (9 Punkte AFB II). Erklären Sie unter Berücksichtigung von M2c die höhere Fotosyntheserate von lichtadaptierten Pflanzen gegenüber der von dunkeladaptierten Pflanzen bei einer Lichtintensität von 2000 µmol • m^{-2} • s^{-1} (M2b) (3 Punkte AFB I, 4 Punkte AFB II).*

Allgemeine Lösungshinweise: Der Operator *erläutern* fordert, dass Sie den Sachverhalt durch zusätzliche Informationen veranschaulichen und verständlich machen. Beachten Sie, dass hier nur die Fotosyntheserate der dunkeladaptierten Pflanzen erläutert werden soll. Gehen Sie sowohl im ersten als auch im zweiten Teil der Aufgabe systematisch vor, sodass Sie alle Aspekte betrachten. Notieren Sie sich ggf. vorab stichpunktartig die Aspekte, die Sie *erläutern* bzw. *erklären* müssen. Haken Sie die Stichpunkte ab, sobald

Sie diese in Ihrer Lösung berücksichtigt haben. So behalten Sie auch bei umfangreichen Aufgaben den Überblick.

Lösung: Die dunkeladaptierten Pflanzen der Ackerschmalwand zeigen bei einer Lichtintensität zwischen 0 und ca. 40 µmol $\cdot$ m^{-2} $\cdot$ s^{-1} eine negative CO_2-Bilanz. Die Rate der Zellatmung übersteigt hier die der Fotosynthese aufgrund der geringen Lichtintensität. Bei einer Lichtintensität von etwa 40 µmol $\cdot$ m^{-2} $\cdot$ s^{-1} ist die CO_2-Aufnahme gleich der CO_2-Abgabe. Hier befindet sich somit der Kompensationspunkt, da die Fotosyntheserate und die Zellatmungsrate gleich sind. Steigt die Lichtintensität weiter an, so ist eine zunehmend positive CO_2-Bilanz zu beobachten. Aufgrund der steigenden Lichtintensität erhöht sich die Fotosyntheserate, während die Zellatmungsrate gleich bleibt, sodass die Netto-Fotosyntheserate steigt. Ab einer Lichtintensität von etwa 1000 µmol $\cdot$ m^{-2} $\cdot$ s^{-1} ist die CO_2-Aufnahme annähernd konstant. Alle an den Reaktionen beteiligten Vorgänge laufen nun mit maximaler Intensität ab, so dass unter den vorliegenden Versuchsbedingungen die maximale Fotosyntheserate erreicht ist, da diese nicht mehr durch die Lichtintensität, sondern durch andere Faktoren beschränkt wird.

Pflanzen der HL-Gruppe weisen mit 200 µm eine größere Blattdicke als Pflanzen der LL-Gruppe mit 141 µm auf. Pflanzen der HL-Gruppe haben daher pro Flächeneinheit ein größeres Volumen an fotosynthetischem Gewebe. Die Konzentration von RubisCO bei Pflanzen der HL-Gruppe ist mit 0,62 mg $\cdot$ cm^{-2} höher als bei Pflanzen der LL-Gruppe, die nur eine Konzentration von 0,46 mg $\cdot$ cm^{-2} aufweisen. Da RubisCO für die CO_2-Fixierung in der Sekundärreaktion zuständig ist, haben Pflanzen der HL-Gruppe aufgrund der höheren Enzymkonzentration eine effektivere CO_2-Fixierung in der Sekundärreaktion als Pflanzen der LL-Gruppe. Pflanzen der HL-Gruppe haben weniger Antennenpigmente pro Reaktionszentrum, aber dafür deutlich mehr Reaktionszentren pro Flächeneinheit als Pflanzen der LL-Gruppe. Die Aufgabe von Antennenpigmenten ist es, Licht zu absorbieren und dessen Energie zu den fotosynthetischen Reaktionszentren weiterzuleiten. Da die Fotosyntheserate bei einer sehr hohen Lichtintensität von 2000 µmol $\cdot$ m^{-2} $\cdot$ s^{-1} verglichen wird, reicht eine geringe Anzahl an Antennenpigmenten aus, um ein Reaktionszentrum anzuregen. Folglich bewirkt trotz einer geringeren Anzahl an Antennenpigmenten die höhere Anzahl an Reaktionszentren bei Pflanzen der HL-Gruppe einen effektiveren Ablauf der Primärreaktion gegenüber den Pflanzen der LL-Gruppe. Die Netto-Fotosyntheserate bei Pflanzen der HL-Gruppe ist bei einer Lichtintensität von 2000 µmol $\cdot$ m^{-2} $\cdot$ s^{-1} höher als bei Pflanzen der LL-Gruppe, da nicht nur insgesamt mehr fotosynthetisches Gewebe pro Fläche zur Verfügung steht, sondern aufgrund der effektiveren Primärreaktion auch mehr Produkte der Primärreaktion für die Sekundärreaktion bereitgestellt werden, die mithilfe der größeren Enzymkonzentration eine höhere CO_2-Fixierung ermöglichen.

A1.3   *Nehmen Sie anhand von M3 zu der Annahme Stellung, dass erworbene Eigenschaften epigenetisch vererbt werden können (3 Punkte AFB II, 5 Punkte ABF III).*

Allgemeine Lösungshinweise: Um zu diesem Sachverhalt ein selbstständiges Urteil formulieren und begründen zu können, müssen Sie wissen, was unter epigenetisch vererbt zu verstehen ist (vgl. Seite. 42). Prüfen Sie das Material systematisch und schließen Sie Ihre Lösung mit Ihrem Urteil ab.

Lösung: S1 und S2 sind Nachkommen von Pflanzen mit Trockenstress, die ebenfalls Trockenstress ausgesetzt sind. S1 und S2 besitzen einen um etwa 15 % geringeren Methylierungsgrad der DNA, im Vergleich zur Kontrollgruppe (C), die Pflanzen und Nachkommen von Pflanzen umfasst, die keinem Trockenstress ausgesetzt sind. Das bedeutet, dass der geringere Methylierungsgrad, der durch den Trockenstress entstanden ist, die Eigenschaft „Anpassung an Trockenstress" anzeigt. S1C sind Nachkommen von S1, die – im Gegensatz zu S2 – keinem Trockenstress ausgesetzt sind, aber trotzdem den gleichen geringen Methylierungsgrad wie S2 aufweisen. Das heißt, S1C weisen die Eigenschaft Anpassung an Trockenstress auf, ohne selbst Trockenstress ausgesetzt zu sein. Der Methylierungsgrad wird somit vererbt. Die Annahme, dass erworbene Eigenschaften epigenetisch vererbt werden können, trifft auf dieses Beispiel daher zu.

eA Thema A2: Dissimilation

Enzyme spielen eine wichtige Rolle für Stoffwechselreaktionen in Zellen und für den Abbau von Nähstoffen bei der Verdauung im Darm. Zu den Nährstoffen gehören unter anderem Fette, welche zu Glycerin und Fettsäuren abgebaut und dann ins Blut aufgenommen werden. Ein bei der Fettverdauung aktives Enzym ist die in der Bauchspeicheldrüse gebildete Lipase.

Hinweis: *Die Teilaufgabe A2.2 enthält ein Experiment. Sollten Ihnen Ihre Ergebnisse unbrauchbar erscheinen, können Sie korrekte Daten bei der Aufsicht führenden Lehrkraft anfordern. Die für die Durchführung des Experiments und dessen Protokollierung zu vergebenden acht Bewertungseinheiten können Sie dann nicht mehr erreichen.*

AUFGABENSTELLUNG

A2.1 Erläutern Sie die Funktion von Enzymen sowie die des ATP/ADP-Systems beim Stoffwechsel jeweils aus energetischer Perspektive.

Im Folgenden Soll die Abhängigkeit der Lipaseaktivität von der Substratkonzentration experimentell untersucht werden.

A2.2
- Stellen Sie die von Ihnen mithilfe von M1 geplante Experimentieranordnung tabellarisch dar.
- Begründen Sie Ihre Planungsentscheidungen.
- Führen Sie Ihr Experiment durch und protokollieren Sie Ihre Beobachtungen.
- Deuten Sie Ihre Ergebnisse.
- Beurteilen Sie die Aussagekraft des Experiments zur Ermittlung der Lipaseaktivität in Abhängigkeit von der Substratkonzentration.

Material

M1 Untersuchung der Lipase-Aktivität

M1a Hinweise zur Untersuchung der Lipase-Aktivität

Über die Nahrung aufgenommene Fette werden unter anderem während der Darmpassage enzymatisch verdaut. Dabei entstehen Glycerin und Fettsäuren. Die Wirkung der dabei aktiven Lipase kann unter Laborbedingungen unter anderem mit Sahne als Substratemulsion veranschaulicht werden:

In ein Reagenzglas wurden dazu 5 mL Sahne (Fettgehalt = 35 %) gefüllt und mit 2 mL Natriumhydroxid-Lösung ($c = 0,1$ mol/L) versetzt, um den im Darm vorhandenen alkalischen pH-Wert zu modellieren.

Um den enzymatischen Fettabbau optisch identifizieren zu können, nutzte man die während der Reaktion auftretenden Veränderungen des pH-Werts. Als Indikator wurden daher zwei Tropfen Phenolphtalein-Lösung ($w < 1$ %) hinzugegeben, was zur typischen Rosafärbung führte.

Schließlich erfolgte die Zugabe von 2 mL einer vorbereiteten Lipase-Suspension. Der Ansatz wurde von Hand geschüttelt und nach vollständiger Durchmischung stehengelassen.

Bei diesem Fettgehalt kam es nach 32 Sekunden zu einer Entfärbung.

Erstellt durch:
Niedersächsisches Kultusministerium, Zentralabiturkommission Biologie 2022.

M1b Materialien für die experimentelle Untersuchung der Lipase-Aktivität bei veränderlicher Substratkonzentration

Folgende Materialien stehen Ihnen zur Verfügung:

- 4 Reagenzgläser, 4 Stopfen, Reagenzglasständer
- Sahne mit drei verschiedenen Fettgehalten (ca. 30 %, ca. 20 % und ca. 10 %)
- Phenolphthalein-Lösung ($w < 1$ %)
- Natriumhydroxid-Lösung ($c = 0,1$ mol/L)
- Vorbereitete Lipase-Suspension
- Stoppuhr
- Pipetten

Erstellt durch:
Niedersächsisches Kultusministerium, Zentralabiturkommission Biologie 2022.

M1c Sicherheitshinweise

Achten Sie auf die allgemeinen Sicherheitsregeln und tragen Sie beim Experimentieren durchgängig eine Schutzbrille.

Phenolphtalein *w* < 1 % in Ethanol (GHS02, GHS07)
H-Satz: Flüssigkeit und Dampf leicht entzündbar.
            Verursacht schwere Augenreizung.

Natriumhydroxid-Lösung c = 0,1 mol/L (GHS05)
H-Satz: Kann gegenüber Metallen korrosiv sein.

Entsorgung: Alle verwendeten Materialien werden der Aufsicht führenden Fachlehrkraft abgegeben.

Erstellt durch:
Niedersächsisches Kultusministerium, Zentralabiturkommission Biologie 2022.

Lösungen

A2.1   Erläutern Sie die Funktion von Enzymen sowie die des ATP/ADP-Systems beim Stoffwechsel jeweils aus energetischer Perspektive. (7 Punkte, AFB I).

Allgemeine Lösungshinweise: Der Operator „erläutern" deutet darauf hin, dass es wichtig ist, die energetische Funktion von Enzymen und des ATP/ADP-Systems durch zusätzliche Informationen zu veranschaulichen. Die Anforderungen gehen jedoch nicht über den Bereich der Reproduktion hinaus, da die Kenntnisse über Grundprinzipien von Stoffwechselreaktionen (wie das ATP/ADP-System) und auch die Funktion von Enzymen als Biokatalysatoren zum Grundwissen gehören (vgl. Seite 20 FW 4.3 und 4.4).
Lösung: Enzyme sind spezielle Proteine, die die Fähigkeit besitzen verschiedene Stoffwechselreaktionen durch das Absenken der Aktivierungsenergie zu beschleunigen. So können Reaktionen, die sonst nicht oder nur sehr langsam ablaufen könnten, katalysiert werden. Daher nennt man Enzyme auch Biokatalysatoren. Die Enzyme gehen aus den Reaktionen unverändert hervor. Im aktiven Zentrum des Enzyms kann lediglich ein Substrat mit genau passender Form binden, die Enzyme sind substratspezifisch. Außerdem kann das aktive Zentrum eines Enzyms nur eine bestimmte chemische Reaktion katalysieren, die Enzyme sind wirkungsspezifisch.
Enzyme können Cosubstrate besitzen, die für die Katalyse einer Reaktion neben dem eigentlichen Substrat notwendig sind. Ein solches Cosubstrat ist Adenosintriphosphat (ATP). In den drei Phosphatbindungen des ATP-Moleküls ist Energie gespeichert und durch Abspaltung einer Phosphatgruppe zu Adenosindiphosphat (ADP) wird Energie freigesetzt. Das ATP/ADP-System fungiert als chemischer Überträger von Energie bei

Stoffwechselreaktionen. Die Energie aus exergonen Reaktionen kann kurzzeitig in den energiereichen Bindungen des ATP gespeichert werden. Durch das Abspalten einer Phosphatgruppe von ATP, bei dem ADP entsteht und Energie freigesetzt wird, können schließlich weitere endergone Reaktionen des Stoffwechsels ermöglicht werden. So werden durch das ATP/ADP-System exergone und endergone Reaktionen gekoppelt.

A2.2
- Stellen Sie die von Ihnen mithilfe von M 1 geplante Experimentieranordnung tabellarisch dar.
- Begründen Sie Ihre Planungsentscheidungen.
- Führen Sie Ihr Experiment durch und protokollieren Sie Ihre Beobachtungen.
- Deuten Sie Ihre Ergebnisse.
- Beurteilen Sie die Aussagekraft des Experiments zur Ermittlung der Lipase-aktivität in Abhängigkeit von der Substratkonzentration.
(4 Punkte AFB I, 16 Punkte AFB II, 5 Punkte AFB III).

Allgemeine Lösungshinweise: Um ein Experiment eigenständig zu planen, durchzu-führen und auszuwerten, sind einige grundlegende Dinge zu beachten. Beginnen Sie damit, alle gegebenen Materialien gründlich durchzulesen und sich die Aufgabenstel-lung sorgfältig anzuschauen. Zunächst soll die Experimentieranordnung tabellarisch dargestellt werden. Dazu finden sich in M1a Angaben, welche Komponenten in einem Modellversuch verwendet wurden (mit entsprechenden Mengenangaben). Diese Men-genangaben können übernommen werden. Die Planungsentscheidungen sind zu be-gründen, es sollte daher auf alle Bestandteile des Ansatzes und auch auf die Funktion der Kontrolle eingegangen werden. Bevor es in den Naturwissenschaftsraum geht, ist es ratsam zu überlegen, welche Ergebnisse zu erwarten sind.

Im Naturwissenschaftsraum sollten Sie sich dann zunächst einen Überblick über den Laborplatz verschaffen, alle benötigten Materialien bereitlegen und Reagenzgläser laut erstellter Experimentieranordnung beschriften. Bereiten Sie auch eine Tabelle vor, um die Ergebnisse (gemessenen Zeiten) während des Experiments eintragen zu können, dies erleichtert das Protokollieren während des Experiments.

Beginnen Sie mit dem Experiment erst, wenn alles vorbereitet ist. Es ist wichtig, das Enzym als letztes zuzugeben sowie durch Schütteln zügig zu vermischen und dann un-mittelbar mit der Messung der Entfärbungszeit zu beginnen. Es empfiehlt sich, erst die Entfärbungszeit eines Ansatzes zu bestimmen und anschließend den nächsten Ansatz durch Zugabe der Lipase zu starten.

Bevor Sie den Naturwissenschaftsraum verlassen, überprüfen Sie, ob die erhaltenen Ergebnisse Ihren Erwartungen entsprechen. Wenn dies nicht der Fall ist, können Sie das Experiment möglicherweise wiederholen. Wenn dies nicht möglich ist, können Sie sich eine Musterlösung geben lassen und mit dieser die Auswertung durchführen (Achtung: Die Punkte für die Planung und Durchführung des Experiments können in diesem Fall nicht mehr erreicht werden!).

Anschließend sollen die Ergebnisse gedeutet werden. Der Operator „deuten" impliziert, dass die Ergebnisse vor dem Hintergrund der Fragestellung in einen Zusammenhang gebracht werden sollen. Außerdem soll die Aussagekraft des Experiments beurteilt werden, also ein begründetes Urteil zur Aussagekraft des Experiments formuliert werden. Hierbei sind beispielsweise auch sachlogische Fehlerdiskussionen möglich.

Lösung:

Experimentieranordnung:

Ansatz:	1	2	3	Kontrolle
Sahne (5 mL), w_{Fett} (%):	30	20	10	z. B. 30
$NaOH_{aq}$, c = 0,1 mol/L (2 mL):	+	+	+	+
Phenolphthalein-Lösung, w < 1 % (2 Tropfen):	+	+	+	+
Lipase-Suspension (2 mL):	+	+	+	–

Begründung der Planungsentscheidung:

In drei parallelen Ansätzen werden drei verschiedene Substratkonzentrationen eingesetzt. Alle weiteren Bestandteile bleiben unverändert, da sich dieser Versuch auf die Lipaseaktivität in Abhängigkeit der Substratkonzentration bezieht. Das vierte Reagenzglas dient der Kontrolle, hierfür kann eine beliebige Substratkonzentration eingesetzt werden. Wichtig ist, dass der Kontrollansatz ohne Enzym erfolgt, um andere Einflüsse auf einen Farbumschlag auszuschließen. Die Natriumhydroxid-Lösung wird allen Ansätzen zugegeben, um den pH-Wert im Darm zu modellieren, da das Enzym Lipase bei alkalischem pH-Wert aktiv ist. Das Phenolphthalein wird stets als Indikator zugegeben und zeigt die Lipase-Aktivität indirekt an. Durch den Abbau der Fette entstehen Fettsäuren und der pH-Wert sinkt, dies führt zur Entfärbung. Die Zugabe des Enzyms als letzten Bestandteil zu jedem Ansatz startet das Experiment. Die Messung der Entfärbungszeiten der verschiedenen Ansätze erlaubt einen Rückschluss auf die Reaktionsgeschwindigkeit des durch Lipase katalysierten Fettabbaus.

Protokoll der Beobachtungen:

Die Messung der Entfärbungszeit zeigt eine zunehmende Reaktionsdauer mit abnehmendem Fettgehalt.

Ansatz:	1	2	3	Kontrolle
Entfärbungszeit in Sekunden:	ca. 105	ca. 175	ca. 285	keine Entfärbung

Deutung der Ergebnisse:

Der Fettabbau wird durch die Lipase katalysiert und führt zur Bildung von Fettsäuren und Glycerin. Die entstandenen Fettsäuren senken den pH-Wert und dies führt zum beobachteten Farbumschlag. Je schneller die Entfärbungszeit, desto höher ist die enzymatische Aktivität der Lipase. Die Ergebnisse zeigen, dass die Lipase-Aktivität bei der höchsten Substratkonzentration (Ansatz 1, 30 % Fettgehalt) am stärksten ist, da hier die Entfärbungszeit am kürzesten ist. Mit sinkenden Substratkonzentrationen nimmt die Entfärbungszeit zu und die Lipase-Aktivität ab. Dies liegt daran, dass bei sinkenden Substratkonzentrationen die Wahrscheinlichkeit geringer ist, dass sich Enzym-Substrat-

Komplexe bilden und so das Enzym das Substrat umsetzt, was schließlich zu einer niedrigeren Enzym-Aktivität führt.

Beurteilung der Aussagekraft des Experiments:
Das durchgeführte Experiment zeigt eindeutig die Abhängigkeit der Lipase-Aktivität von der Substratkonzentration. Jedoch zeigen die Ergebnisse der drei verwendeten Substratkonzentrationen nicht, bei welcher Substratkonzentration eine Sättigung eintritt oder welches die Minimalkonzentration ist. Um eine typische Sättigungskurve dieser enzymatischen Reaktion zu erhalten, müsste das Experiment mit weiteren Substratkonzentrationen (über 30 % und unter 10 % Fettgehalt) durchgeführt werden.

eA Thema A3: Neurobiologie

Ein Lebewesen registriert seine Umwelt über seine Sinnesorgane. Um in bestimmten Situationen angemessen reagieren zu können, ist es nicht nur notwendig, dass die gebildeten Erregungen über Neuronen weitergeleitet werden, vielmehr müssen auch komplexe Verrechnungsprozesse erfolgen. Von besonderer Bedeutung sind hierbei die Synapsen.

AUFGABENSTELLUNG

A3.1 Skizzieren Sie die relative Ionenverteilung an einem Axon im Ruhezustand.

A3.2 Werten Sie die experimentellen Befunde bei Klapperschlangen in Bezug auf die vorliegenden synaptischen Verschaltungen an den Neuronen der Klassen A und B aus (M1a, M1b).

A3.3 Erläutern Sie die Beeinflussung der Transmitterausschüttung aus Nervenzelle 1 und des resultierenden PSP an der Nervenzelle 2 durch die vorherige Einwirkung von GABA auf Nervenzelle 1 (M2).
Entwickeln Sie eine Hypothese zur Wirkweise von GABA auf die Nervenzelle 1 (M2).

Material

M1 Wahrnehmung bei Klapperschlangen

M1a Experimentelle Untersuchungen zur Wahrnehmung bei Klapperschlangen

Klapperschlangen sind sehr effektive Jäger. Sie orten ihre Beutetiere nicht nur mit Seh- und Geruchsinn, sondern können mithilfe des Grubenorgans auch die Wärmestrahlung (Infrarotstrahlung) ihrer Beutetiere wahrnehmen. Das Grubenorgan besteht aus zwei Vertiefungen, die zwischen Auge und Nasenloch liegen. Die Nervenimpulse des Grubenorgans werden in einen Bereich des Zwischenhirns, das Tectum opticum, geleitet, in welchem auch die Neuronen vom Auge ankommen.

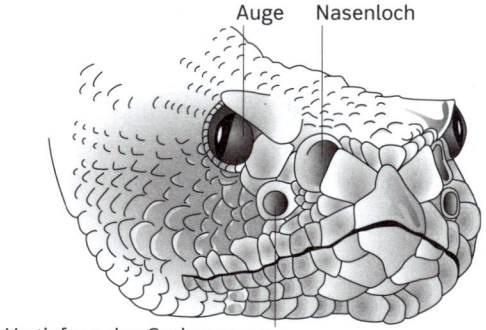

Vertiefung des Grubenorgans

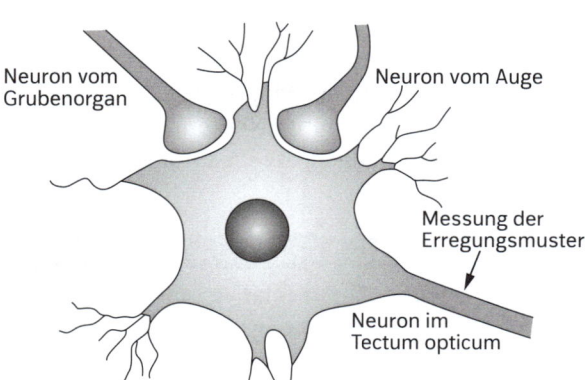

Beide Nervenbahnen sind über Neuronen des Zwischenhirns miteinander verschaltet. Forscher entdeckten, dass es verschiedene Neuronenklassen im Tectum opticum gibt. Jede dieser Neuronenklassen hat für sie typische synaptische Verschaltungen zu den Neuronen vom Grubenorgan und vom Auge.

Durchführung des Experiments:

In einem Experiment wurden bei einer Klapperschlange Grubenorgan und Auge adäquat und überschwellig gereizt und die sich ergebenden Erregungsmuster an Axonen von Neuronen des Tectum opticum gemessen.

In drei Versuchsreihen wurde jeweils eine Neuronenklasse (A bzw. B) des Tectum opticum untersucht:

Bei der ersten Versuchsreihe war die Schlange nur Wärmereizen ausgesetzt, bei der zweiten Versuchsreihe nur Lichtreizen und bei der dritten Versuchsreihe gleichzeitig Licht- und Wärmereizen. Reizdauer und Reizstärke waren jeweils identisch und überschwellig. Die am Axon der Nervenzellen jeweils auftretenden Erregungsmuster wurden aufgezeichnet (M1b).

Vom Niedersächsischen Kultusministerium zusammengestellt und verändert aus:
Jungbauer, W. (Hrsg.): Aufgabenhandbuch Biologie, Band 6, Sinnesphysiologie, Neurophysiologie, Verhaltensbiologie. Aulis Verlag in der Stark Verlagsgesellschaft, Düsseldorf 2013, S. 122 – 123.
Newman, E.: The Infrared „Vision" of Snakes. In: Scientific American 3 (1982), S. 116 – 127.

M1b Messwerte der Versuchsansätze mit den Neuronenklassen A und B

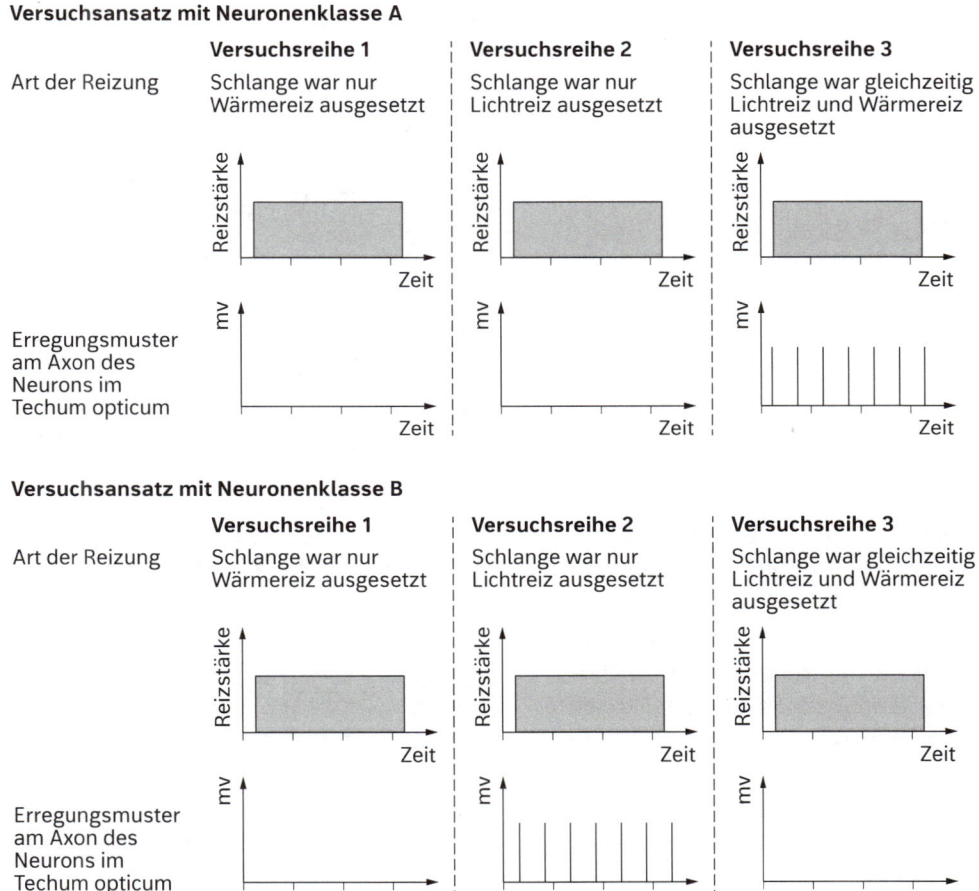

Vom Niedersächsischen Kultusministerium verändert aus:
Newman, E.: The Infrared „Vision" of Snakes. In: Scientific American 3 (1982), S. 116 – 127.

M2 Einfluss von Synapsen mit dem Neurotransmitter GABA auf andere Nervenzellen

Im zentralen Nervensystem von Wirbeltieren gibt es Nervenzellen, an deren Synapsen der Neurotransmitter GABA ausgeschüttet wird. In einem Experiment wurde der Einfluss einer solchen Synapse mit GABA als Neurotransmitter auf die Erregungsübertragung zwischen zwei Nervenzellen untersucht.

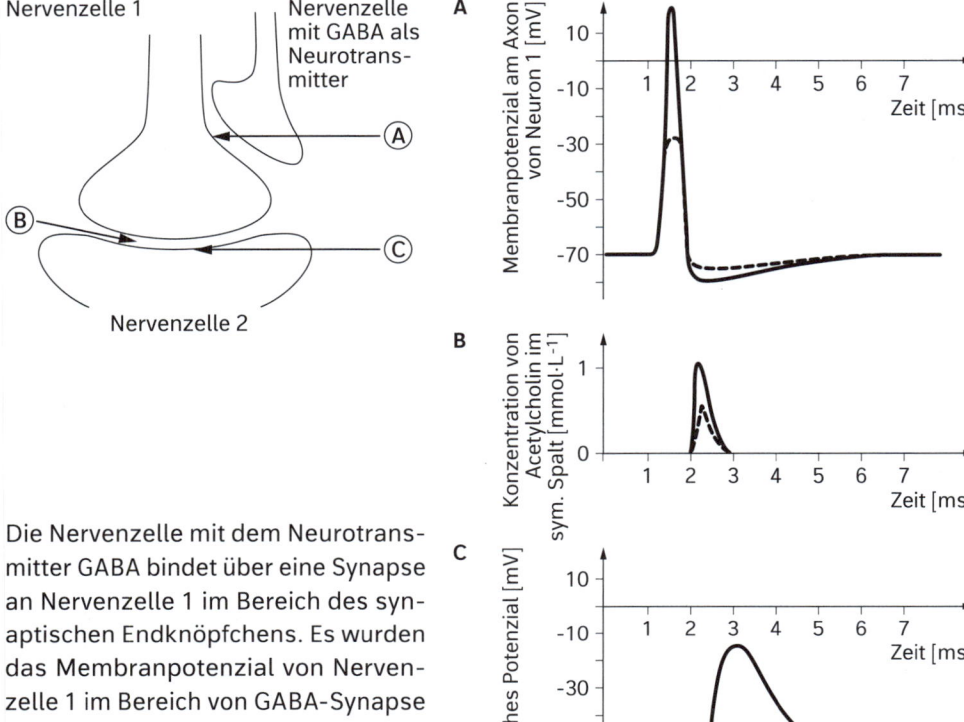

Die Nervenzelle mit dem Neurotransmitter GABA bindet über eine Synapse an Nervenzelle 1 im Bereich des synaptischen Endknöpfchens. Es wurden das Membranpotenzial von Nervenzelle 1 im Bereich von GABA-Synapse (A), die Konzentration von Acetylcholin im synaptischen Spalt zwischen den Nervenzellen 1 und 2 (B) sowie das postsynaptische Potenzial von Nervenzelle 2 (C) mit und ohne vorherige Freisetzung von GABA gemessen.

Vom Niedersächsischen Kultusministerium verändert aus:
Dudel, J. et al.: Neurowissenschaft. Vom Molekül zur Kognition. 2. Aufl. Springer-Verlag, Berlin 2001, S. 138 – 140.

Lösungen

A3.1   Skizzieren Sie die relative Ionenverteilung an einem Axon im Ruhezustand. (5 Punkte, AFB I).

Allgemeine Lösungshinweise: Der Operator „skizzieren" gibt an, dass die Ionenverteilung am Axon im Ruhezustand übersichtlich grafisch dargestellt werden soll. Hierbei ist es wichtig, dass mehr positiv geladene Ionen als negativ geladene Ionen im Außenmedium eingezeichnet werden und entsprechend mehr negativ geladenen Ionen als positiv geladene Ionen im Inneren des Axons eingezeichnet werden.

Lösung:

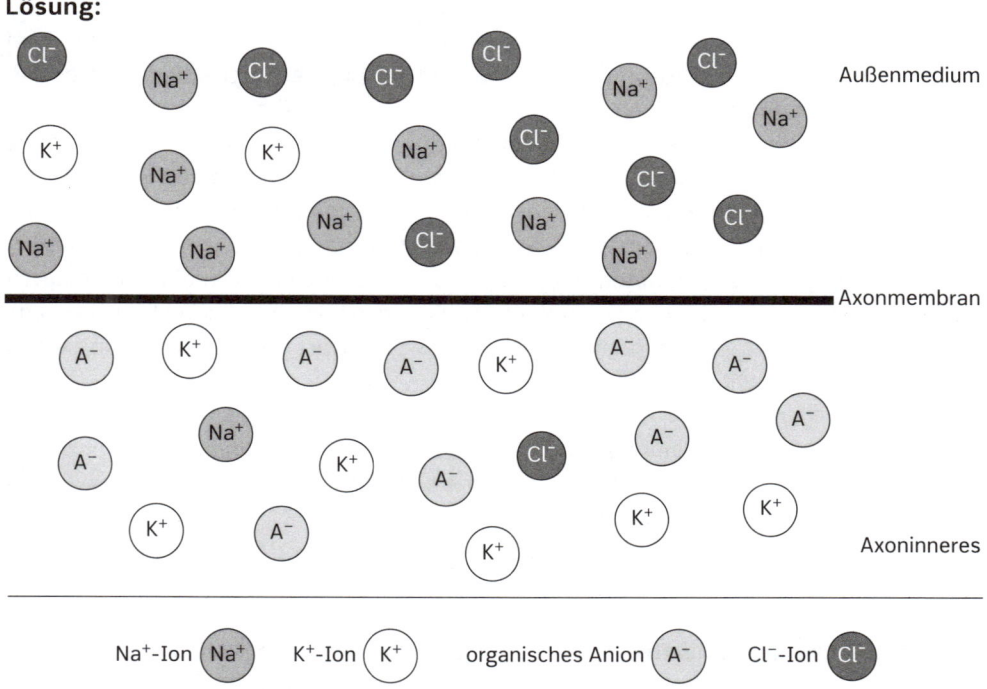

A3.2   *Werten Sie die experimentellen Befunde bei Klapperschlangen in Bezug auf die vorliegenden synaptischen Verschaltungen an den Neuronen der Klassen A und B aus (M1a, M1b). (6 Punkte AFB I, 8 Punkte AFB II).*

Allgemeine Lösungshinweise: Bei dieser Aufgabe sollen die Daten aus M1a und M1b in einen kausalen Zusammenhang gebracht werden, dies gibt der Operator „auswerten" an. Es ist hilfreich, erst auf die eine Neuronenklasse und danach auf die andere Neuronenklasse einzugehen. Zur Beantwortung der Frage sind Grundlagen zu hemmenden und erregenden Synapsen und neuronale Verrechnung notwendig, Informationen hierzu finden Sie auf den Seiten 70 ff.

Lösung: Die Versuchsergebnisse in M 1b zeigen, dass es bei Neuronen der Klasse A trotz überschwelliger Reizung des Grubenorgans (Versuchsreihe 1, Wärmereiz) und des Auges (Versuchsreihe 2, Lichtreiz) nicht zur Bildung eines Aktionspotentials am Tectum opticum kam. Wurde die Schlange jedoch gleichzeitig einem Licht- sowie Wärmereiz ausgesetzt, führte dies zu Aktionspotentialen am Axon des Neurons im Tectum opticum (Versuchsreihe 3). Dies zeigt, dass ein Wärme- oder Lichtreiz allein kein Aktionspotential am Axonhügel des nachgeschalteten Neurons auslösen kann. Werden die eintreffenden Erregungen jedoch räumlich summiert, findet eine stärkere Depolarisation am nachgeschalteten Neuron statt und der Schwellenwert für die Ausbildung eines Aktionspotentials am Axonhügel wird überschritten, sodass im Axon des Neurons im Tectum opticum ein Aktionspotential ausgebildet wird. Dies bedeutet, dass beide Synapsen erregende Synapsen sind, die räumlich summiert ein Potential weiterleiten können.

Neuronen der Klasse B zeigen ebenfalls trotz überschwelliger Reizung des Gruben-organs (Versuchsreihe 1, Wärmereiz) keine Erregungsbildung am Axon des Neurons im Tectum opticum. Jedoch führte eine überschwellige Reizung des Auges (Versuchsreihe 2, Lichtreiz) zu Aktionspotentialen am Axon des nachgeschalteten Neurons im Tectum opticum. Wurde die Schlage gleichzeitig einem überschwelligen Licht- und Wärmereiz ausgesetzt, zeigten die Neuronen der Klasse B, dass in diesem Fall am nachgeschalteten Neuron keine Aktionspotentiale ausgelöst wurden. Die hemmende Synapse zwischen dem Neuron des Grubenorgans und dem des Tectum opticum führt zu einer Hyper-polarisation des nachgeschalteten Neurons und wirkt dadurch der Depolarisation durch die erregende Synapse zwischen dem Neuron des Auges und dem des Tectum opticums entgegen. Dadurch kann am Axonhügel der Schwellenwert für die Ausbildung eines Aktionspotentials nicht mehr erreicht werden.

A3.3   *Erläutern Sie die Beeinflussung der Transmitterausschüttung aus Nervenzelle 1*
   und des resultierenden PSP an der Nervenzelle 2 durch die vorherige Einwirkung
   von GABA auf Nervenzelle 1 (M2).
   Entwickeln Sie eine Hypothese zur Wirkweise von GABA auf die Nervenzelle 1
   (M2). (8 Punkte AFB II, 5 Punkte AFB III).

Allgemeine Lösungshinweise: Zunächst soll die Beeinflussung der Transmitteraus-schüttung aus Nervenzelle 1 und die Wirkung auf Nervenzelle 2 durch Einwirkung von GABA veranschaulichend dargestellt werden, alle Informationen hierfür sind M2 zu entnehmen. Schließlich soll eine Hypothese entwickelt werden, dazu ist Fachwissen über die Informationsübertragung zwischen Nervenzellen, Weiterleitung elektrischer Potentiale und erregender und hemmender Synapsen nötig welches auf die Informati-onen in M2 übertragen werden soll, grundlegende Informationen hierzu finden Sie auf den Seiten 71 ff.

Lösung: Nach Ausschüttung von GABA an der Nervenzelle mit GABA als Neurotransmit-ter kommt es zur Erniedrigung des Membranpotentials am Neuron 1 (M2, Abbildung A). Im Falle eines Aktionspotentials kommt es zur Öffnung von weniger Calcium-Ionenkanä-len und somit zu verminderter Diffusion von Calcium-Ionen in das Endknöpfchen. Dies führt dazu, dass weniger Vesikel mit Acetylcholin mit der präsynaptischen Membran ver-schmelzen und die Freisetzung von Acetylcholin in den synaptischen Spalt reduziert ist (M2, Abbildung B). Die geringere Konzentration von Acetylcholin im synaptischen Spalt zwischen Nervenzelle 1 und 2 führt zu einer verminderten Öffnung von transmitterge-steuerten Natrium-Ionenkanälen in der postsynaptischen Membran der Nervenzelle 2, sodass weniger Natrium-Ionen in die Nervenzelle 2 diffundieren. In der Nervenzelle 2 wird somit ein schwächeres EPSP ausgebildet (M2, Abbildung C).

Die Ausschüttung von GABA an der Nervenzelle mit GABA als Neurotransmitter könnte zu einer Öffnung von Chlorid-Ionenkanälen in der Membran der Nervenzelle 1 führen, womit ein verstärkter Chlorid-Ionen-Einstrom in Nervenzelle 1 verbunden wäre. Dies würde zu einer Hyperpolarisation an der Nervenzelle 1 führen, was einer Depolarisation bei einem ankom-menden Aktionspotential entgegenwirken würde. Dadurch würde die Amplitude des Mem-branpotentials am Axon von Nervenzelle 1 reduziert, wie in Abbildung A (M2) zu sehen ist.

Themenbereich B: Vernetzte Systeme

eA Thema B2: Ökologie

Blattläuse können als Pflanzenschädlinge erhebliche Ernteeinbußen verursachen und werden deshalb meist mit Pestiziden bekämpft. Diese haben jedoch häufig unerwünschte Nebenwirkungen. Eine andere Möglichkeit ist, Blattläuse mit natürlichen Feinden, wie z. B. Schlupfwespen, zu bekämpfen. Untersuchungen zeigten komplexe Wechselwirkungen zwischen diesen Organismen auf.

AUFGABENSTELLUNG

B2.1 Beschreiben Sie Biodiversität auf Ökosystemebene, Artebene und genetischer Ebene.

B2.2 Erläutern Sie die Daten zur Populationsentwicklung von Blattläusen sowie zur Mumifizierung (M1) im Zusammenhang.

B2.3 Prüfen Sie anhand von M2, ob es sich bei der Wechselbeziehung zwischen Blattläusen und mit APSE infizierten *H. defensa*-Bakterien um eine Symbiose handelt.

Material

M1 **Populationsentwicklung von Blattläusen**

M1a Informationen zu Blattläusen und Schlupfwespen

Blattläuse verursachen jährlich beträchtliche Schäden in der Landwirtschaft. Mit ihren rüsselartigen Mundwerkzeugen stechen sie die Siebröhren von Pflanzen an und saugen kohlenhydratreichen Pflanzensaft. Sie besiedeln beispielsweise ab Mitte Mai Getreidefelder, wo sie sich während der Vegetationszeit ausschließlich lebendgebärend vermehren.

Schlupfwespen sind winzige Wespen. Die Weibchen legen mit einem Stich ein einzelnes Ei in eine Blattlaus, aus dem nach kurzer Zeit eine Larve schlüpft. Die Larve wächst in der lebenden Blattlaus heran. Am Ende ihrer Larvenentwicklung tötet sie die Blattlaus und verpuppt sich. Aus der Schlupfwespenpuppe in der Blattlausmumie schlüpft nach einiger Zeit die fertig entwickelte Schlupfwespe.

Vom Niedersächsischen Kultusministerium verändert aus:

Vorburger, C.: Versteckte Helfer: (…). In: Vierteljahrschrift der Naturforschenden Gesellschaft Zürich 156 (2011), S. 92.

M1b Populationsentwicklung von Blattläusen sowie ihre Mumifizierungsrate in einem Getreidebestand

Hinweis: EC ist ein Kennwert, der das Wachstumsstadium der Pflanzen angibt. Zwischen EC-Werten von 39 und 75 finden Blattläuse sehr gute Nahrungsbedingungen auf den Pflanzen vor.

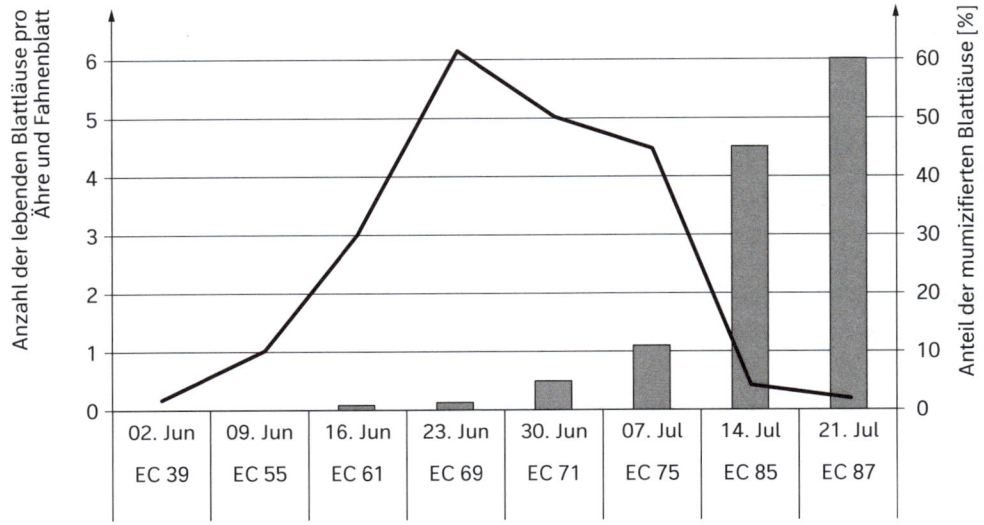

▬▬ Anteil der mumizifierten Blattläuse

— Anzahl der lebenden Blattläuse pro Ähre und Fahnenblatt

Vom Niedersächsischen Kultusministerium verändert aus:
Kuo-Sell, H. L. und Eggers, G.: Evaluierung der Wirkung von (...) In: Zeitschrift für Pflanzenkrankheiten und Pflanzenschutz, 94 (1987), S. 178–189.

M2 Untersuchungen zu Wechselbeziehungen von Blattläusen, Schlupfwespen, dem Bakterium *H. defensa* und dem Bakteriophagen APSE

Untersuchungen zeigten, dass ca. 50 % aller Blattläuse das Bakterium *H. defensa* in sich tragen. Dieses Bakterium selbst ist häufig mit dem Bakteriophagen APSE infiziert. Ein Phage ist ein Bakterien befallendes Virus, das seine Gene in das Erbgut der Bakterien hineinkopieren kann. Der APSE-Phage enthält Gene, die für Giftstoffe kodieren, die die Zellteilung der Schlupfwespenlarve verhindern. Um die Wechselwirkungen zwischen Blattläusen und Schlupfwespen (M1a) sowie dem Bakterium *H. defensa* und dem Bakteriophagen APSE aufzuklären, wurden folgende Versuche durchgeführt:

Versuch 1:

Um den Einfluss von *H. defensa* auf Blattläuse in Abwesenheit von Schlupfwespen zu untersuchen, wurden bei Blattläusen mit und ohne *H. defensa* die Körpermasse der ausgewachsenen Blattläuse, ihre Lebenserwartung sowie die Anzahl ihrer Nachkommen untersucht.

	Körpermasse adulter Blattläuse [mg]	Lebenserwartung [Tage]	Anzahl der Nachkommen
ohne *H. defensa*	6,5	45	68
mit *H. defensa* und APSE	6	18	35

Versuch 2:

Um den Einfluss des Bakteriums *H. defensa* auf die Mumifizierung der Blattläuse durch Schlupfwespen zu untersuchen, wurden verschiedene Linien mit jeweils genetisch identischen Blattläusen der Schwarzen Erbsenblattlaus untersucht. Zwei dieser Linien hatten das Bakterium *H. defensa* im Körper. In einer dieser Linien war *H. defensa* mit dem Bakteriophagen APSE infiziert.

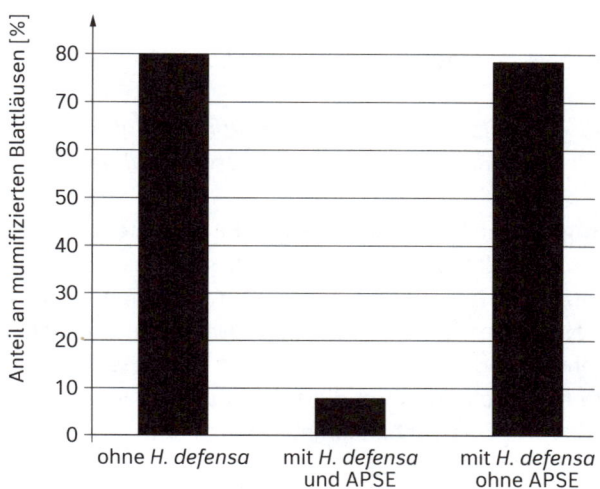

Vom Niedersächsischen Kultusministerium zusammengestellt und verändert aus:
Vorburger, C.: Versteckte (…). In: Vierteljahrschrift der Naturforschenden Gesellschaft Zürich 156 (2011), S. 92.
Oliver, K. M. et al.: Bacteriophages Encode Factor Required (…). In: Science 325 (2009), S. 992 – 994.
Vorburger, C. und Gouskov, A.: Only (…) when required: (…) In: J. Evol. Biol. 24 (2011), S. 1611 – 1617.

Lösungen

B2.1   Beschreiben Sie Biodiversität auf Ökosystemebene, Artebene und genetischer Ebene (9 Punkte, AFB I).

Allgemeine Lösungshinweise: Die Aufgabe aus dem Anforderungsbereich I fordert das Einbringen Ihres eigenen Fachwissens (vgl. Seite 21, FW 7.7). Achten Sie bei der Lösung darauf, dass Sie die verschiedenen Ebenen der Biodiversität nicht vermischen. Streben Sie eine klare Strukturierung und angemessene Fachsprache an.

Lösung: Einen Lebensraum, der durch charakteristische Umweltfaktoren gekennzeichnet ist, bezeichnet man als Biotop, die in ihm vorkommende Lebensgemeinschaft von Organismen als Biozönose. Biotop und Biozönose bilden zusammen ein Ökosystem. Da die verschiedenen Ökosysteme sich durch verschiedene charakteristische Umweltfaktoren und dadurch unterschiedliche Lebensgemeinschaften auszeichnen, unterscheiden sich verschiedene Ökosysteme in der Zusammensetzung der Arten, der Populationsdichte der Arten und der jeweiligen ökologischen Faktoren. Dadurch ist eine Biodiversität auf Ökosystemebene zu erkennen. Da Arten innerhalb eines Ökosystems unterschiedliche ökologische Nischen haben und sich damit hinsichtlich der Wechselwirkungen mit ihrer belebten und unbelebten Umwelt unterscheiden, lässt sich auch auf Artebene Biodiversität erkennen. Individuen innerhalb einer Art zeigen Variabilität hinsichtlich ihrer möglichen Reaktionen auf Umweltfaktoren. Diese basiert auf den verschiedenen Genotypen, die durch Mutation und Rekombination zustande kommen. Somit ist hier Biodiversität auf genetischer Ebene zu beobachten.

B2.2   *Erläutern Sie die Daten zur Populationsentwicklung von Blattläusen sowie zur Mumifizierung (M1) im Zusammenhang (2 Punkte AFB I, 8 Punkte AFB II).*

Allgemeine Lösungshinweise: Der Operator *erläutern* fordert, dass Sie den Sachverhalt durch zusätzliche Informationen veranschaulichen und verständlich machen. Diese zusätzlichen Informationen sind oft Informationen aus Ihrem eigenen Fachwissen, manchmal, so wie hier, kommen die Informationen zusätzlich aus dem Material. Ein typischer Fehler bei diesem Aufgabentyp ist es, zuerst ausschließlich das Material umfangreich zu beschreiben, ohne die Informationen logisch zu verknüpfen. Eine anschließende Erklärung des Sachzusammenhangs fällt dann häufig zu oberflächlich aus, da die passende Materialbelege nicht mehr angeführt werden. Besser ist es die Zusammenhänge mit beständigem Materialbezug in Sinnabschnitte gegliedert aufzuzeigen. So verbleibt der Fokus auf der Erklärung und Sie vermeiden, dass die beschreibenden Anteile im Vergleich zu den erklärenden Anteilen zu viel Raum einnehmen.

Lösung: Zwischen dem 2. und 23. Juni steigt die Anzahl der lebenden Blattläuse pro Ähre und Fahnenblatt auf 6, den höchsten Wert im Beobachtungszeitraum. Die starke Zunahme der Blattlauspopulation basiert auf den sehr guten Nahrungsbedingungen. Die EC-Werte in diesem Zeitraum liegen zwischen 39 und 69, was sehr gute Nahrungsbedingungen kennzeichnet (vgl. Hinweis M1b). Die Schlupfwespe beeinflusst das Populationswachstum in diesem Zeitraum nicht maßgeblich, denn am 23. Juni liegt der Anteil der mumifizierten Blattläuse erst bei 2 %. Ab dem 23. Juni bis zum 7. Juli verringert sich die Blattlauspopulation leicht auf 4,5 Blattläuse pro Ähre und Fahnenblatt, obwohl die Nahrungsbedingungen mit EC-Werten zwischen 71 und 75 noch sehr gut sind. Somit ist die Abnahme mit dem zunehmenden Einfluss der Schlupfwespe zu begründen. Diese legt ihre Eier in Blattläusen ab, was zur Mumifizierung der Blattläuse führt. Material M1b bestätigt diese Vermutung, denn der Anteil der mumifizierten Blattläuse steigt von 5 % auf 11 %. Ab dem 7. Juli sinkt die Anzahl der Blattläuse pro Ähre und Fahnenblatt innerhalb von einer Woche auf 0,5 bis am 21. Juli nur noch vereinzelte Exemplare zu beobachten sind. Die erhebliche Abnahme und der Zusammenbruch der Population basiert zum einen auf einer deutlichen Verschlechterung der Nahrungsbedingungen, da die EC-Werte mit 85 und 87 weit über dem optimalen Bereich liegen, zum anderen beruht die Abnahme auf dem stark zunehmenden Einfluss der Schlupfwespe. Viele Blattläuse werden nun gleichzeitig durch die Schlupfwespenlarven getötet, was sich im Anteil der mumifizierten Blattläuse widerspiegelt, der am 14. Juli bei 45 % und am 21. Juli bei 60 % liegt.

B2.3   *Prüfen Sie anhand von M2, ob es sich bei der Wechselbeziehung zwischen Blatt-*
läusen und mit APSE infizierten H. defensa-Bakterien um eine Symbiose handelt
(8 Punkte AFB II, 5 Punkte ABF III).

Allgemeine Lösungshinweise: Nutzen Sie die Materialstruktur, um Ihre Lösung zu gliedern. Beschreiben Sie das Versuchsergebnis von Versuch 1 prägnant und ziehen Sie eine Schlussfolgerung. Wiederholen Sie dies für Versuch 2. Ziehen Sie nun mithilfe dieser Schlussfolgerungen ein differenziertes Fazit. Dabei bietet es sich an zuerst die Eigenschaften einer Symbiose zu nennen (vgl. Seite 47) und dann zu begründen, ob diese Eigenschaften vorliegen oder nicht, um anschließend das Urteil zu fällen.

Lösung: In Abwesenheit von Schlupfwespen reduziert die Anwesenheit von *H. defensa* mit APSE die Körpermasse adulter Blattläuse von 6,5 mg auf 6 mg, die Lebenserwartung von 45 Tagen auf 18 Tage und die Anzahl der Nachkommen von 68 auf 35. Der Befall einer Blattlaus mit *H. defensa* und APSE in Abwesenheit von Schlupfwespen schädigt die Blattlaus somit deutlich.

Sind Schlupfwespen anwesend, so weisen Blattläuse ohne *H. defensa* eine Mumifizierungsrate von 80 % auf. Blattläuse mit *H. defensa*, jedoch ohne APSE, weisen eine ähnlich hohe Mumifizierungsrate von 79 % auf. Lediglich Blattläuse mit *H. defensa* und APSE zeigen eine deutlich verringerte Mumifizierungsrate von 8 %. Die Versuchsergebnisse können nicht auf unterschiedlichen Reaktionsnormen der Blattläuse zurückgeführt werden, da die Blattläuse genetisch identisch sind. Die Ergebnisse müssen also in der An- bzw. Abwesenheit von *H. defensa* und APSE begründet sein. Somit bietet das Bakterium *H. defensa* selbst keinen Schutz vor der Mumifizierung, nur die zusätzliche Anwesenheit des Bakteriophagen APSE bewirkt den Schutz, da dieser Gene enthält, die für Giftstoffe kodieren, die die Zellteilung der Schlupfwespenlarve verhindert.

Unter Symbiose wird eine Wechselbeziehung zwischen zwei artverschiedenen Organismen verstanden, die zum wechselseitigen Nutzen geschieht. Die Blattläuse bieten den Bakterien Lebensraum und Nährstoffe. Die Wechselbeziehung bringt also einen Vorteil für das Bakterium. In Abwesenheit von Schlupfwespen ist ein Befall der Blattlaus mit *H. defensa* und APSE aber nachteilig für die Blattlaus, da die Lebenserwartung und die reproduktive Fitness sinken. Hier liegt deshalb keine Symbiose vor. In Anwesenheit von Schlupfwespen bieten mit APSE infizierte Bakterien den Blattläusen Schutz vor Mumifizierung durch die Larven der Schlupfwespen, so dass nun ein Befall vorteilhaft ist. Da nun, in Anwesenheit von Schlupfwespen, ein beiderseitiger Vorteil vorhanden ist, lässt sich unter diesen speziellen Umständen die Wechselbeziehung als Symbiose einstufen.

Themenbereich C: Entwicklungsprozesse

eA Thema C2: Evolution

Fleischfressende Pflanzen fangen Insekten und andere Gliedertiere. An der Venusfliegenfalle wird die prinzipielle evolutionäre Entwicklung fleischfressender Pflanzen modellhaft erforscht. Unter anderem wurden bisher die Besonderheit der Standorte fleischfressender Pflanzen sowie die bestimmten Eigenschaften der Venusfliegenfalle untersucht und mit nicht fleischfressenden Pflanzen verglichen.

AUFGABENSTELLUNG

C2.1 Stellen Sie an je einem selbst gewählten Beispiel dar, was unter Homologie und Analogie verstanden wird.

C2.2 Erläutern Sie an einem selbst gewählten Beispiel, was man unter einer ultimaten Erklärung versteht.

C2.3 Erklären Sie die Mineralsalzaufnahme und das Fangverhalten bzw. den Fraßschutz der in M 1 dargestellten Pflanzen proximat.
Prüfen Sie unter Berücksichtigung jedes Einzelbefundes, inwiefern die Angepasstheiten der Venusfliegenfalle (M1) mit dem Konzept der Neofunktionalisierung (M2) erklärt werden können.

Material

M1 Insektenfang und Fraßschutz
M1a Standortangepasstheit fleischfressender Pflanzen

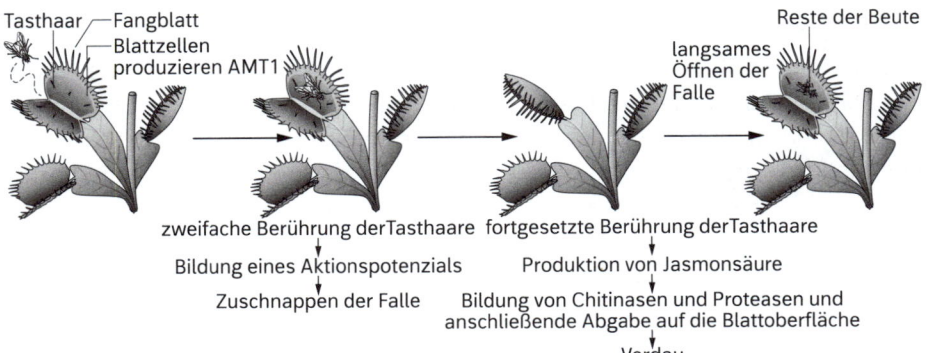

Fleischfressende Pflanzen sind zwar weltweit verbreitet, aber dennoch selten anzutreffen. Sie kommen fast ausschließlich in stickstoffarmen Gewässern oder auf ebensolchen Hochmooren vor. Dort profitieren sie von der Konkurrenzschwäche anderer Pflanzen und besitzen Angepasstheiten, die das Überleben an diesen für pflanzliches Leben extremen Standorten möglich machen.

Zu den bekanntesten Vertretern fleischfressender Pflanzen zählt die nordamerikanische Venusfliegenfalle. Bei ihren Fangblättern ist ein Klappmechanismus entwickelt, mit dem Insekten festgehalten werden können:

Hinweis: Die stickstoffhaltigen Abbauprodukte der Proteine werden durch AMT1 in Zellen aufgenommen.

Vom Niedersächsischen Kultusministerium verändert aus:
Hedrich, R., Schultz, J.: Pflanzenphysiologie Grüne Jäger. In: Spektrum der Wissenschaft 6 (2021),
   S. 30 – 36.

M1b Molekularer Fraßschutz und Mineralsalzaufnahme bei nicht fleischfressenden Pflanzen

Fraßschutz und Mineralsalzaufnahme werden bei Pflanzen u. a. auf molekularem Weg gewährleistet. Viele Pflanzen schützen sich durch spezifische Abwehrmechanismen vor Insektenfraß. Die Aufnahme von Stickstoffverbindungen in Form von Ammonium-Ionen erfolgt durch spezifische molekulare Transporter, z. B. den AMT1.

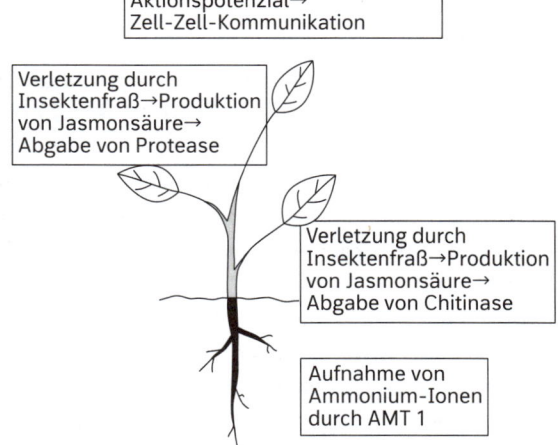

Verletzung durch Insektenfraß→ Aktionspotenzial→ Zell-Zell-Kommunikation

Verletzung durch Insektenfraß→Produktion von Jasmonsäure→ Abgabe von Protease

Verletzung durch Insektenfraß→Produktion von Jasmonsäure→ Abgabe von Chitinase

Aufnahme von Ammonium-Ionen durch AMT 1

Vom Niedersächsischen Kultusministerium verändert aus:
Hedrich, R., Schultz, J.: Pflanzenphysiologie Grüne Jäger. In: Spektrum der Wissenschaft 6 (2021),
   S. 30 – 36.

M2 Informationen zur Neofunktionalisierung

Mit Neofunktionalisierung wird ein evolutionsbiologisches Konzept beschrieben, das davon ausgeht, dass Angepasstheiten von Organismen dadurch einstehen, dass bereits bestehende Funktionen in neuem Zusammenhang auftreten. Die Vorfahren aller fleischfressenden Pflanzen waren selbst nicht fleischfressend, deswegen verglich man die Gene und Proteine von fleischfressenden Pflanzen und nicht fleischfressenden Pflanzen und stellte fest:

- Befund 1: Bei fleischfressenden Pflanzen gibt es im Vergleich zu nicht fleischfressenden Pflanzen keine neuen Gene.
- Befund 2: Einige Gene, die bei nicht fleischfressenden Pflanzen in Wurzelzellen aktiv sind, also Genprodukte liefern, sind bei fleischfressenden Pflanzen in Blattzellen aktiv.

- Befund 3: Mutationen in fleischfressenden Pflanzen betreffen nur Gene, die für Regulatorproteine codieren. Andere Gene bleiben bei der Entwicklung der fleischfressenden Pflanzen im Vergleich zu den nicht fleischfressenden Pflanzen unverändert.
- Befund 4: Aktivierende Regulatorproteine, die bei nicht fleischfressenden Pflanzen die Strategie „Abwehr von Fraßschädlingen" unterstützen, fördern bei nicht fleischfressenden Pflanzen die Strategie „Fleischfressen".

Hinweis: Aktivierende Regulatorproteine sind Proteine, die auf einzelne Gene so wirken, dass deren Genprodukte überhaupt erst gebildet werden können. Gene, die für diese Regulatorproteine codieren, nennt man Regulatorproteine.

Vom Niedersächsischen Kultusministerium verändert aus:
Hedrich, R., Schultz, J.: Pflanzenphysiologie Grüne Jäger. In Spektrum der Wissenschaft 6 (2021), S. 30 – 36.

Lösungen

C2.1   Stellen Sie an je einem selbst gewählten Beispiel dar, was unter Homologie und Analogie verstanden wird. (6 Punkte, AFB I).

Allgemeine Lösungshinweise: Diese Aufgabe geht nicht über den Anforderungsbereich der Reproduktion hinaus. Es ist wichtig geeignete Beispiele zu wählen und diese strukturiert und fachsprachlich korrekt darzustellen, Definitionen und geeignete Beispiele finden Sie auf den Seiten 82 ff.

Lösung: Eine Ähnlichkeit von Merkmalen artverschiedener Organismen, die auf einem gemeinsamen Vorfahren basiert und somit genetisch bedingt ist, nennt man eine Homologie. Ein Beispiel für eine Homologie sind die Extremitäten verschiedener Landwirbeltiere. Sie zeigen grundlegende Ähnlichkeiten im Knochenbau, so besteht die Vorderextremität des Maulwurfs aus den gleichen Skelettelementen wie der Flügel einer Fledermaus. Beruht eine Ähnlichkeit von Merkmalen artverschiedener Organismen jedoch nicht auf einer gemeinsamen Abstammung, obwohl die Merkmale eine ähnliche Funktion besitzen, so nennt man dies eine Analogie. Ein Beispiel hierfür sind die analogen, stromlinienförmigen Körperformen von Hai, Delfin und Pinguin, die eine Angepasstheit an eine Lebensweise als marine Räuber darstellt, jedoch nicht auf einer gemeinsamen Abstammung beruht.

C2.2   Erläutern Sie an einem selbst gewählten Beispiel, was man unter einer ultimaten Erklärung versteht. (5 Punkte AFB I).

Allgemeine Lösungshinweise: Diese Aufgabe geht nicht über den Anforderungsbereich der Reproduktion hinaus. Zuerst soll veranschaulicht werden, was unter einer ultimaten Erklärung verstanden wird und dann soll dies schließlich an einem Beispiel verständlich gemacht werden. Informationen zu ultimaten (und proximaten, siehe Aufgabe C2.3) Erklärungen finden Sie auf Seite 87.

Lösung: Ultimate Erklärungen beruhen darauf, ein Verhalten mit Blick auf die Funktion zu analysieren, man nennt die ultimaten Ursachen eines Verhaltens daher auch Zweckursachen. Eine ultimate Erklärung für ein Verhalten kann gut am Beispiel des Infantizids bei Löwen veranschaulicht werden. Wird ein Löwenrudel von einem neuen Männchen übernommen, so tötet dieser oft alle Jungtiere, die noch auf ihre Mütter angewiesen sind. Eine ultimate Erklärung für dieses Verhalten ist, dass durch den Tod der Jungtiere die betroffenen Weibchen schneller erneut fortpflanzungsbereit werden. So erhält das neue Männchen durch die Tötung der Jungtiere die Möglichkeit schneller eigene Nachkommen zu zeugen, wodurch seine eigene reproduktive Fitness gesteigert wird. Seine eigenen Gene werden schneller in den Genpool der Nachkommen eingebracht.

C2.3   *Erklären Sie die Mineralsalzaufnahme und das Fangverhalten bzw. den Fraß-*
        schutz der in M1 dargestellten Pflanzen proximat.
        Prüfen Sie unter Berücksichtigung jedes Einzelbefundes, inwiefern die Angepasst-
        heiten der Venusfliegenfalle (M1) mit dem Konzept der Neofunktionalisierung
        (M2) erklärt werden können. (16 Punkte AFB II, 7 Punkte AFB III).

Allgemeine Lösungshinweise: Diese Aufgabe ist sehr umfangreich, was auch an der möglichen Punktzahl von 23 Punkten zu erkennen ist. Bei dieser Aufgabe ist das gesamte gegebene Material zu berücksichtigen. Die jeweiligen Ursachen sollen zunächst proximat erklärt werden, so ist hier auf die Wirkursachen einzugehen. Bei der Überprüfung des Konzepts der Neofunktionalisierung ist darauf zu achten, dass auf alle vier Befunde eigegangen wird, daher empfiehlt es sich, die Befunde einzeln nacheinander zu prüfen.

Lösung: Die Mineralsalzaufnahme erfolgt bei nicht fleischfressenden Pflanzen durch die Aufnahme von Ammonium-Ionen aus dem Boden. Hierzu befinden sich in den Wurzelzellen Ammonium-Ionentransporter (AMT1). Bei fleischfressenden Pflanzen hingegen erfolgt die Mineralsalzaufnahme über die Fangblätter. Wurden Insekten in den Fangblättern gefangen und es erfolgt eine weitere Berührung der Tasthaare in den geschlossenen Fangblättern, so kommt es zur Produktion von Jasmonsäure und zur Bildung von Chitinasen und Proteasen auf der Blattoberfläche, was zum enzymatischen Verdau der Insekten führt. Bei dem Verdau entstehen stickstoffhaltige Abbauprodukte, wie Ammonium. Das Ammonium kann schließlich als Stickstoffquelle durch AMT1 in die Blattzellen aufgenommen werden. Nicht fleischfresssende Pflanzen schützen sich vor Insektenfraß, indem sie bei einer Verletzung Jasmonsäure produzieren sowie Proteasen und Chitinasen abgeben, um Insekten abzuwehren. Außerdem kommt es zu einer Aktionspotentialänderung und dadurch zu einer Zell-Zell-Kommunikation, sodass benachbarte Zellen auch reagieren, ohne selber vom Insektenfraß betroffen zu sein. Die fleischfressenden Pflanzen hingegen haben ein spezielles Fangverhalten entwickelt. Die Fangblätter weisen eine besondere Morphologie auf. Sie reagieren auf Berührung der in ihnen befindlichen Tasthaare. Werden die Tasthaare zweimal hintereinander berührt, kommt es zur Bildung eines Aktionspotentials und dies führt zum Schließen der Fangblätter.

Das Konzept der Neofunktionalisierung wird durch den ersten Befund bestätigt, da für die neuen Funktionen keine neuen Gene erforderlich sind, sondern bereits vorhandene Funktionen der nicht fleischfressenden Pflanzen bei den fleischfressenden Pflanzen abgewandelt auftreten. Auch der zweite Befund bestätigt das Konzept der Neofunktionalisierung. Hierbei erhalten Blätter der fleischfressenden Pflanzen andere Funktionen als bei den nicht fleischfressenden Pflanzen, sie werden zu Fangblättern. Dabei werden in den Zellen der Fangblätter andere Gene aktiv, wodurch diese Pflanzenorgane eine andere Funktion erhalten als es bei den nicht fleischfressenden Pflanzen der Fall war. Der dritte Befund besagt, dass dieser Funktionswechsel auf Mutationen in Genen von Regulator-proteinen beruht, was das Konzept ebenfalls bestätigt. Der vierte Befund besagt, dass die Regulatorproteine ähnlich sind, bei denen die Funktion von nicht fleischfressenden Pflanzen zu fleischfressenden Pflanzen geändert wurde, was eine Verwandtschaft der Gene und somit auch den beobachteten Funktionswechsel im Sinne des Konzepts der Neofunktionalisierung nahelegt.

6 Hinweise zum experimentellen Abitur

Einführung

Wenn Sie Biologie als Prüfungsfach auf **erhöhtem Anforderungsniveau (eA)** gewählt haben, werden Ihnen in der schriftlichen Abiturprüfung vier verschiedene Aufgaben zur Auswahl vorgelegt, die jeweils in mehrere Teilaufgaben gegliedert sind und von denen eine Aufgabe einen **fachpraktischen Anteil** enthält. Aus diesen Aufgaben, wählen Sie drei Aufgaben zur Bearbeitung aus. Inhaltlich kann der fachpraktische Anteil der schriftlichen Abiturprüfung allen in der Qualifikationsphase behandelten Inhaltsbereichen zugeordnet sein:
- Funktionszusammenhänge: Leben und Energie
- Funktionszusammenhänge: Informationsverarbeitung in Lebewesen
- Vernetzte Systeme: Lebewesen in ihrer Umwelt
- Entwicklungsprozesse: Vielfalt des Lebens

(Falls Ihre Schule über keine ausreichende Laborausstattung verfügt oder die Umsetzung kurzfristig nicht umsetzbar ist, werden Ihnen vier Aufgaben ohne fachpraktischen Anteil zur Auswahl vorgelegt.)

CHECKLISTE für fachpraktische Anteile

☐ Material durcharbeiten
☐ Fragestellung/Hypothese notieren
☐ Überblick über Labormaterial verschaffen
☐ Mikroskopie: Skizze vorbereiten
Experiment: Pipettieranleitung und Ergebnissicherung vorbereiten
☐ Erwartungen notieren
⎫ Vorbereitung

☐ Laborplatz vorbereiten
☐ Labormaterial beschriften
☐ ggf. Lösungen ansetzen oder vorlegen
☐ Experiment durchführen
☐ Ergebnisse notieren
⎫ Durchführung

☐ Erwartungen überprüfen
☐ Ergebnisse auswerten
☐ ggf. Fehleranalyse durchführen
⎫ Auswertung

Fachpraktische Anteile während der schriftlichen Abiturprüfung
Vorbereitung

Haben Sie eine Aufgabe mit fachpraktischem Anteil gewählt, werden Sie feststellen, dass nicht alle Teilaufgaben einen experimentellen Anteil enthalten. Je nach Schule und Kursgröße können die Rahmenbedingungen bei der Durchführung der Experimente variieren. Alle experimentellen Teilaufgaben sind im **Naturwissenschaftsraum** durchzuführen. Die Vorbereitung und Auswertung der experimentellen Anteile kann auch in dem Raum stattfinden, in dem die Prüfung regulär geschrieben wird. Es kann sein, dass Sie ein bestimmtes **Zeitfenster** zugeteilt bekommen, in dem Ihnen ein **Arbeitsplatz** zum experimentellen Arbeiten im Naturwissenschaftsraum zur Verfügung steht. Daher ist es wichtig, dass Sie die 30 Minuten Auswahlzeit zu Beginn der Prüfung nutzen, um sich zu überlegen, welche Aufgaben Sie bearbeiten möchten. Haben Sie eine Aufgabe mit fachpraktischem Anteil gewählt, beachten Sie bitte die vorgegebenen Zeiten durch die aufsichtführende Lehrkraft. Beginnen Sie rechtzeitig mit der Vorbereitung der experimentellen Aufgabe, sodass Sie im Naturwissenschaftsraum zeitnah mit dem Experiment beginnen können.

Zur guten Vorbereitung eines Experiments gehört:
- <u>Durcharbeiten des vorliegenden Materials</u>: Wenn Sie nichtexperimentelle Teilaufgaben bereits bearbeiten können, dann tuen Sie dies, denn das hilft Ihnen, sich thematisch in die experimentelle Aufgabe einzuarbeiten. Dies ist z. B. möglich, wenn die erste Teilaufgabe einen nichtexperimentellen Anteil enthält. Enthält hingegen die letzte Teilaufgabe einen nicht experimentellen Anteil, ist es ggf. nicht möglich, diese Teilaufgabe vor Durchführung des Experiments zu bearbeiten. Schauen Sie sich dann die Aufgabenstellung zum Experiment und das gegebene Material genau an.
- <u>Notieren Sie sich die Fragestellung bzw. Hypothese</u>, die experimentell untersucht werden soll.
- Zur Planung Ihres Experiments verschaffen Sie einen <u>Überblick über das Labormaterial</u>, das Ihnen im Naturwissenschaftsraum zur Verfügung stehen wird (siehe Materialliste). In der Regel benötigen Sie alle gegebenen Materialien für das Experiment.

Handelt es sich um ein Experiment bei dem **mikroskopiert** werden soll, planen Sie (wenn gefordert) zunächst die Herstellung des mikroskopischen Präparats. Welche Pflanzenteile sollen verwendet werden? Handelt es sich z. B. um ein Abziehpräparat oder einen Blattquerschnitt? Gehen Sie gedanklich im Unterricht durchgeführte mikroskopische Experimente durch und überlegen Sie, welches mikroskopische Bild sie erwarten (fertigen Sie sich ggf. eine kleine Skizze auf Ihrem Konzeptpapier an). Finden Sie im gegebenen Material Angaben zu Stoffwechsel oder Angepasstheiten des zu untersuchenden Organismus? Dies könnte Ihnen Hinweise zum mikroskopischen Präparat geben. Handelt es sich beispielsweise um den Blattquerschnitt eines xeromorphen Blattes, so können Sie eingestülpte Spaltöffnungen erwarten und gezielt nach diesem beim Mikroskopieren suchen.

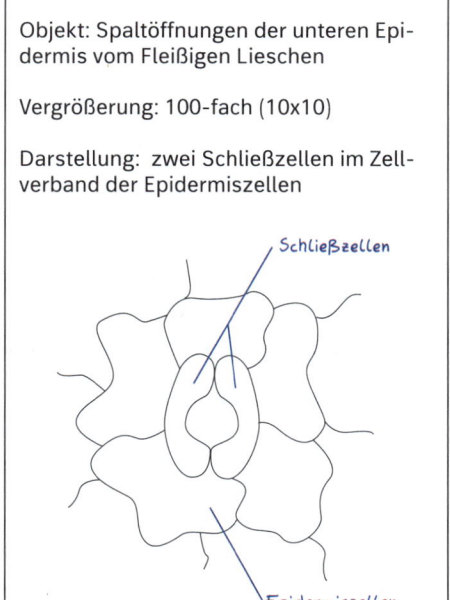

Name:

Objekt: Spaltöffnungen der unteren Epidermis vom Fleißigen Lieschen

Vergrößerung: 100-fach (10x10)

Darstellung: zwei Schließzellen im Zellverband der Epidermiszellen

Schließzellen

Epidermiszellen

Außerdem können Sie bereits ein weißes DINA 4 Blatt vorbereiten, auf dem Sie später Ihre Skizze des mikroskopischen Bildes anfertigen. Die Vergrößerung kann ggf. erst beim Mikroskopieren eingetragen werden.

Handelt es sich um ein anderes durchzuführendes **Experiment**, sollten Sie sich zunächst überlegen, welche Ansätze nötig sind und die Fragestellung zu beantworten. Erstellen sie sich eine Pipettieranleitung, dies ist in der Regel in tabellarischer Form gut möglich. Erstellen Sie dazu eine **Tabelle** mit den ver-

	Tempe-ratur 1	Tempe-ratur 2	Tempe-ratur 3	Kont-rolle 1	Kont-rolle 2
Sub-strat (2 ml	+	+	+	+	–
Wasser (2 ml)	–	–	–	–	+
Indika-tor (2 Tropfen	+	+	+	+	+
Enzym (2 ml)	+	+	+	–	+

schiedenen Ansätzen in den einzelnen Spalten und den einzelnen Komponenten in den Zeilen. Tragen Sie für jeden Ansatz ein, welche Komponenten und ggf. in welcher Konzentration diese zugegeben werden sollen. Die Tabelle hilft Ihnen zu entscheiden, welche Komponenten variiert werden müssen, um die Fragestellung zu beantworten. Achten Sie darauf, stets nur einen Faktor zwischen einzelnen Ansätzen zu variieren. Ergänzen Sie in der Tabelle eine geeignete Negativkontrolle zu Ihrem Experiment. Dies kann bei einem enzymatischen Versuch z. B. ein Ansatz ohne Enzym sein, wohingegen in den einzelnen Ansätzen der zu untersuchende Faktor, wie Substratmenge, Temperatur oder pH-Wert / Menge an NaOH je nach Fragestellung variiert. Überlegen Sie sich außerdem, in welcher Reihenfolge Sie die einzelnen Komponenten zugeben. Bei enzymatischen Versuchen sollte beispielsweise das Enzym erst unmittelbar vor Versuchsbeginn zugegeben werden, da die Zugabe das Experiment startet.

Des Weiteren sollten Sie sich darüber Gedanken machen, wie Sie die erhobenen **Daten festhalten** möchten. Soll beispielsweise eine Zeit bis zu einem Farbumschlag gestoppt werden oder nach

	Tempe-ratur 1	Tempe-ratur 2	Tempe-ratur 3	Kont-rolle 1	Kont-rolle 2
Zeit bis zum Farb-um-schlag					

einer festgelegten Zeit eine Farbe notiert werden, so kann eine entsprechende Tabelle vorbereitet werden, in der die Zeiten / Farben während des Experiments eingetragen werden können. Dies spart Zeit beim Experimentieren im Naturwissenschaftsraum und hilft den Überblick zu behalten. Überlegen Sie außerdem, welches Ergebnis sie nach Ihrem bisherigen Kenntnisstand erwarten würden, um während des Experiments im Fachraum entscheiden zu können, ob die Daten Ihnen sinnvoll erscheinen oder ob Sie das Experiment wiederholen möchten, falls die Zeit dies zulässt.

Durchführung

Bevor Sie eine **mikroskopische** Skizze erstellen können, müssen Sie in der Regel ein mikroskopisches Präparat herstellen:

- Bereiten Sie einen **Objektträger** mit einem Tropfen Wasser vor und halten Sie ein **Deckglas** bereit, damit Sie das Präparat direkt auf den Objektträger geben können und dieses nicht austrocknet oder sich zusammenrollt.
- Achten Sie beim Auflegen des Deckglases darauf, dass keine **Luftblasen** entstehen.
- Stellen Sie das Deckglas mit einer Kante neben das Präparat und legen sie es langsam auf das Präparat, das im Wassertropfen liegt.
- Legen Sie den Objektträger gerade auf den **Objekttisch**.Schalten Sie das Mikroskop ein und beginnen mit der geringsten Vergrößerung zu mikroskopieren. Achten Sie darauf, dass sich das Präparat direkt über dem Loch im Objekttisch befindet.
- Nutzen Sie den zunächst den **Grobtrieb**, um das Bild in die Fokusebene zu bringen und nutzen Sie dann den Feintrieb, um das Objekt scharf zu stellen. Wechseln Sie ggf. zu einer höheren Vergrößerung. Achten Sie darauf, dass das Objektiv immer einen Abstand zum Objekt hat.
- Beginnen sie nun mit der **mikroskopischen Skizze** auf dem von Ihnen vorbereiteten Blatt und notieren Sie dort die verwendete Vergrößerung. Achten Sie bei der mikroskopischen Skizze darauf, ausschließlich mit einem Bleistift auf weißem Papier zu zeichnen. Die Skizze sollte etwa zwei Drittel des DIN-A-4 Blattes einnehmen. Zeichnen Sie Konturen und Linien als durchgezogene, kräftige Linien und nicht gestrichelt. Verzichten Sie auf Schraffierungen oder Schattierungen. Verwenden Sie für Beschriftungen ein Lineal um Linien zu den einzelnen Bestandteilen des dargestellten Objekts zu ziehen. Die Beschriftung sollte einheitlich auf einer Seite sein (üblicherweise auf der rechten Seite).

Wenn Sie ein anderes **Experiment** durchführen sollen, gilt:

- Verschaffen Sie sich zuerst einen Überblick über den **Laborplatz** und überprüfen Sie, ob alle benötigten Materialien vorhanden sind.
- Sortieren und **beschriften** Sie Gefäße und/oder Röhrchen z. B. anhand der von Ihnen vorbereiteten Pipettieranleitung. Bereiten Sie alle Lösungen und Bestandteile der einzelnen Ansätze in den Röhrchen oder Gefäßen vor.
- Bevor die das Experiment starten, legen Sie sich die **Tabelle**, auf der Sie die Ergebnisse festhalten möchten, und einen Stift bereit, so können Sie alle Ergebnisse direkt aufschreiben und später bei der Auswertung nachvollziehen.
- Führen Sie nur so viele **Experimente/Ansätze** parallel durch, wie sie gut parallel im Blick behalten können.
- Überprüfen Sie, ob Ihre Ergebnisse zu Ihren vorherigen **Erwartungen** passen.
-

Auswertung

Beachten Sie bei der Auswertung durchgeführter Experimente die vorliegende Aufgabenstellung. Sollte das Ergebnis nicht wie erwartet ausfallen, ist es sinnvoll eine **Fehleranalyse** durchzuführen und so die unerwarteten Ergebnisse zu erklären.

Stichwortverzeichnis

Abbildungen 26
Aktionspotenzial 71
Analogie 214
Angepasstheit 79
Art 80
Assimilation 167, 192
Atavismen 85
Atemhöhle 97
Atmungskette 95, 162, 173
Axon 70
BERGMANNSCHE Regel 45
Biodiversität 209
Bioindikatoren 56
Biomasseproduktion 50
Biomedizin 42
Biosphäre 43
Biotop 43
Biozönose 43
Blatt 97
Chloroplasten 98, 167
Citratzyklus 95
Cuticula 97
Depolarisation 70
Diagramme 22
Dissimilation 172, 198
DNA-Hybridisierung 86
Endknöpfchen 70
Energiefluss 50
Energiestoffwechsel 93 ff., 160
Enzyme 198
Epidermis 97
Epigenetik 40, 139
EPSP 73
Erregungsentstehung 70
Erregungsleitung 70, 126
Estrogene 76
Evolution 79 ff., 139, 188, 214
Evolutionshinweise 82, 149
Evolutionstheorie 82
Experimente 28
Faktoren, abiotische 66
Faktoren, biotische 67
Fitness 79
Fotosynthese 96, 167, 192
Fotosystem 100
Gärung 93
Genaktivität 38
Gendrift 81
Genetik 33 ff., 101

genetischer Fingerabdruck 41, 101
Gentechnik 106
Genwirkkette 106
Gliazellen 70
Glykolyse 95
homoiotherm 45
Homologie 84, 214
Hormone 75
Hyperpolarisation 71
Hypothesen 30
Ionenkanal 71
Ionenpumpe 71
Isolation 81
Kohlenstofffluss 51
Leitarten 55
Leitbündelscheidezellen 97
LOTKA-VOLTERA-Regeln 112
Membran
– postsynaptische 73
– präsynaptische 73
Membranpotenzial 71
Migration 81
Mikrostandorte 58
Modelle 31
Mutagene 37
Mutation 37, 80
Myelinscheide 70
Nachhaltigkeit 67
Neobiota 48, 114
Neurobiologie 69, 176, 203
Neuron 69, 118
Neurotransmitter 73, 177
Nozizeptoren 126
Ökologie 43 ff., 182, 209
ökologische Nische 46
ökologische Potenz 43
Ökosysteme 43
– Fließgewässer 53, 118
– Meer 53
– Moor 63
– Wald 57
– Wiese 61
Operon-Modell 38
oxidative Decarboxylierung 95
Palisadengewebe 97
Parasitismus 47
poikilotherm 45

Polymerase-Kettenreaktion 103
Populationen 112
Populationsdynamik 47, 112
Populationsentwicklung 209
Potenzial 73
Präimplantationsdiagnostik 41
Primaten, Evolution der 88
Proteinbiosynthese 33 ff., 106
RANVIERSCHE Schnürringe 70
Räuber-Beute-Beziehung 47
Rekombination 80
Replikation 33 ff.
Rudimente 84
Ruhepotenzial 71
Schädlingsbekämpfung 49, 112
Schwammgewebe 97
SCHWANNSCHE Zellen 70
Schwellenpotenzial 73
Schwellenwert 73
Sedimentfresser 55
Selbstreinigungskraft 56
Selektion 80
Signaltransduktion 118, 133
Stammbaumanalyse 149
Stomata 97
Stress 78
Summation 74
Symbiose 47
Synapse 70, 126
synaptischer Spalt 73
Synthetische Evolutions- theorie 86
Systematik 83
Temperatur 44
Testosteron 77
Thylakoidmembran 99
Toleranzkurven 43
Transkription 35
Translation 36
Trophieebenen 50
Umweltgifte 59
Vesikel, synaptische 73
Wassergüte 56
Wechselbeziehungen 47, 48
Zellatmung 93

Bildquellenverzeichnis